# 危ないリニア新幹線

リニア・市民ネット 編著

目次

# 危ないリニア新幹線

## 第3章 リニア中央新幹線の電磁波問題　荻野晃也 63

# はじめに——知られざるリニアの実体——

川村晃生

リニア計画が検討され始めたのが一九七〇（昭和五五）年、それ以後宮崎県で実験線が完成し、走行実験が開始された。一九九一（平成三）年に車両火災が発生し、全焼するという事故が起きたが、走行実験は山梨県に場所を変えて継続された。実験線の場所の候補地が北海道と山梨県の二カ所に絞られた中で、山梨県が選定された背景には、国土庁長官などを歴任した山梨県選出の衆議院議員金丸信氏（一九一四〜九六年）の政治力があったと、巷間伝えられるところである。

そしてその実験線がそのままリニア中央新幹線構想に移行した。しかし国家財政が逼迫していく中で、初めてのリニア新幹線計画を実行に移すことは容易ではなかった。だんだんリニアは国民の記憶の中から薄れて行ったが、ただ実験走行をくり返している山梨の県民の中でのみ、リニアは依然として生きており、県民は、「ほんとうにリニアは開通するのだろうか」と冷めた眼で眺めていたのである。

ところが二〇〇七（平成一九）年、ＪＲ東海が単独事業としてリニア中央新幹線計画を発表した。国はすぐにこの計画に乗ったと思えるようなテンポで、同計画を進めていった。国家財政の上からもかなり実現困難で、ひたすら実験線ばかりを走らせているだけの、ただの厄介者になっていたリニアの処置に困惑していた国にとって、ＪＲ東海の計画発表はまさに渡りに船であったのだろう。国交省設置の交通政策審議会（鉄道部会）での論議も、計画の承認を前提とするような、おざなりな議論が続き、早く認可に持ち込みたいという意向がありありと窺えるものであった。そしていま環境影響評価が進められているが、総延長二八六㎞の沿線地域の調査を、たった三年程度で済ませてしまおうというのである。

いったいそんなに急いで、なぜリニアを通さなければならないのだろうか。本書では以下に、リニアの問題点を順次指摘していくが、いまおおよその問題点の見取り図を示して、性急なリニア建設の危うさを明らかにしておきたい。

## リニアの経済性

はたしてリニアは採算がとれるのか。この問題の詳細については、橋山論文に譲ろう。ただ素人眼から見ても、採算上の疑念にはかなり深いものがある。

まず建設費であるが、東京～名古屋間で五・四兆円を見込んでいる。五・四兆円はJR東海のギリギリの上限額と見ていい。同社は国鉄からJRに移行した時の負債額のうち、約三兆円がまだ残っている。つまり約八兆円程の借金を抱え込むことになるのだから、利払い額を考えても五・四兆円は上限であろうと思われる。現に途中駅の建設費については、のちにJR東海の負担としたが、当初は各地方自治体の負担としていた。駅を自治体負担としたのは、財政的な余裕のなさを示しているのであり、五・四兆円がギリギリの限度であることは、このことからも分かろう。さてその場合、万が一建設費がかなりの額に膨らんだ時、その費用は誰が負担するのだろうか。一般に大型開発事業に関して言えば、当初の見込み額を大幅に上回るケースが多い。たとえば本四架橋（神戸～鳴門間）は四・七倍に、東京湾アクアラインは約三倍に膨らんでいる。それは工事の途上で、たとえばトンネルの異常出水などの不慮の事態が発生したり、或いは費用対効果を高く出すために建設費を低く見積ったりするからである。リニアの建設工事がそうならないという保証は、まったくない。

もしリニアの建設費が、何らかの事情でかなりオーバーし、ぎりぎりの五・四兆円を相当額上回った場合、それは誰が払うのだろうか。その時一つの可能性として、国家財政から何らかの形で不足分が投入されることが考えられる。リニアが国の認可事業であり、全国新幹線構想の一角を担って、毎年国の予算が投じられていることからすれば、その可能性はなしとしないだろう。そういう合意は私たち納税者の預り知らぬところで、常になされるものである。

一方それほどの借入金を投入して建設した場合、リニア中央新幹線の収支は見合うのだろうか。リニアは東海道新幹線のバイパスという位置づけである。しかし東海道新幹線の輸送力は、まだまだ余剰分があるのである。現在東海道新幹線の乗車率は、平均すればやや五割を越える程度にとどまる。そこからさらに乗客をリニアに回そうというのである。かりに飛行機からある程度乗り移るとしても（その場合、東京～大阪間の開通が前提となる）、決して楽観的な数字は見込まれまい。しかも日本はこれから急激な人口減少の一途を辿る。国交省の推計によれば、リニアの東京～大阪間の開業予定の二〇四五年頃には、日本の人口は一億人を切り始め、それよりほぼ半世紀後の二一〇〇年には五〇〇〇万人前後になるとされている。急激な人口減少が急激な利用客の減少につながるのは、当然のことである。加えてインターネットをはじめとする新たな通信技術が、人間の移動を抑制する方向に働くことも考えねばならない。

こう考えてみると、リニアが採算の上で十分な利益を上げ、正常な営業を続けていくとは到底思えない。リニアはその経済性の点において、ＪＲ東海という会社の、ひいては国や国民の「造らなければよかった」お荷物になるのではなかろうか。

## リニアと環境破壊

次にリニアが、環境の世紀といわれる二一世紀の乗り物としてふさわしいものなのか、またリニアが環境にどのような負荷をかけるのか、その問題を考えてみよう。

一つはエネルギーの問題である。これについては懸樋論文をお読みいただきたいが、ＪＲ東海はリニアの消費電力を新幹線の約三倍としている。そして具体的な数値として、東京～名古屋間を一時間に五本走らせた場合、二七万キロワットとしている。だが問題になるのは、列車を持ち上げて起動させ、加速して行く時に必要な最大電力量である。スピードに乗ってしまいさえすれば、消費電力は極端に低くなるのであって、一時間二七万キロワットというのはその平均的な数値である。電力はリニアの起動時に必要な量をその都度供給するわけにはいかないから、常に最大電力を供給し続けなければならない。しかしＪＲ東海は、この最大電力量について、説明会で質問しても不明としか答えない。最大電力量は謎のままである。

山下正和「科学の法則＝常識でリニアモーターの是非を考える」（『えんとろぴい』七一号、八頁、エントロピー学会、二〇一一年）は、愛知万博のリニモが大量のエネルギーを必要とする一方、満員だった万博時でさえ営業収支は二億円の赤字だったことを引き合いに出しながら、リニアの過剰なエネルギー消費を、ごく常識的な観点から説明している。それは簡単に喩えて言えば、リンゴが落ちる重力場の世界で、きわめて重いリニアの車両を持ち上げて走らせるという、物理的な矛盾ということになる。それはＪＲの電車を一〇〇人の人間が押せば動かすことができるかもしれないが、それを持ち上げることはできないという実に単純な事実に共通するものだ。前に進むことは易しいが、上に上げることは多くの労力を必要とするのであり、その観点から考えれば、リニアはエネルギーを大量に使ってもいい時代の産物である、というのである。

先般の福島原発事故は、もはやエネルギーを大量に使ってもいい時代は過去のものになったことを示しているのであり、これから新幹線の三倍ものエネルギーを使うような乗り物は走らせるべきではないことを示唆している。

言うまでもなくリニアは原発を必要としており、そこに葛西敬之JR東海会長の原発稼働必要論が出てくるのだが、私たちはそれでもそのような原発頼みのリニアという乗り物を望むのか、冷静な判断を下さねばならない時を迎えている。

さてもう一つの環境への影響として考えねばならないのは、自然破壊や景観の問題である。リニア中央新幹線は、山梨、長野、岐阜を中心とする各県の良好な自然環境を有する地域を貫く形で計画が立てられているが、わけても南アルプスをトンネルで貫通することは、自然に対して悪影響を及ぼすという点でその最たるものであろう。こうした自然環境上の問題点は、松島論文に詳しく整理されているが、一方で南アルプスを世界自然遺産にと言いながら、一方でトンネルを掘り抜くという相矛盾した事象を抱えながら、JR東海はトンネル掘削が技術的に可能であるとの判断のもと、予定は着々と実行に移されつつある。

南アルプスにトンネルを掘れば、どういう事態が発生するのであろうか。おそらくその最大の懸念は、地下水への影響であろう。地下に網の目のように張りめぐらされている地下水は、トンネルを掘ればその水路が必ず分断され、部分的に枯渇する地域が発生する。現に山梨県のリニア実験線工事現場の笛吹市御坂町竹居地区では、井戸水の水涸れが起こっており、同様のことは、圏央道の高尾山トンネル工事現場でも、笛吹市芦川町の若彦トンネル工事現場でも生じている。もし南アルプスにトンネルを掘れば、それが二〇㎞以上の長大な距離に及ぶことから見て、いっそう深刻な事態を招くことが予想されよう。その一つは、南アルプス近辺の河川の水位の問題として発生する。山梨県側の野呂川や早川、長野県側の小渋川を初めとして、その水位の影響を受ける河川は少なくないのではなかろうか。そして河川の水位の変化は、その周辺の動物や植物の生態系上の変化をもたらすにちがいあるまい。

或いはまた、東京~名古屋間の二八六㎞のうち、約八割はトンネルである。そのことからして、そこから発生するトンネル残土は数百万㎥という膨大な量になるであろう。JR東海の説明では、残土の処分地は関係自治体の協力を得て選定することになっている。つまり具体的な残土処理法は未知の領域なのであり、掘りながら考え、探すということだ。トンネル残土が二次的な自然破壊を起こすことは、山梨実験線工事のトンネル残土が、笛吹市境川町の沢を埋めて小高い丘になっていることからも分かる。沢を埋めれば川は死に、その川水に拠りながら営まれていた生態系はすべて死滅するのである。しかも東濃地区には、ウランを含有する残土が発生する可能性すらある。もしそうなれば、取り返しのつかない事態が生じよう（二六九頁参照）。

一方、自然景観への影響はどうなるのであろうか。すでに山梨実験線工事においても、笛吹市御坂町では果樹園地帯をコンクリートの高架ガイドウエーが分断し、静穏な農村の自然景観に大きな打撃を与えている。一方でこういう景観を眼前にして、それを発展だと言う人がいる。それは、ちょうど石牟礼道子の小説『天湖』で、ダム推進派の仁平の「近代的にするのがダムの目的ぞ」という台詞に共通するものであろう。そうした思考は、頭や体が近代化とか工業化に毒されそれを善とする単細胞的な思想から発していると言っていい。農村の自然景観がコンクリートのガイドウエーや、リニアの走行騒音によって壊されてよいわけがない。

そして、こうした景観破壊が随所で見られることになろうが、その最たるものが南アルプスのトンネル掘削による景観破壊であろう。おそらく南アルプスと周辺の山地との間に、リニアのシールドが表われることは、まずまちがいない。全長五七kmのトンネルは難工事になろうから、南アルプス直下の二〇km程度を最大長とし、その東西とくに長野県側では、随所にシールドが現出するものと思われる。掘削残土の取り出しを考えても、トンネルは短い方がいい。ルートが特定されたわけではないので断言はできないが、おおよそ塩見岳の近辺を貫くことが予想される。この辺りは、深田久弥が『日本百名山』の中で

三伏峠の上に立って、そこから眼の前に中俣を距てて仰ぎ見た塩見岳のすばらしい姿に、旅人は暫くは息を飲む思いをしたであろう。実際、この峠からの塩見岳は絶品である。

とその景観のすばらしさを絶賛しているところである。その塩見岳自体の景観は損傷を蒙らないかもしれないが、その塩見岳を遠望する地点で、私たちはリニアのシールドを視野に入れなければならなくなるかもしれない。またかりに、塩見岳の景観そのものに変化はなくとも、塩見岳及びその近辺の地下をトンネルが通れば、私たちは否応なくそのトンネルを頭の片隅に想像しながら、南アルプスを眺めることになる。つまり現実の景観とは別に、私たちには心理的景観というものがあるということだ。私たちはこれまでとは全く別の南アルプスの眺め方を強いられることになる。もしそんなことはあり得ないという人がいたら、仁平と同種の人間である。

このようにリニアは、各地で沿線地域の景観を壊していくことだろう。そしてたとえその中に世界自然遺産を目指す地があろうとも、リニアは景観など何のその、しゃにむに前に突き進んでいくのである。

## 電磁波、地震、事故

以上のほかにも、リニアが抱える課題はたくさんある。それはきわめて多分野にわたり膨大であるが、以下に簡単に触れておこう。

まず電磁波の問題がある。これについては荻野論文に詳しいが、最も大きな問題は具体的な数字が明らかにされていないことである。リニア計画の推進に熱心な山梨県でさえ、リニアの環境影響評価の手続きの中で、環境影響評価の手法が具体的でないとして、電磁波についても山梨実験線の測定結果を明らかにするよう、JR東海に要望しているほどなのである。

そもそもリニアは磁力によって持ち上げられ走行するため、強い磁界を生じさせる。電力を多く使えば使うほど、強い磁界が発生するので、新幹線の約三倍の電力が使われるリニアにおいては、また磁力によって運転されることを勘案すればいっそう、強い磁界が発生し、乗客は強い電磁波に曝されることになる。そのきわめて重大な問題とも言える電磁波のデータの公開に、JR東海がまったく消極的であることは、批判されて然るべきであろう。

二〇〇五年時点で国立環境研究所が報告したデータでは、実験線の車内床上（モーター直上）で最大六〇〇マイクロテスラ（六〇〇〇ミリガウス）値が最も低く、リニアモーター直下では最大七万マイクロテスラ（七〇万ミリガウス）という数字である。今後さまざまな技術向上などによってどの程度低減されていくのか不明だが、高圧線などの電磁界では、〇・四マイクロテスラの居住環境で、日本でも小児白血病の発生が二倍、脳腫瘍は一〇倍という報告が出されている。それからすればリニアの電磁波は異常なほど高いと言わざるを得ない。

JR東海は説明会などで「リニアの電磁波は国際基準を満たしているから安全です」という趣旨の説明を行なっている。ここでの国際基準というのは、二〇一〇年に国際非電離放射線防護委員会（ICNIRP）が二〇〇〇ミリガウスをガイドラインに決めて、規制値を緩和する形で改定したことを指していると思われるが、それまではＷＨＯの勧告によって日本でも経産省が一〇〇〇ミリガウスをガイドライン規制値にする予定になっていた。それを二〇一一年三月にＩＣＮＩＲＰの改定に沿い原子力・安全保安院が二〇〇〇ミリガウスを規制値とし、一〇月に施行された。リニア中央新幹線計画に、国交省がＧＯサインを出したのは、ちょうどその間にあたるこの年の五月のことである。規制値の緩和は、リニアの問題と連動しているように思えてならないが、いかがだろうか。

そもそも電磁波は何マイクロテスラだから安全、などという閾値はないのである。人間の個体差によって過敏な人もいれば抵抗力を持った人もいよう。また被曝環境によっても、たとえば弱い電磁波に長時間曝される場合と強い電磁波に短時間曝される場合とでは異なるだろう。従って何マイクロテスラ以下は安全などと、簡単に規制値を設けることはできないし、設けてはいけない性質のものなのである。言えるとすれば、それは低ければ低いほどよい、或いはゼロが最もよい、ということだけであって、その点において放射能汚染と同じである。しかしこうした状況の中で、ＪＲ東海はあらゆる局面で国際基準を満たしているという言辞を絶対的な正義であるかの如く使い続け、安全をＰＲしているのである。私たちは電磁波の危険性について、もっと敏感であってよい。

さて電磁波の問題以外にも危険因子はたくさんある。たとえば南アルプスには中央構造線や糸魚川静岡構造線などの大断層が走っている。これに関しては松島論文を参照されたいが、中央構造線博物館の河本和朗氏は、糸魚川静岡構造線が左横ずれ再活動をしているとし、このずれは数百年〜数千年に一回、地震を伴って一気に動くとされている（「リニア新幹線の南アルプスルートは安全か」『日経コンストラクション』二〇〇九年七月二四日号）。さらに南アルプスが最近一〇〇年間で四〇cm上昇していることや、トンネルの長野県側出入口の大鹿村の山地は、現在も土砂崩落が日常的に続いていること（とくに一九六一年には大西山の山腹が梅雨末期の集中豪雨で大崩落を起こしている）なども、併せて指摘されている。こうした危険性を侵してもなお、南アルプスにトンネルを掘って大丈夫なのだろうか。

石橋克彦氏が言われるように、日本列島は地震の活動期に入っており、いくつかの大地震の襲来が予想されている。南アルプスもだが、全体の約八割がトンネルという構造になっているリニア中央新幹線は、安全が担保されているのだろうか。時速五〇〇kmというスピードで走行するリニアは、一旦事故が起これば大惨事を招くこと必至である。

この地震問題について、国交省の審議会やＪＲ東海は、リニアは地上走行ではないから、ガイドウエーに衝突する心配はないという見解をとっている。しかしたとえどんなに強固なコンクリート製のガイドウエーを造ったとしても、地盤や岩盤が動けばガイドウエーは損傷し、リニアの安全な走行など保証されるはずがないのである。接近しつつある大地震を、侮ってはならない。

一方地震に限らないが、かりに走行中に何らかの事故や故障が発生した場合、乗客の安全は確保されているのだろうか。八割がトンネルで、その中には大深度四〇ｍの地下や、南アルプス山中の地下も含まれる。そのような所で列車が緊急停止した場合、乗客はどのように地上に脱出できるのであろうか。かりに数㎞おきに脱出口が設けられるとしても、乗客は暗がりの中を歩き脱出口に向かわねばならない。高齢者や幼児はそれに堪えられるだろうか。地下鉄のように少し歩けば駅に辿り着く、というわけにはいかないのである。リニアは運転士がおらず、乗務員だけ添乗する乗り物だが、そうであればあるほど何らかの事故や故障が発生した場合、復旧には相応の時間がかかろう。乗客の安全にも不安は残っている。

## 経済効果はあるのか

最後に、リニアの経済効果について触れておきたい。リニアが通れば各地にかなりの経済効果が見込めるという見通しが、あちらこちらで囁かれている。ほんとうにそうだろうか。

戦後日本は、田中角栄氏（一九一八～九三年）の日本列島改造論に象徴されるように、全国に新幹線や高速道路を網の目のように張りめぐらせて高速化を進めてきた。しかしそれで地方は活性化したのだろうか。今、全国の地方を見渡してみるといい。どこもかしこも衰退の一途を辿っているではないか。どの地方都市もシャッター商店街を抱えていることは周知の事実である。そして東京や大阪といった大都市のひとり勝ちであることは、誰も否定できないだろう。リニアが通れば、名古屋からも東京に人や企業が流出するという予測さえ共立総合研究所（岐阜県大垣市）から出されている。新幹線や高速道路が通れば地方が活性化するというのは、どうも真実を衝いているとは思えない。ひょっとすると誰かに捏造された虚言ではなかろうか。高速化することによって潤う利益集団がいることを、私たちは忘れてはならない。

直近の北陸新幹線の場合を見てみよう。朝日新聞（二〇一〇年一〇月九日付「be」）によれば、北陸経済研究所は、富山県への首都圏客の純増数を一九万人と予想するが、これに対し富山県は一五〇万人を見込んでいるという。石川県の場合も、影響予測調査では三一万人との予測に対し、県は二〇〇万人を期待しているというのである。何という開きであろうか。高速輸送機関に対する余りに過剰な期待感が見て取れよう。現に同記事によれば、既設の上越新幹線や上越自動車道との関係で群馬県を例にとると、それらとの接続が悪い草津温泉の宿泊客数は横ばいだが、接続の良い伊香保温泉は三六％減なのである。それは日帰り客が増えたことを示している。また長野県では、長野市と松本市の商品販売額を見ると、長野新幹線が停車する長野市では五年間で約四〇〇〇億円減少してしまったのに対し、新幹線が通らない松本市では一四三億円増えたという。恐らくこれは、長野市の市民が新幹線を利用して東京などの大都市に出易くなり、そちらで買い物をしてしまうからであろう。つまりストロー現象が起こっているのである。

そしてこうしたことが、日本の地方都市の随所で起きている。列島改造の仕掛人田中角栄氏のお膝元である新潟県長岡市でさえ、駅前はシャッター商店街と化し、上越新幹線の開通によって市は活性化するどころか衰退しているのである。いまやキーワードは「脱田中角栄」だという（『日刊ゲンダイ』二〇一〇年一〇月二一日付）。戦後の高速化を振り返れば、高速輸送機関の発達は地方を衰退させるという原則を導き出した方が正しいように思われるが、それでもリニア推進側は地方経済の活性化という旗振りに暇がない。

たとえば山梨県も相変わらずその路線を突っ走っている。二〇〇九年の調査（コンサルに依頼、ただし県の調査として公表）では、一日の来県者が二万人増え、経済効果は年間一四〇億円とされている。いったいどのような調査に基づいているのか不明だが、さすがにこの数字には県内の識者からも疑問の声が上がり、水をさす向きもある。常識的に考えて、誰が見ても一日二万人増える（「来る」のではない）というのはあり得ないだろう。それでもその数字を振りかざして、リニアは進んで行くのである。

以上、大雑把ながら、リニアが抱える課題を述べてきた。本書を精読しながら、それでもリニアが必要なのか、またリニアの建設を諒《りょう》とするのか、考えていただければ幸いである。

# 第1章　リニア新幹線に未来はあるか？

梅原淳

私は現在、鉄道ジャーナリストとして活動し、鉄道専門誌に記事を書き、鉄道関係の書を出している。鉄道は好きで、よく「鉄道マニアか」と聞かれるが、一般的にいうマニアではなく、鉄道の経営問題を含めた多岐にわたる問題を研究している。鉄道ジャーナリストという自分の商売からすれば、ＪＲ東海が建設するリニア中央新幹線にもろ手を挙げて賛成し、どんどん造るべきであると言いたいところだが、ＪＲ東海が発表している数字などを取材した限りでも、リニア中央新幹線の実現性については厳しいと言わざるを得ない。

## 東海道新幹線のバイパスとしてのリニア中央新幹線

初めに、リニア新幹線はどのようなものなのか。そして東海道新幹線があるのに、なぜリニア中央新幹線が必要なのか説明しよう。

東海道新幹線が開業したのは、東京オリンピックの開会式の一〇日前の一九六四（昭和三九）年一〇月一日だった。東海道新幹線はあと二年ほどで開業五十年を迎える。最初は一二両編成で一日一〇〇本程度走ればよいと考えたが、当時予想された以上に利用客が増え、現在は一六両編成で三〇〇本も走っている。耐用年数は七十年とされたが、想定よりも二倍近い負荷がかかって、老朽化が進んでいる。だから、いつかは鉄橋や高架橋、駅舎の架け替えや改修というリフレッシュ工事をしなければならない。トラス橋という鉄橋を架け替えるためには夜中の〇時から午前六時までの運転休止時間内で工事を行なうことは出来ず、一定時間、東海道新幹線を止めなければならない。一七年前の阪神淡路大震災の時は、山陽新幹線が復旧までに三カ月止まったことから考えて、やはり工事に一～数カ月かかるだろう。利用者を航空機に振り向ければよいのではと思うかもしれないが、一日当たり、愛知県豊田市の人口に匹敵する三八万五〇〇〇人が利用しているので、これだけの数の人々を航空機などほかの交通機関が肩代わりすることは難しい。JR東海は新幹線のリニューアル化のためにもリニア中央新幹線が必要と考えている。

一九八六（昭和六二）年の国鉄民営化以来、JR東海は整備新幹線計画に沿って、中央新幹線建設を打ち出した。整備新幹線とは日本列島改造論の時代の産物だ。そしてこの計画はリニア技術の開発に合わせて「リニア中央新幹線計画」となった。ところでなぜ中央新幹線を東海道新幹線に沿って通さないのか？　それは東海地震の可能性を恐れたからであり、なるべく静岡を避けて通したいのだ。すでに山梨県に建設済みのリニア実験線も、当時の政界の実力者・金丸信代議士の地元であり、将来山梨を通すということで造られた経緯がある。結果的には、現在の中央線と関西線に沿う形でルートが決められ、長野県内はより名古屋に近い南アルプスをトンネルで貫いて、飯田市付近から岐阜県の中津川市付近を通って名古屋に至るルートに決められた。中央線では東京・名古屋間は三四〇キロだが、それがリニア新幹線では二九〇キロに短縮される。

## リニアモーターカーの仕組み

ＪＲ、私鉄といった電車の大多数は回転型のモーターを使っている。車軸をモーターで回すと車輪が連動して、電車はレールの上を進む仕組みをもつ。そのモーターを平たく延ばしたものがリニアモーターだ。

車両側と、軌道側の双方に平板な磁石を並べ、どちらかに電気を流すと、双方がプラスとマイナスとの時は反発しあい、プラスやマイナス同士の時は引きあう。これをくり返すように磁石を並べることによって強い推進力を生み出すことができる。これがリニアモーターカーの仕組みだ。この技術自体はすでに都営大江戸線などで実用化されている。線路側に金属プレート、車両側に平たいモーターがついており、モーターに電気を流すと金属プレートと反応して車輪の付いた車体を前に進めていく。回転型モーターの場合はモーターの分だけ車高が必要となるが、リニアモーターカーでは車体が低くなり、その分、トンネルも小さくて済み、工事もし易くなる。

大江戸線の技術をさらに進め、電磁石の反発力を用いて車体を浮上させる技術も開発された。こうした常電導技術を使ったリニアモーターカーは今のところ世界に二例しかない。愛・地球博の開催に伴って開業した愛知高速交通のリニモと、中国の上海で都心と空港との間を結ぶトランスラピッドだ。

これに対し、ＪＲ東海と鉄道総合技術研究所とが開発・実験しているのは超電導技術というもので、これは電磁石よりもはるかに強力な超電導磁石を用いる。具体的には、ある種の金属を絶対零度（マイナス二七三度）に冷やすと、電気を流しても電気抵抗はゼロとなり、永久に電気が流れ続けるという技術を応用する。リニモやトランスラピッドは僅か一ミリ程度しか車体が浮上しないが、超電導リニアではそれが一センチ位浮上させられる。そうなれば、時速五〇〇キロで走行中に地震が起きても、車体が軌道に接触し脱線する恐れも無いというのが、リニア新幹線の売り文句になっている。

いまのところ、超電導磁石には特殊なチタンを使う。これをマイナス二六九度まで冷やせば超電導状態が得られる。問題は冷やし方で、超電導モーターの周りをヘリウムや窒素を充てんした冷凍機で覆うことを考えていると言われている。重さ一トン以上の冷凍機を動かすために車体側にも電気を流さなくてはならない。いま、無線で電気を送る技術の開発とか、リチウム電池を積むといった方法を考えているようだ。装置をいろいろ積み込むと車体が重くなるという問題がある。

## 難航必至、未知の大深度トンネル工事

ＪＲ東海のリニア中央新幹線は、二〇一四（平成二六）年度中に着工し、品川・名古屋間の開

通は二〇二七（平成三九）年をめざし、名古屋・大阪間の開通予定が二〇四〇（平成五二）年となっている。前期のルートは品川―川崎―橋本（相模原）―甲府南（山梨）―南アルプス地下―飯田市（長野）―中津川（岐阜）―名古屋で川崎など市街地は地下四〇mの大深度を走る。大深度なら地上権は発生せず、住民は文句を言えない、ということで工事が進めやすいからだ。

しかし、四〇m地下に鉄道を通した例はない。品川・相模原間三十数キロがすべて大深度トンネル、という鉄道工事はこれまでなく、未知の工事技術である。深いと言われる大江戸線の場合、六本木駅は確かに地下四〇mだが、トンネル部分はそれほど深くない。山梨のリニア実験線でも地下四〇mもの大深度トンネルは建設されていないのである。

さらに、電磁波の影響や車両が走行することで生じる騒音や振動の発生はないのかなど、リニア新幹線はいくつもの問題を抱えている。果たして超電導技術は実現できるのか。あるいは冷凍機はどこまでもつのか、たとえばヘリウムをいくら詰め込んでも、外気温が二〇度以上になると冷凍機の効率は落ちる。今のところ、品川・名古屋間はもちそうだということだが、片道ごとに新しい車両に取り替えることは非効率だろう。

南アルプスのトンネル工事も難問だ。地質が似ていると言われる長さ九キロの北越急行の鍋《なべ》立山《たちやま》トンネルは難工事となり、五年の工事休止区間を挟んで、開通までに二一年かかってしまった。特に途中の六五〇mを掘るのに一一年も要した。だから、南アルプスに一三年の工事期間でトンネルを掘るのは、かなり難しいのではないかと思う。

## ＪＲ東海は重い財政負担に耐えられない

ＪＲ東海は、品川・名古屋間で約五兆円、大阪までは約九兆円の工事費用になるとしている。ＪＲ東海は東海道新幹線というドル箱路線をもち、二〇一一年度も一三〇〇億円の純利益を出した優良企業だが、いっぽうで現在三兆円の負債を抱えている。民営化後に東海道新幹線を買い取った二兆円が大きな負担だが、いまその借金を年利六％台というカードローン並みの高い金利で六〇年間にわたって返している最中だ。東海道新幹線改修もこれから一兆円かかる。いくら儲かっているからといっても、そんなに資金をかけて大丈夫なのかと心配になる。株式市場は正直でこの計画を発表した時には、ＪＲ東海の株価はドーンと下がった。財政的にみてもリニア新幹線は無理ではないかと思う。

リニア中央新幹線は電気を大量に使うと言われている。超電導状態を作り、車体を浮き上がらせて前に進めるためには、現在の新幹線の三倍の電気を使うとのことで、これはＪＲ東海も認めている。新幹線の最高速度は毎時二七〇キロ、リニア新幹線は五〇五キロだから、速度を一・九倍にするために三倍の電気を使うことになる。火力発電に頼るとコストが上がるので、原発をあてにしているのでは、と見られている。

鉄道関係者として超電導リニアの実現に期待したい気持ちはあるが、どうやらＪＲ東海はリニア中央新幹線の実用化を断念し、二〇一〇年代に既存の新幹線と同じ形態の中央新幹線にする可能性が高い、と私は見ている。その代わりにリニア新幹線の技術を海外に輸出することを目論んでいるのではないだろうか。ドイツは実験線での事故で国内での実用化を断念したが、中国へ輸出し、トランスラピッドとして売り込みに成功した。また、新幹線を海外に売り込む際、「リニア新幹線も可能ですよ」というセールストークにも使える。

ＪＲ東海はリニア技術について何も言わない。浮き上がって進むことさえ言わなくなった。いまリニア新幹線の開発は壁にぶつかっているのかもしれない。確かにリニア新幹線はバラ色の夢だが、いま直面している課題を一つひとつクリアしていかなければ実現は難しい。

# 第2章　南海トラフ巨大地震とリニア中央新幹線

松島信幸

## 予想される南海トラフ巨大地震

ＪＲ東海はリニア新幹線の品川～名古屋までの完成を二〇二七年、大阪までを二〇四五年としている。一方、南海トラフで発生する巨大地震は二〇三〇年から二〇六〇年と想定されている。

二〇一二年九月二九日、国の二つの有識者会議は南海トラフ地震マグニチュード九・一を想定して最悪三二万人死亡する被害想定を発表した。

有識者会議は、東京大学の阿部勝征《かつゆき》名誉教授が座長の検討会の結果と関西大学の河田恵昭《かつあき》教授が主査のワーキンググループによる検討結果とを、中川正春防災担当大臣が同席して発表した。検討会では地震の規模や発生する津波の高さなどを推定している。ワーキンググループでは地震発生に伴う人的被害や経済損失などを推定している。

二〇一三年までには、検討会とワーキンググループが長期地震動や経済損失の更なる総括結果についてまとめ、首長がトップの内閣府による中央防災会議が対策を立てる。自治体も並行して地域防災計画を見直す。

二〇一一年三月一一日に発生した「東日本大震災」の気象庁による地震名は「東北地方太平

洋沖地震」と呼ぶが、この巨大地震はプレート境界地震だった。同様に、南海トラフ地震もプレート境界地震である。

南海トラフとは駿河湾からはじまって遠州灘沖―熊野灘沖―室戸岬沖―日向灘沖へと続く深海底である。ここは太平洋側のフィリピン海プレートが西南日本陸側のユーラシアプレートの下へもぐり込んでいる場所である。

**表１　南海トラフ地震の発生予想**

| （発生年） | | （発生間隔） |
|---|---|---|
| 昭和 | 1946 | |
| | | 92 |
| 安政 | 1854 | |
| | | 147 |
| 宝永 | 1707 | |
| | | 102 |
| 慶長 | 1605 | |
| | | 107 |
| 明応 | 1498 | |
| | | 137 |
| 正平 | 1361 | |
| | | 133 ？ |
| 康和 | 1099 | |
| | | 106 ？ |
| 仁和 | 887 ？ | |
| | | 101 |
| 天武 | 684 | |
| | | |
| 平均間隔 | | 115 年 |

寒川旭さんから

南海トラフにそって起きる地震として東海地震・東南海地震・南海地震がよく知られている。一九四四（昭和一九）年の東南海地震や、一九四六（昭和二一）年の南海地震は年長の人たちが経験している。東海地震は一八五四（安政元）年には起きたが昭和になっては起きなかった。一七〇七（宝永四）年には東海・東南海・南海が同時に起きたため各地で大きな被害が記録されている。

二〇一一年の3・11は東日本の太平洋側にある日本海溝で発生したプレート境界型の地震だった。日本海溝とは、海側の太平洋プレートが東日本側の北アメリカプレートの下へもぐり込んでいる境界である。陸側から海溝まで達していた断層が動いたため、陸側のプレートが太平洋側へ約五〇m移動し、約一〇m隆起した。こうして巨大津波が発生して多くの人が亡くなった。

プレート境界で連動して起きる地震は、マグニチュード九、または九・一といった超巨大地震となる。南海トラフでプレート境界地震が東海沖から日向灘まで連動した場合、東日本大震災を越える超巨大地震を想定して対策すべきではないかとの課題が浮上してきた。そこまで拡大しなくても、東海から南海までが連動すれば、わが国の経済機能は壊滅し、沿岸部の原発破壊が追いうちをかけるであろう。

南海トラフ沿いに発生する地震は歴史時代に何回も起きている。発生年代を決めた寒川旭さんの著書『地震の日本史―大地は何を語るのか（増補版）』（中公新書、二〇一一年）より地震発生の平均間隔を求めると一一五年となる。次の地震発生は二〇六〇年となる。何人かの地震学者は二〇三〇年を発生年と予想している。また、東日本大震災の影響で早まるという研究者もいる。

## 南海トラフ地震をどうみるか

予想される南海トラフ地震は必ず来る。早ければ二〇年後かもしれない。遅くとも半世紀後

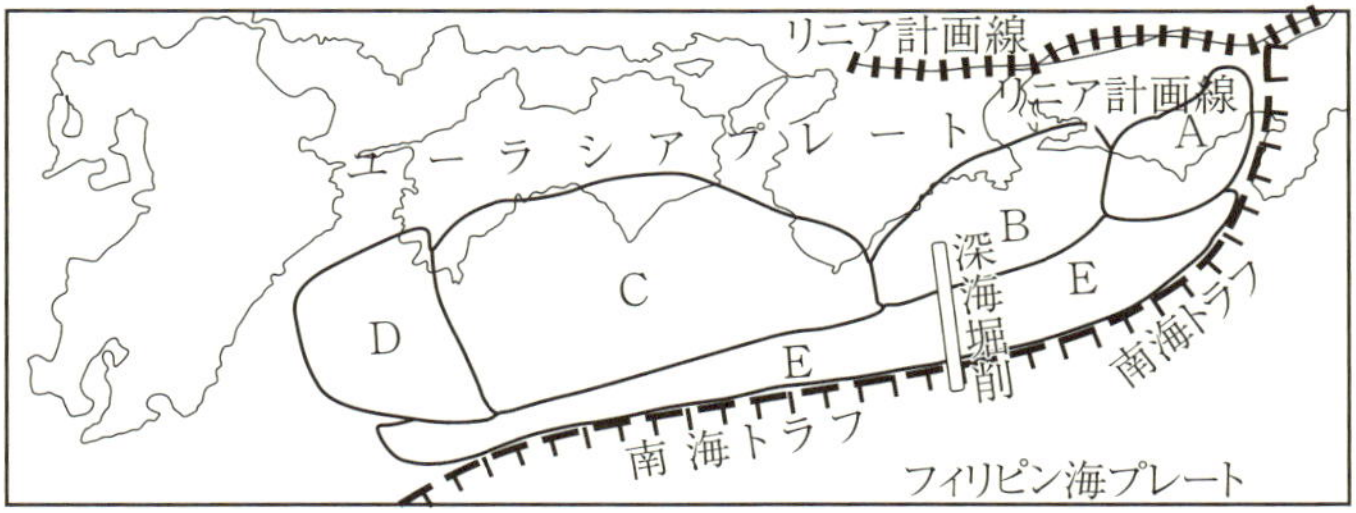


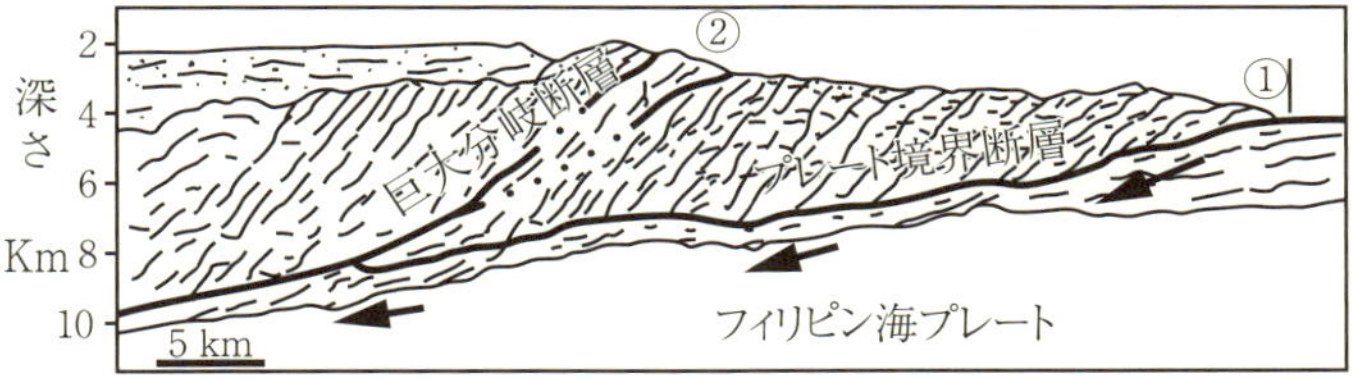


（上図の説明）
南海トラフプレート境界地震が連動した場合にはA（東海地震）、B（東南海地震）、C（南海地震）、D（日向灘地震）、E（南海プレート震）が連続して起きる。

（下図の説明）
海洋研究開発機構の学術掘削船「ちきゅう」は深海掘削線の場所（①と②を結ぶ位置）でフィリピン海プレートまで貫ぬくボーリングコアを採取して巨大分岐断層およびプレート境界断層を確認した。プレート境界地震が発生すればプレート境界断層までが動いてA～Eまで連動することによってM9.1の超巨大地震の発生が考えられる。

**図1　南海トラフ地震の各震源域と断層**

には起こるであろう。

リニア新幹線が計画されている山梨県・静岡県・長野県・岐阜県・愛知県はどうなるであろう。JR東海によれば、地震発生によって東海道新幹線は不通になるであろうが、この時、リニア新幹線がバイパス線として大いに役立つだろうといっている。

現在の研究で推定される東海地震の震源断層は御前崎沖の駿河トラフから富士川へ向かって北上し、赤石山地南部の赤石岳・荒川岳付近の地下三〇キロまで破壊がおよぶであろうと考えられている。破壊の先端は甲府盆地南部までおよぶであろう。事実、過去に発生した東海地震から求められた甲府盆地南部の想定震度は七である。リニアルート上では富士川町の一帯である。

東海地震の震源域は南海トラフの東端にあたる。トラフの東端は御前崎沖から駿河湾へと回り込んで湾奥の富士川河口部へと向かっている。東海地震域の中央部に突き出ているのが御前崎である。この半島は、地震の前にはゆっくりと沈降しており、地震発生と同時に跳ね上がる動きをする。一九四四(昭和一九)年一二月七日に発生した東南海地震では御前崎の跳ね上がりを地震学者の今村明恒が体験していた。当時の彼は、御前崎の測量をしていて地震時の変動を身をもって体験してしまった。

今日、もっとも危険な原発が御前崎に直近する浜岡原発である。3・11東日本大震災を受け

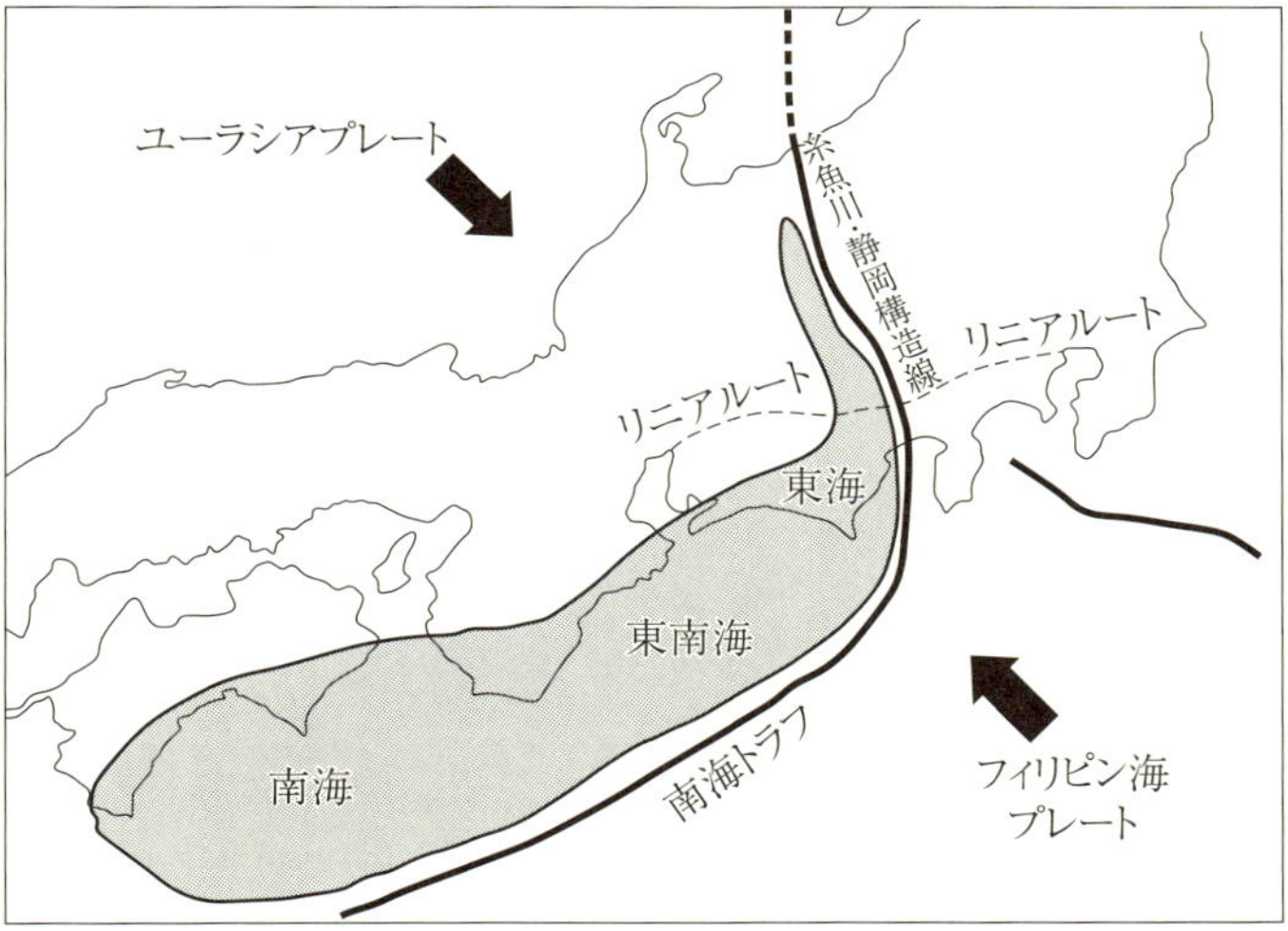


図2　石橋名誉教授が可能性を指摘する「超巨大地震」の震源域
南海トラフ地震と共に糸魚川―静岡構造線域が連動したら
リニアのトンネルも破断する

て浜岡原発は運転休止し、東海地震の発生に備えて防波堤の建設を実施している。地震が発生すれば約五分後に届く高さ一五mの津波を防ぐためだといっている。

実は津波より先に地震によって原子炉自体がやられてしまう。地震と同時に地盤が二～三m瞬時に跳ね上がる。この時、原子炉建屋内がどうなるか冷静に判断すべきである。圧力容器と格納容器が建屋と共に跳ね上がった時、これらと連結している四系統の細管がある。細管がどこかで破断してしまえば非常用炉心冷却システムが作動しなくなる。津波より、非常システムの破断の方が命取りになる。

## リニア新幹線と浜岡原発

浜岡原発の再稼働に関連する動きがある。ひとつはリニアを推進するＪＲ東海の会長葛西敬之氏である。彼は産経新聞（二〇一二年五月二九日）で語っている。「日本経済の活力は製造事業の競争力にある（中略）。競争力は電力の安定供給に懸かっている。そして安全性を確保した上で原発を最大限活用する以外には、高品質な電力をリーズナブルな価格で安定的に供給することは不可能である。（中略）自然エネルギーなど原子力の代替が可能だという幻想を振りまいているうちに「表層民意」は脱原発から反原発へと自己成長した」。

リニア新幹線への電力は中部電力（浜岡原発）と東京電力（柏崎刈羽原発）である。柏崎刈羽原発は、中越沖地震発生によって海底活断層が柏崎原発に何らかの損傷を与えたため、今も止まったままである。柏崎周辺の反対住民は「損傷原発は廃炉以外の何ものでもない」と、訴えている。

## 地震による赤石山地の山体崩壊

歴史記録からは東海地震によって赤石山地南部の急峻な山々が大規模な山体崩壊や深層崩壊を発生させている。フィリピン海プレートは赤石山地南部の地下へともぐり込んでいる。地震

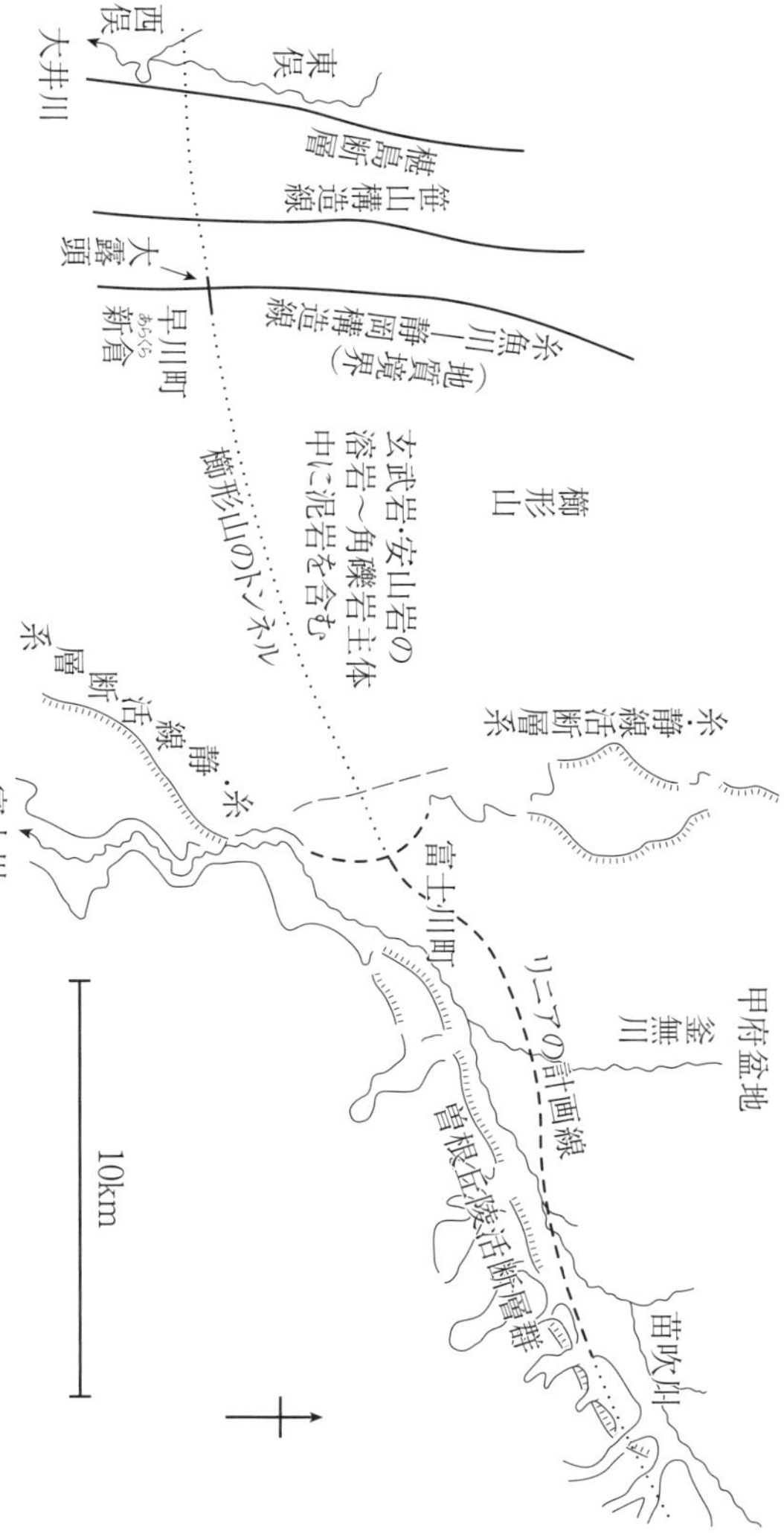


図3　甲府盆地・櫛形山・赤石山地
甲府盆地の南縁から櫛形山・糸魚川―静岡構造線へぬけ、
赤石山地東縁の山岳地帯へ入っていく

が起きれば、赤石山地南部の赤石岳・荒川岳付近の地下三〇キロ下まで破壊がおよぶであろう。宝永（一七〇七年、M八・六）や安政（一八五四年、M八・四）の東海地震で大規模崩壊を起こしているのは、大谷崩れ、七面山崩れが知られている。さらに大きな崩れは赤薙《あかなぎ》・青薙《あおなぎ》・千枚崩《せんまいくず》れ・荒川前岳崩れ・前茶臼山崩れ・光岳《てかりだけ》崩れ・日影山崩れなどがある。

## 南海トラフは駿河トラフから富士川へ

南海トラフの東端は富士川沿いに北上している。古い時代の海溝堆積物が甲府盆地の南部へと延びている。こうした地質背景を反映して歴史時代の東海地震による被害情況から、甲府盆地南部域の被害予測は最悪の震度七が想定されている。

リニア新幹線のCルートは、甲府盆地南東部の曽根丘陵活断層群の中〜直近を通過して富士川町へ向かう。富士川町から糸魚川―静岡構造線活断層系を横断して櫛形山塊へと入る。甲府盆地の西縁部と南東部は盆地形成にかかわってきた活断層群が集中している。変動地帯と並行したり、横断する形でリニア新幹線の開発が進行しており、さらに核心部である糸―静線の活動域へ突入していく。

東海地震など、南海トラフでの連動地震が発生した場合には糸魚川―静岡構造線活断層系まで動くだろうと石橋克彦神戸大学名誉教授は指摘している（『大地動乱の時代―地震学者は警告する―』一九九四年、『原発を終わらせる』二〇一一年、以上は岩波新書)。

## 地質境界の糸―静線は大丈夫か

糸魚川‐静岡構造線と言えば重要地質境界断層を示す。その場所は早川に沿っており、リニアのルート上では早川町新倉《あらくら》を南北方向に縦断している。新倉集落の北のはずれに糸魚川―静岡構造線が大規模に見えている場所があって国の天然記念物に指定されている。この場所より少し上流側でJR東海が糸―静線の調査トンネルを掘っている。この大断層は活断層ではなく地質断層と呼ばれている。約百万年前以降は動いていないとされている。

地質境界である糸―静線は赤石山地を構成する地質体と、伊豆・小笠原島弧の櫛形山とが衝突している構造線である。構造線とは一本の断層線ではない。海底玄武岩質の堅い岩石と海底起源の軟弱な泥質岩とが複雑に混じり合い押し合っている擾乱帯である。

糸―静線は地表においても変化が激しい。新倉露頭は二〇一一年秋の豪雨で大きく崩れた。崩れたのは断層上盤側の粘板岩帯である。下盤側は櫛形山を造る玄武岩質溶岩・角礫岩の堅い岩石である。この露頭より上流の下湯島地区では早川の段丘に変状を与えている。構造線の両側の岩石は、その性状が著しく異なり、赤石山脈側の泥質岩は強く変形しているペラペラの岩である。こうした著しく異なった地質体が接している。また、トンネル内においてはじわじわと変形しやすい。まして、東海地震を受ければ、その変化が瞬時に進むであろう。

糸魚川―静岡構造線と大井川間の岩石は変化に富んでいる。笹山構造線までは泥質の片状岩が続き、笹山構造線付近で緑色岩となる。この緑色岩も変形が強いため地表部には崩れが集中している。

笹山構造線を越えると、泥質の千枚岩から結晶片岩へと移る。岩相変化が著しいので、各所に軟弱な変質帯が出現する。大井川東俣からその下流に近づくと砂岩が多くなり、大規模な崩壊地が現れる。

## トンネルは潰れないか

「地震でもトンネルは潰れません！　トンネルは安全です」。

ＪＲ東海が説明会で言っていた。これは、まちがいではない。反面、あまりにもズサンな説明だ。

東海道線の丹那トンネルを掘削していた一九三〇（昭和五）年の事である。伊豆半島中央部を南北に切る北伊豆活断層が動き、Ｍ七・三の北伊豆地震が起きた。この時、丹那トンネルの三島側の坑口から三五九四ｍ地点の坑道が二・四ｍずれ動くと同時に西側の地盤が六〇㎝沈下した。もし、トンネルが開通して列車が走っていたらどうなったであろう。

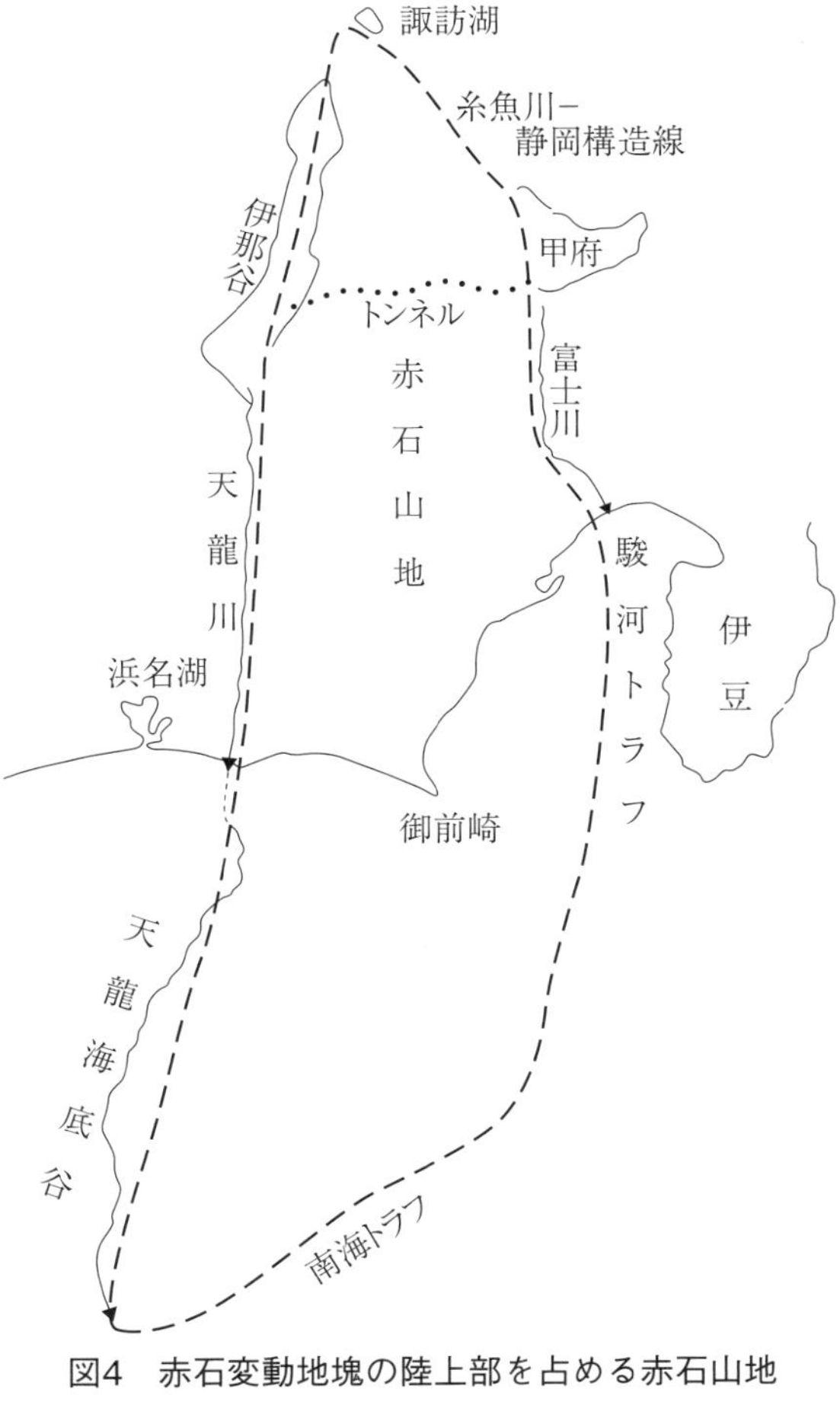


図4　赤石変動地塊の陸上部を占める赤石山地

一九二三（大正一二）年の大正関東大地震では、根府川駅付近のトンネル出口で崩れた土砂が列車を埋めてしまった。

一九九五（平成七）年の兵庫県南部地震では、新幹線新神戸駅敷地内の諏訪山活断層は動かなかった。この断層と並走する六甲トンネル内で何が起きたのか、JR西日本は外部専門家による調査を拒否した。トンネル入口付近の高架橋が複数落下しているのに、トンネル内部の損傷を隠してしまった。

二〇〇四（平成一六）年、新潟県中越地震では震源の川口町（震度七）に国道・新幹線・上越線のトンネルが集中している。断層はトンネルを横断したため、約一〇cmの段差ができた。

トンネルは地震のゆれに強いが、活断層が切った場合には瞬時にして壊れる。南海トラフ地震が発生した場合には、地盤変状によって複合的な損傷が発生する。

### トンネル屋の情熱

映画化された大町―黒部ダム隧道は高温の地下水に直面するとして世に喧伝された。リニアCルートが発表された時、旧国鉄出身のトンネル技術者が青函海底トンネルをたたえて言った。「より困難なトンネルへの挑戦こそ男の情熱だ」。

山岳トンネルの難しさは山体圧力にある。トンネル屋は「地山圧力」と呼んでいる。トンネルの標高と山頂部との標高差によって生じる圧力である。例えば標高差が一五〇〇mであれば、トンネル内にかかる圧力は一五〇〇ｍの山の重さといってよい。岩の比重は水の三倍から四倍であるから、この場合の圧力は一㎠当たり四・五トン～六トンになる。しかし、トンネルの断面はアーチ型だから、その圧力は壁面に沿った圧縮力になり、互いに打ち消し合って小さく働く。だから、トンネルは地山圧力に耐え得るといわれる。

しかし、以上の解釈は机上理論に過ぎない。山は「水瓶である」。その山に穴を穿つと、地山圧力によって被圧されている水が噴出してくる。トンネル先端部に先行する直径の小さいパイロットトンネルを掘って水を抜き、本トンネルの切羽からも何本ものボーリングを入れて水を抜く。しかし、水は突然に上盤から大量の細礫を伴って突出してくる。水が十分に抜け得る地山ならよいが、南アルプスの地山は無数に亀裂を持っているため十分な水抜きはできない。水の噴出と、それに伴う落盤は常時発生するだろう。

## トンネルが抜ける

リニア新幹線は山岳トンネルだけではない。伊那盆地や東濃では浅いトンネルが続く。浅いトンネルの場合は、地面を掘削した後、そこへトンネル構造物を造って、そこを埋め戻す工法である。多くの場合はシールド工法が採用される。鋼鉄製の円筒を地中に入れ、地盤崩壊を防ぎながら少しずつシールドを前進させていく。シールド通過後、トンネル内に支持鋼を組んでトンネルの覆土を完成させる。

でも、浅いトンネルでは山が崩れ落ちることがある。岡谷インターと下諏訪間の一四二号線バイパストンネルでは、山が崩れ、落盤防止のため注入していたセメントミルクが山際の水田まで流れ出た。浅い地山は岩石の風化や未固結の砂礫層に覆われていて地山強度がない。切り羽のボーリング孔からセメントミルクを注入して固めようとする。落盤を恐れてやってしまう。未熟な技術者の失敗だ。

トンネルでの大規模な落盤が起きれば、完全に山が抜け落ちる。新第三紀層は未固結な地層だから要注意である。浅いトンネルも同様だ。長野新幹線延伸工事では飯山トンネルで青空が見えてしまった事例が発生した。

日本の背骨にあたる南アルプスから中央アルプスにはプレートテクトニクスによる断層運動が集中して破砕帯や擾乱帯が幾筋も存在する。そこは、広範に岩石が細かく砕かれ、粘土混じりになっている。こうした場所は、トンネル掘削時から完成後も、ゆっくりとひずみが増大していく。トンネルは鉄とコンクリートで固めた構造物に違いないが、山の地殻変動は永く続く。トンネルは生き物である。

### トンネルが潰れた

トンネルの掘削中やその後にもトンネルがじわじわと潰れていくことがある。トンネル屋はこれを「盤膨《ばんぶく》れ」といっている。中央自動車道の恵那山トンネル工事の時、トンネルがゆっくりと潰れていく様子を筆者は見た。トンネルを支えていた鋼鉄の支柱も飴のように曲がり、地盤も膨れ上がり、遂には完全に潰れてしまった。こうした場合、地山を凍結させて再び掘削することになる。こうした場合、大きく工期が延びる。凍結・再掘削・解凍までには数カ月を要するからである。

恵那山トンネルの場合、盤膨れの原因は熱水変質帯だった。リニアＣルートを中央アルプス南部へ貫いたのも、恵那山トンネルの経験を踏まえてのルート設計かもしれない。北側へ避けたから山の標高が小さくなってはいる。そのため、木曽川へ出て渡り、再び渡りかえすルートになった。このルートで熱水変質帯に遭遇すれば元も子もない。恵那山トンネルの場合は花崗岩と流紋岩との接触部分だった。Ｃルートの地質も同じである。

## 赤石山地の劇的な成立

赤石山地は東端は甲府盆地の北西線にはじまり富士川谷を南下して駿河湾へ達する山地のことである。西縁は諏訪湖から天竜川沿いの伊那盆地を南下して、天龍川峡谷から遠州へ、さらに天龍川海底谷から南海トラフへと向かう。その形は図４に示す。

広義の赤石楔状地《せつじょうち》の成立は日本列島西南日本弧と伊豆・小笠原弧とが劇的に衝突して日本列島ができる過程（約一八〇〇万年前〜一五〇〇万年前）の大規模変動による。この変動によって赤

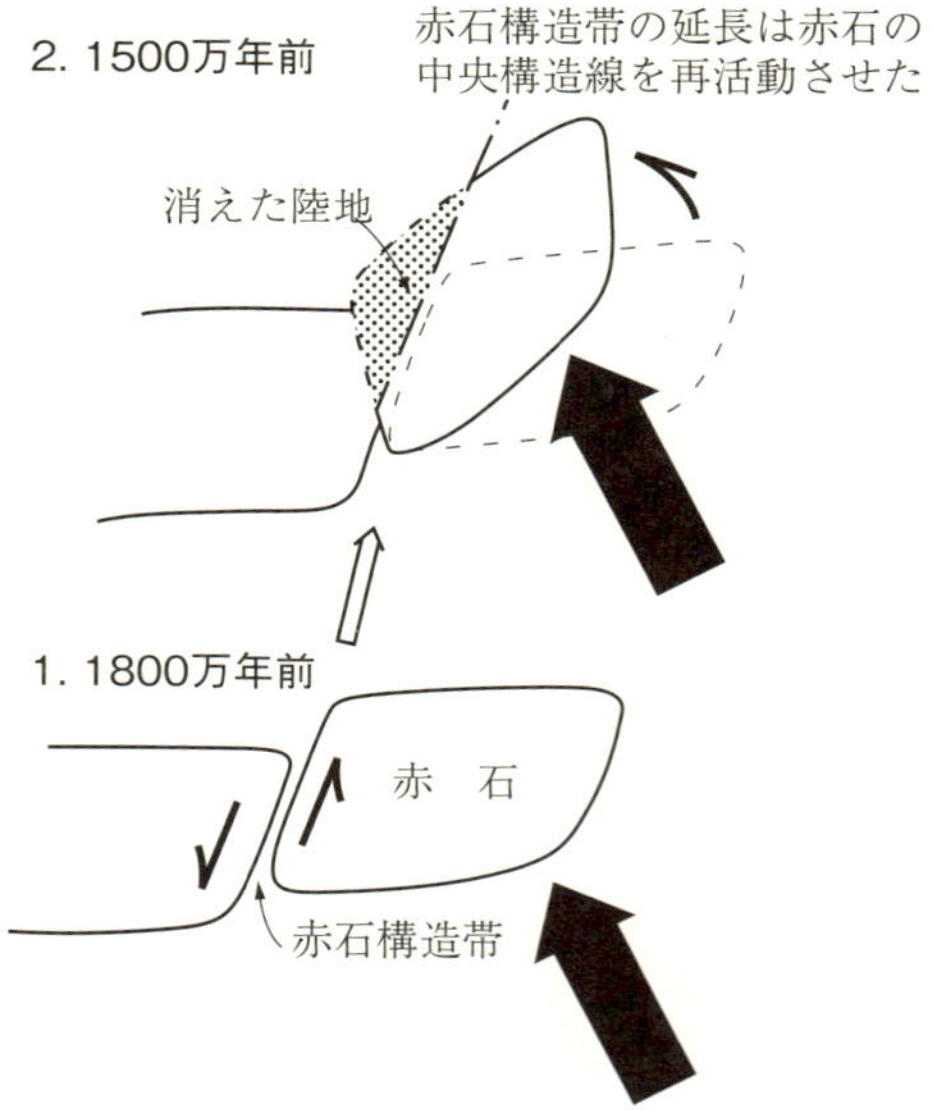


図5　赤石の移動と回転のモデル図

石山地は北へ六〇㎞移動すると同時に左回転した（図5）。

赤石山地の地質は、日本列島を造る基盤岩体の中で最も激しく断層運動を受けて成立している。Cルート計画線は、山地内の最もくびれて幅が狭まっている部分に計画されている。つまり、トンネル部分を最短にすることが、経済性と工期を考えて優先されたのであろう。この判断は、地質を知らない人にとっては常識のように思われるかもしれないが、地質を知る人が見れば非常識な判断である。

赤石山地の地質構造は、赤石岳から発している小渋川を軸にして、南部と北部の地質がねじ曲がりながら折り畳まれている（図6）。

図6はそのモデル図で、図7は立体的に図示した構造図である。リニアCルートの予定線は

山岳部の中の最短部分をねらったのかも知れない。しかし、Cルート附近は、その南部域と北部域で地質構造が逆転する部分にあたる。南部域の構造は北西へ傾斜しており、北部域は南東へ傾斜している。両者の地層の向きが反転する軸部にあたる。

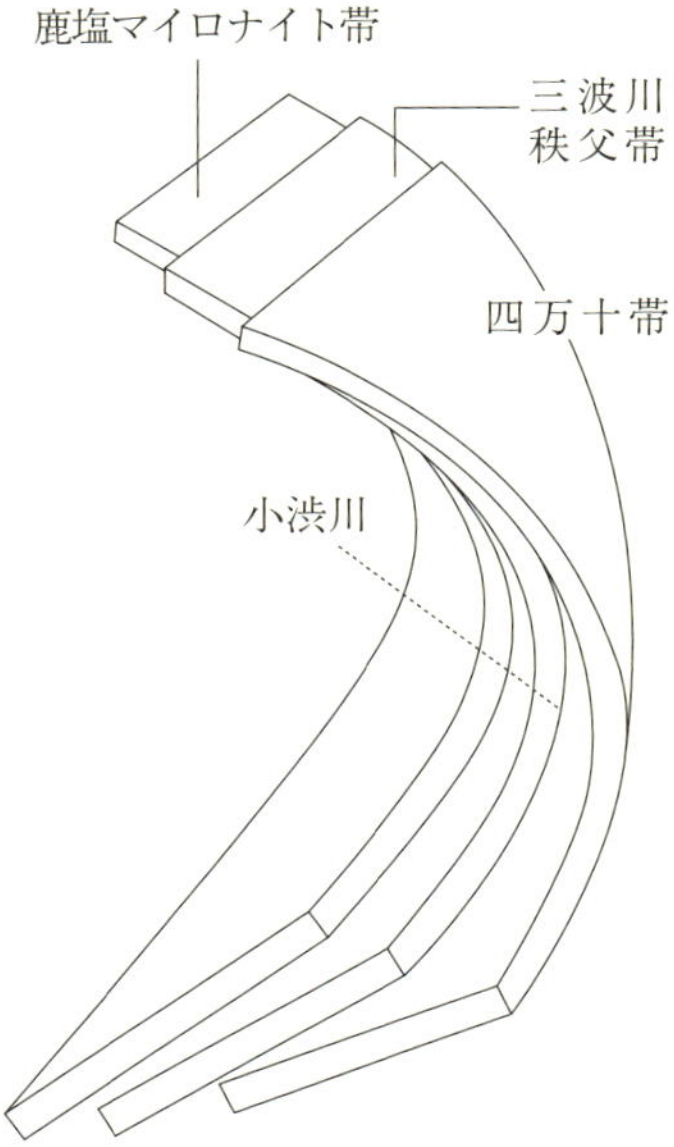


図6　小渋川を軸にねじ曲がるように反転する

## 塩見岳―悪沢岳の間に注視せよ

南アルプスの三千m峰は独立峰だ。塩見岳（三〇四七m）と南に隣り合う悪沢岳（荒川東岳、三一四一m）との間には大井川の西俣川が大きく入り込んでいて完全に切れている。塩見岳と悪沢岳の地質は堅い玄武岩質枕状溶岩・緑色岩・チャートから造られている。侵食に抵抗して高い峰を形成しているのだろう。

ところが、堅牢な地層は連続していない。大井川の支流の西俣の谷沿いに存在する西俣断層によって切れている。

次に注目すべきは、塩見岳と荒川前岳（三〇六八ｍ）中岳（三〇八三ｍ）の主稜線である。主稜線は大きく信州側へ曲がり込んで繋がっている。登山者が塩見岳から悪沢岳を目指すならば大きく迂回しなくてはならない。信州側へ遠回りする主稜線上の峰は標高が低い。最も高いのは小河内岳（二八〇二ｍ）で、二六〇〇ｍ台の峰々が続いている。この二六〇〇ｍ付近をＪＲ東海の南アルプストンネルが計画されている。

## 崩壊が最も激しい主稜線

南アルプスを最短で抜き、しかも、山頂とトンネルとの標高差を最も少なくするために計画されたＣルートは、脆弱な地質帯だった。

南アルプスの主稜線には崩壊地が多い。中でも、三伏峠の百間ナギから小河内岳までの西面、大日影岳から荒川前岳の西面の崩れは著しい。一見すると、信州側の谷頭侵食が激しいが、南ア主稜線上での崩壊地が延々と続き、年々崩れが拡大している岩質に注目すべきである。

百間ナギの大きな崩壊地に接して三伏峠（二六〇七ｍ）がある。ここは信州側から甲州へ抜ける峠である。三伏峠の部分だけが低くなっているのではない。三伏峠から高山裏までの尾根が延々と低いのだ。全体が破砕帯の性状を現わすと見るべきである。

塩見岳と悪沢岳の中央を分けて大きく西へ張り出しているのが大井川西俣の流域である。ち

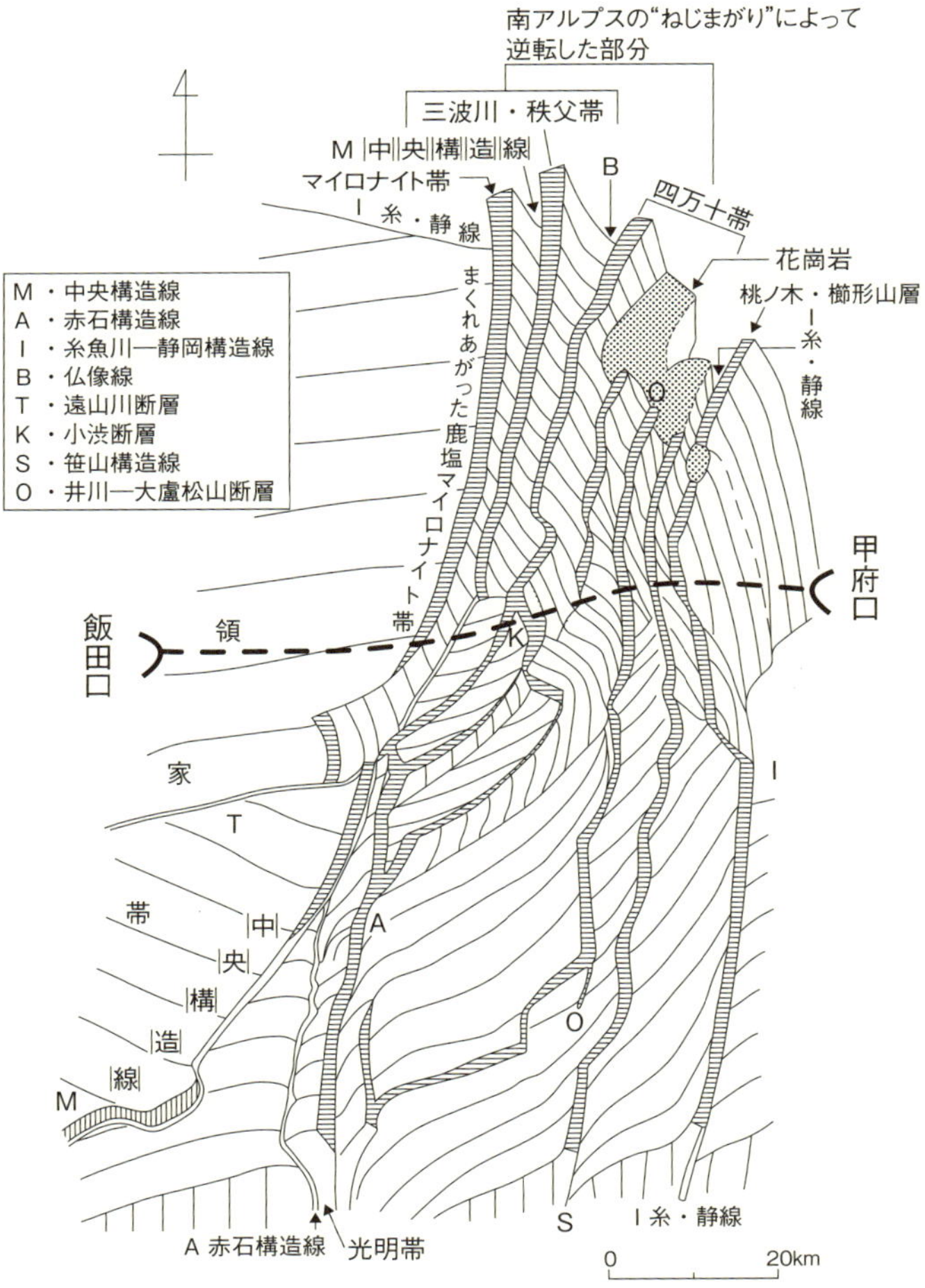


図7　折り畳まれている地質構造の模式図

ょうど、塩見岳と悪沢岳を結んだ西俣の谷間で小西俣谷と中俣谷とが合流する。合流点から下流が大井川西俣の本流となって二軒小屋へと流れていく。

西俣谷には車道用の作業道が開削された。しかし、数年後にはほとんど崩れてしまった。ここは、東海パルプが伐採事業を展開したり、電力会社による発電用取水ダムの建設が行なわれてきた。

リニアCルートのトンネル工事にあたっては、西俣谷へ再び作業道を建設しなければならない。最近、西俣谷を歩いた仲間によれば、各所で崩れており、下流から三度作業道を開設しているという。

西俣谷は急峻な谷ではなく、各所に堅い砂岩を露出している。前述したとおり、この一帯の地層は大きく逆転する構造運動を受けた地帯である。広域に地殻変動を受けていて、山を造る岩石には無数の割目が入っている。こうした地山の構造を反映しているのが、二六〇〇m級の主稜線であったり、西俣谷の脆さである。

## 蛇紋岩帯に穴を開けてはいけない

大鹿村の中央構造線に沿って厚い蛇紋岩帯がある（図8参照）。蛇紋岩にトンネルを開けても、長く維持することは困難である。蛇紋岩地山に大型ダムを造ることもできない。この岩石はたえず水と反応して蛇紋岩化作用が進行し、変質した鉱物は膨張性粘土へと変化していく。山が

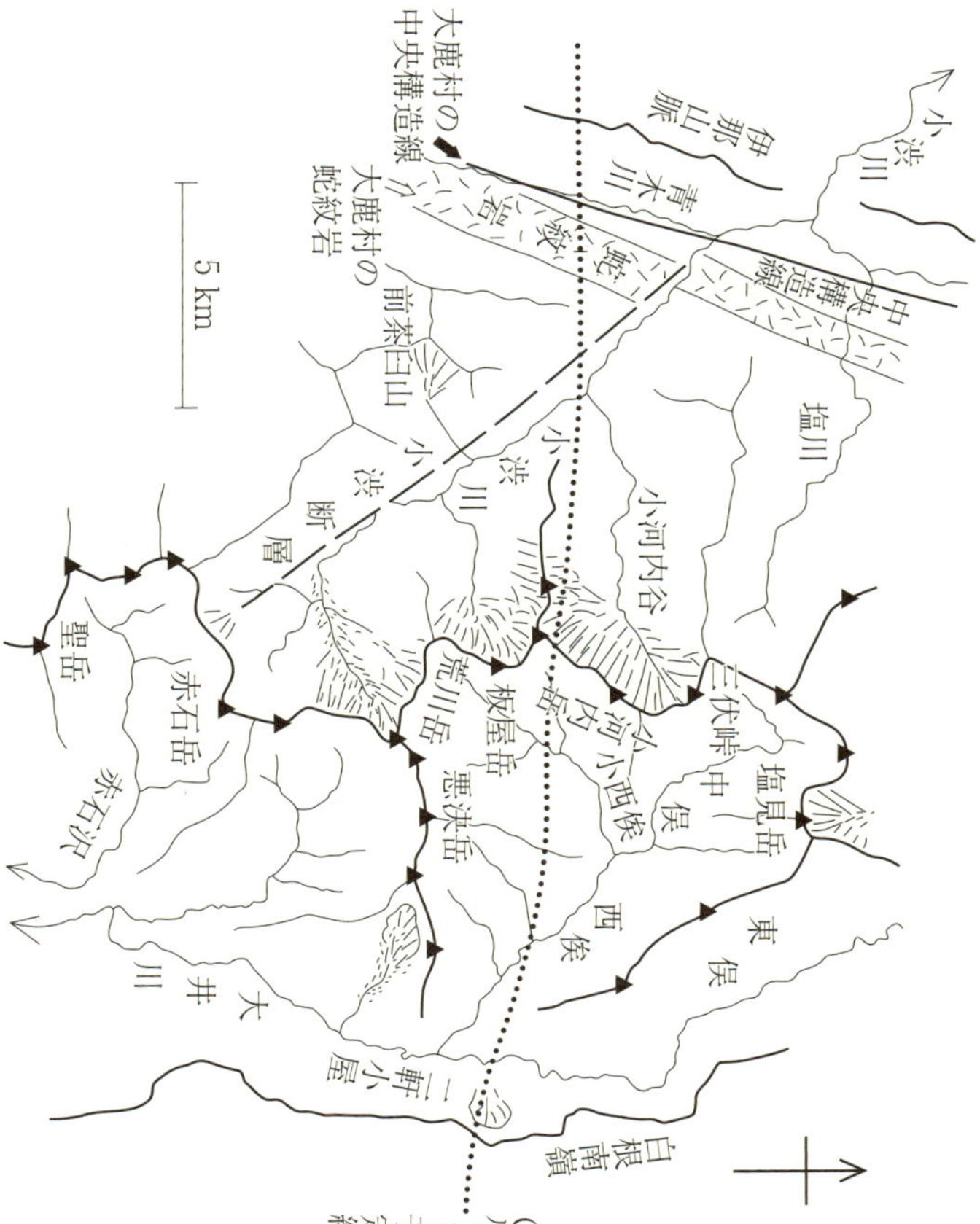
小渋川
伊那山脈
青木川
中央構造線
大鹿村の中央構造線
大鹿村の蛇紋岩
蛇紋岩
5 km
前茶臼山
塩川
小渋川
小渋断層
小河内谷
三伏峠
塩見岳
中俣
小西俣
小河内岳
板屋岳
荒川岳
悪沢岳
西俣
東俣
聖岳
赤石岳
赤石沢
大井川
二軒小屋
白根南嶺
Cルート予定線

図8　崩れやすい地質帯

じわじわと膨れていくのだから、コンクリート構造物へのダメージは大きい。これまでに何カ所かのトンネルが劣化している。

蛇紋岩帯へのトンネル掘削には困難点が多い。さらに、トンネル残土からは環境汚染物質が発生する。蛇紋岩体中には重金属が含まれる。Cルートにあたる青木の岩体中には銅や鉄、クロムなどが含まれている。これまでにも自然銅が発見されてきた。トンネル掘削による残土中の重金属が酸素や水と化学反応を起こして水や土壌を汚染する。しかし、汚染が見つかるまでには年月を要する。責任の所在はあいまいとなる。少なくとも、工事者は残土を遮水工法によって封じ込めなければならない。

## 大鹿村には石器・土器が見当たらない

大鹿村の七不思議でもある。この村からは石器・土器が出土しない。村に散在する大小の集落は地すべり地に立地する。考古遺物が見あたらないということは、数千年前以前の土地は流れてしまっているということだ。集落のある地すべり地は数千年前以降にできた土地である。村の土地は、たえずすべっているのだ（図9）。

村を横断するCルートはトンネルである。だから、地表部で何が発生しても影響しないという考えはナンセンスであり、村民への愚弄以外のなにものでもない。地すべりとは、表層で発生するだけではなく、深層地すべりや山体すべりも存在するからである。

トンネルの出入口の選定はむずかしい。地震動や豪雨で崩れやすいし、空気圧振動も崩れを誘発させる。Ｃルートにおいて、小渋川を横断する時、明りにするか、トンネルにするかの決定はむずかしい。何故なら、トンネル工事の際の地下水処理が極めてむずかしいからだ。ポン

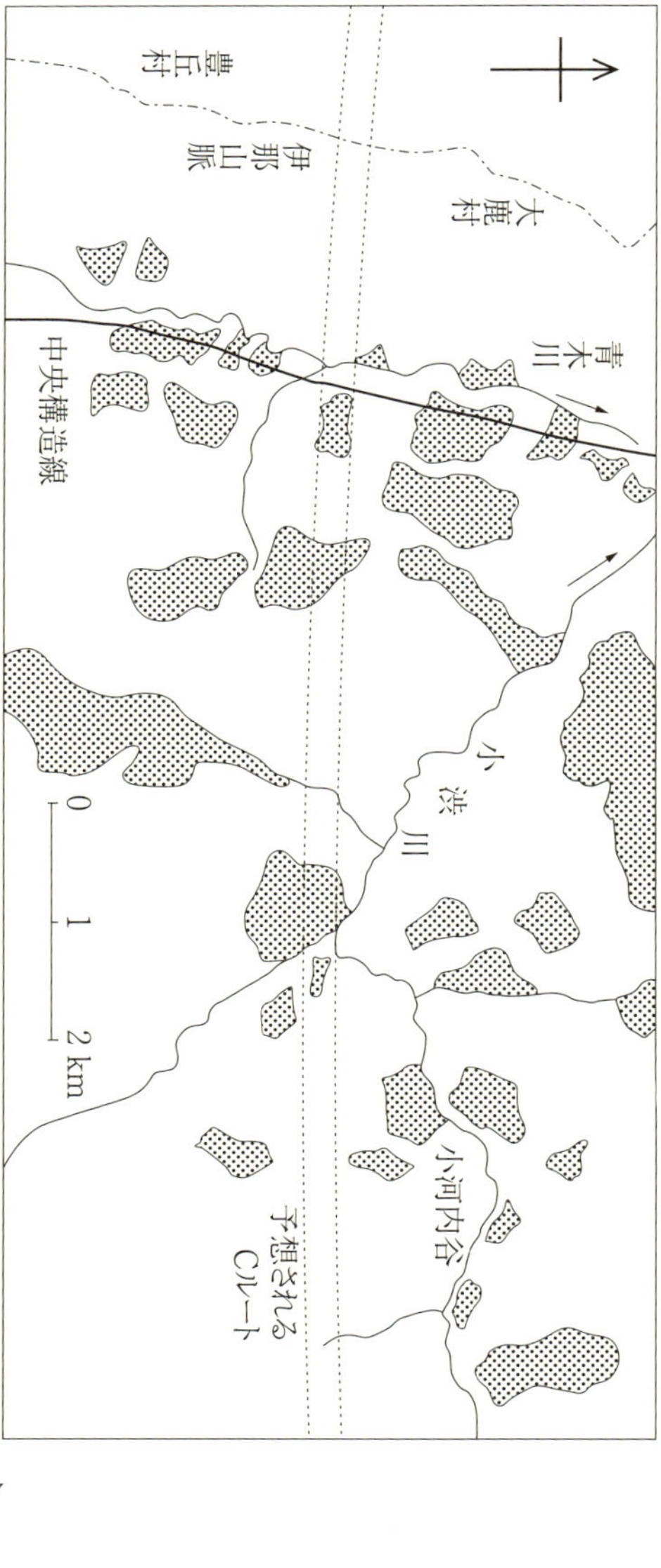


図9　大鹿村の集落は地すべりや崩積土の上に成立している（網目で示す）

プアップして小渋川へもどすのか、そのまま垂れ流して天龍川へ放水するのか。

## 中央構造線をどう見ているのか

大鹿村青木においてCルートは中央構造線を横断する。恐らくトンネルで貫くと予想される。そうだとしたら、第一に中央構造線は活発な活断層であることを認識していない。『新編日本の活断層』（活断層研究会編、東京大学出版会、一九九一年）では、大鹿村地域の中央構造線を活断層にしていない。同書の著者等は不勉強であって、調査もしていないし関心も示さない。遠山地域の中央構造線は七一四年と一七一八年に地震を起こしている。故に、同書では遠山地域の中央構造線だけを活断層にしている。

大鹿村地域ではどうなのか。青木川の安康露頭の近傍では安康沢の河床礫を中央構造線が切っている。要注意の活断層であることの証拠である。図10と写真は二〇一一年調査によって地元紙に発表したその証拠である。二〇一二年の調査から古い河床礫とした部分は安康沢の河床礫だった。

## 大鹿村は変動地域だ

前述したように、大鹿村からは石器・土器が見あたらない。これは安定した土地が無いことの証拠である。縄文時代の遺物は段丘上から出土することが通例である。その段丘が、大鹿村

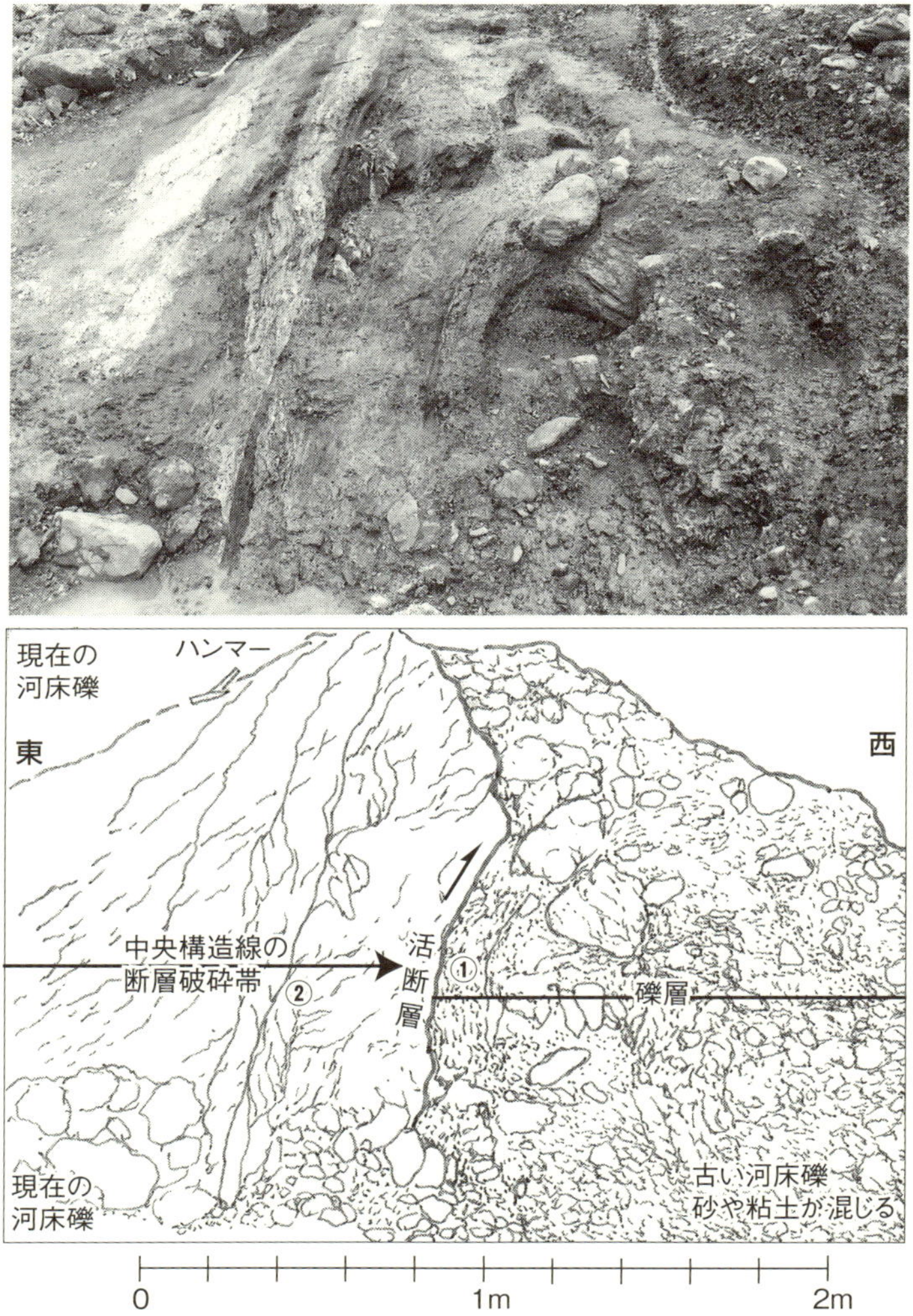


東側の赤石山脈主稜線側から西側の伊那山脈側へ衝上する逆断層
断層の走向傾斜　①N3E、86E　②N28E、78E

図10　大鹿村における中央構造線の活断層露頭

には存在しない。段丘面とは古い河川の氾濫源である。その氾濫源が隆起して、さらに新しい氾濫源がより下位に形成されれば、最初の氾濫源は段丘面となって残る。隆起した段丘面は安定し、大洪水にもあわないから人の居住空間となる。

ところで、大鹿村には段丘面が存在しない。それは、全域に隆起速度が速いため、段丘面を残すことなく連続的に隆起してきた証拠である。

一般的に弥生時代の遺跡は、現在の川の氾濫源に近い場所に多い。当時は稲作が行なわれていたから、水が得やすい、平坦な土地が利用されたからだ。ところが大鹿村には、こうした場所さえ形成されにくい速い隆起速度だったにちがいない。

村の集落が立地している斜面は地すべり地や崩積土で形成された緩斜面ばかりである。Cルートにあたる青木の集落は、引ノ田集落に代表されるように、蛇紋岩が崩れてできた地すべり地であって、二段から三段の地すべりによる緩斜面が形成されている。その地面は蛇紋岩の厚い崩積土に覆われている。崩積土の下からは大量の地下水が湧出し、村最大の上水道源となって利用されている。こうした場所の地下にトンネルを掘れば、多くの地下水がトンネルへ吸い込まれてしまう。

## 南アルプストンネルは泥質メランジュに翻弄される

メランジュとは岩相名で、混在岩ともいう。南アルプスをつくる地層、その地層を構成する各種の岩石は雑然と攪拌されて集合している。硬い岩石は切断されたり、ちぎれており、大小の礫状に変形している。大小の礫化した岩体を包む物質は海底に堆積した泥である。こうした泥質メランジュがもっとも大量に山を構成している。

泥質メランジュの山にトンネルを掘る時、何がおこるか。第一に工期が通常地山のトンネルより約三倍かかる。そのため、予算は約二倍以上に増える。

工期が長引く原因は、トンネルの切り羽で発破がほとんど使えないこと、出水事故が発生しやすいことがあるが、そのため、先進ボーリング等を綿密に実施しなければならず、また、地盤の安定化のためにロックボルトを打って進まなくてはならない等々があげられる。

最近の山岳トンネルの工法は非常に進歩している。進歩とは、掘削速度が速くなったことではなく、より安全に、より信頼性を求めた工法になったことだ。したがって、工期と予算が計画より延びるのは当然である。

これまでルート沿線の市町村で説明会が行なわれた。その説明の半分はパワーポイントによるリニアの説明に費やされ、地元住民が希望しているトンネル工事に伴う問題の説明は不十分だった。質疑の時間を制限したり、明確な説明を避け、消化不良のまま、強引に会を閉じてきた。そこで見られるように、ＪＲ東海の秘密主義と傲慢さに終始した会社の論理が安全と信頼に先行するならば、原発事故と同様な構造災害が潜むであろう。

# 第3章　リニア中央新幹線の電磁波問題

荻野晃也

## 1　電磁波とは

### はじめに

地球ができたころは灼熱状態で電磁波も強烈に強かった。それから長い年月を経過し、我々生物の祖先が誕生したのは三七億年ほど前だと考えられている。生命の誕生には色々な説があるが、ＤＮＡやＲＮＡといった螺旋構造を持つ蛋白質などが形成されて生命体になったことはまず間違いない。そのころでも強力な電磁波が地球を覆っていたが、その典型例が放射性物質（放射能）からの放射線だったといえるだろう。また、噴火や雷なども強力だったはずだから、その際に放出される電磁波も強かったはずである。

そのような強力な電磁波の世界で、生物が進化し始めたわけだが、その進化の最初の場所は海ではないか、それも浅い海ではなく深い海ではないか……と私は考えている。深い海であれば、放射線や電磁波の悪影響も少ないからである。その様な生物が、放射線や電磁波が弱くなるに従って、浅い海にすみ始め、更に太陽光線に順応できるようになった生物が陸へ上陸して進化が進んだのだろう。私がこのように考える理由は、「電磁波問題と生命の進化」とには深い関係があるように思うからである。

図1　電磁波の種類

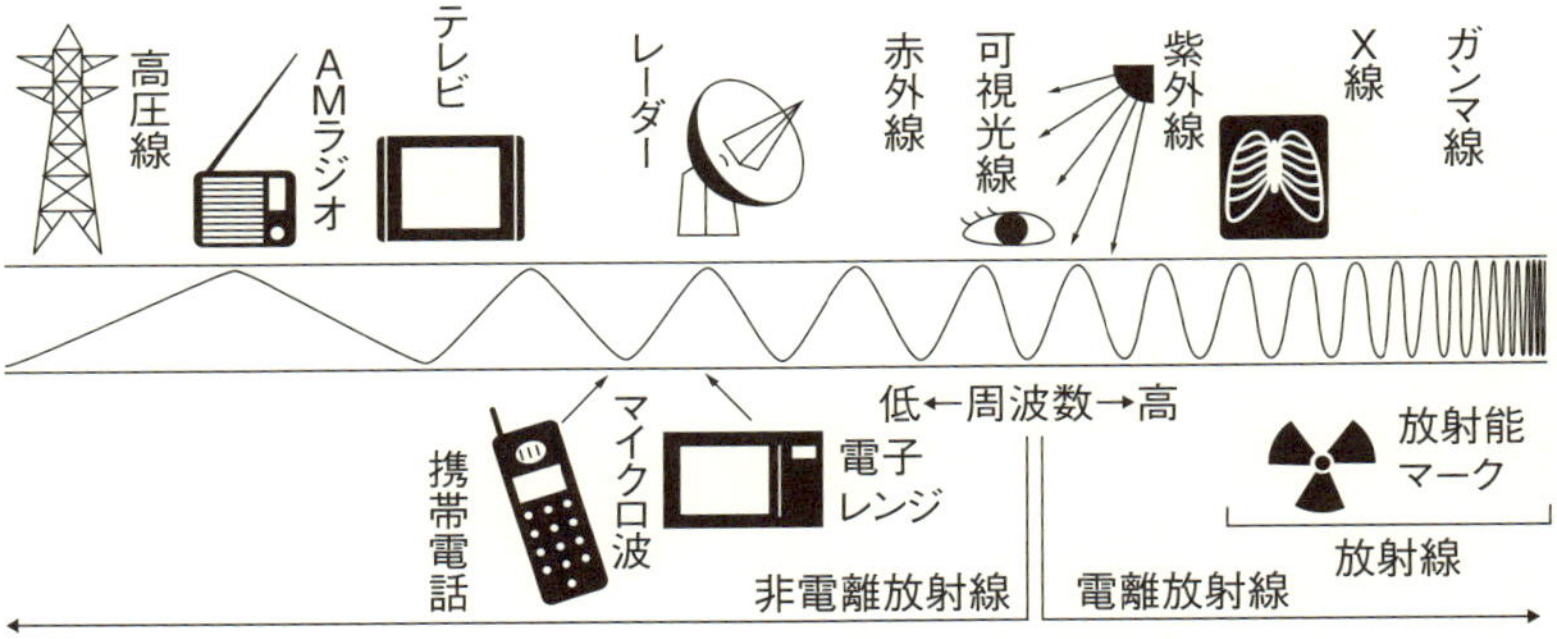


出典）『危ない携帯電話』緑風出版より

## 電磁波の種類

電磁波には、エネルギー（周波数）の高い順からガンマ線・エックス線・紫外線・太陽光線・赤外線があり、それよりもエネルギーの低いものに、一般に電磁波と言われている高周波・電磁波や低周波・電磁波があるのだが、生物にとって最も重要な電磁波は「太陽光線」だろう。図1に示したが、原発や原爆で知られるガンマー線などの「放射線（電離・放射線）」と「電波」と呼ばれる「放射線（非電離・放射線）」とがある。電磁波はすべて粒子と波の両方の性質があり、電気や磁気が波として空間を伝播していると考えることができる。その波の山（谷）と山（谷）との間の距離が「波長」で、それが「一秒間に何回通過（発生）するか」という回数が「周波数」である。その単位はヘルツHz（またはサイクル）で、家庭の電気は五〇（または六〇）Hzの極低周波でエネルギーが極めて弱く、波長は六〇〇〇（五〇〇〇）kmも

## 表1　電磁波の種類・単位

| | |
|---|---|
| 周波数 | ヘルツ Hz 叉はサイクル（エネルギーに比例）<br>波の1秒間での繰り返し数 |
| 波長 | 波と波との間の距離（周波数の逆数）<br>電磁波の速度は30万km/秒 |
| 電場（界） | 1m当たりの電圧（V/m） |
| 磁場（界） | 磁気強度μT，mG（マイクロ・テスラ、ミリガウス） |
| 電力（束）密度 | 単位面積当たりのパワー（$\mu W/cm^2$） |
| 全身SAR値 | 全身熱吸収量（W/kg） |
| 部分SAR値 | 部分熱吸収量（W/kg） |
| 波形の種類 | アナログ波<br>デジタル波<br>パルス波 |

の長さだ。そのような関係を図1に示した。また、携帯電話や携帯電話基地局・放送タワーのアンテナから放射される電磁波は、高周波と低周波が変調（混ぜ合わせ）されたり圧縮されたりしたアナログ波またはデジタル（パルス）波で、高周波と低周波の両方の悪影響の可能性がある。また周波数によって、性質が大きく変化し、「エネルギーの高い方のみが危険」とはいえない研究が増加したことが、電磁波問題が浮上した原因である。

### 地球環境問題としての電磁波

このような色々な種類の電磁波と共存しながら、生命は進化をしてきたのだが、最近の科学技術の進展によって、地球上の電磁波が大きく変化してきたことが「電磁波問題」の本質だと私は考えている。「電磁波問題は地球環境問題でもある」ともいっているのだが、そのことを概念的に示したの

図2　地球環境と電磁波

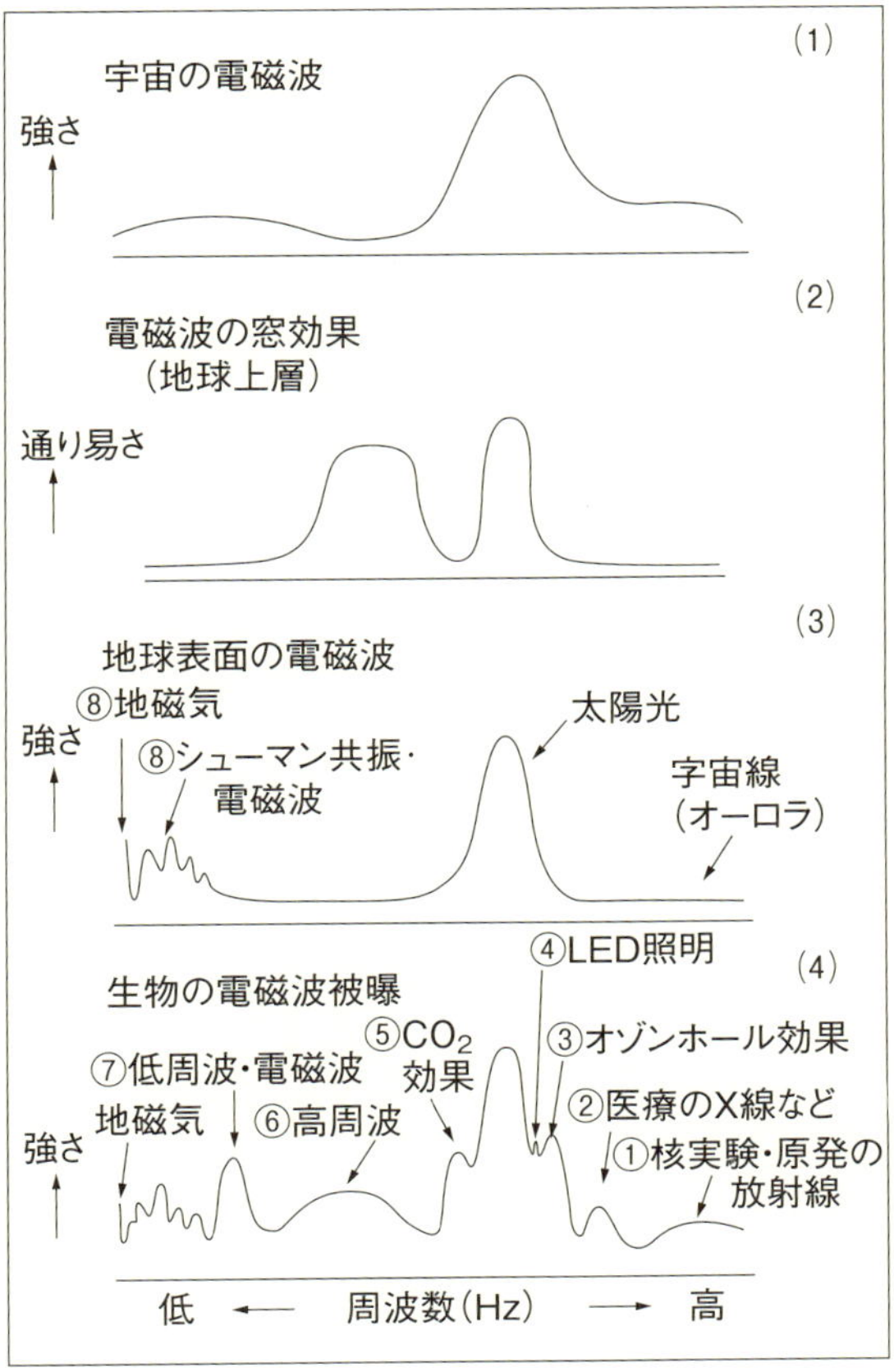


が図２である。図２―(1)に示したように、地球の外の宇宙空間には色々な電磁波があるが、何と言っても一番強いのが「太陽光線」だろう。宇宙でのガンマ線も地球表面よりも強く、人工衛星・乗務員の最大の問題点でもある。このような宇宙からやってきている電磁波が、そのま

ま地球表面にやってくるわけではないのは、地球表面には「電磁波の窓」といわれる「窓構造」があるからである。電離層・オゾン層・大気層・地球磁界などがあり、それらの効果で電磁波の通り易さが異なっている。その通り易さを概念的に示したのが、図2―(2)である。図2―(1)と図2―(2)とをかけ合わせた結果が、地球表面に存在している電磁波の強度で、それを示したのが図2―(3)である。この図の左端には幾つもの鋭いピークが現われているが、これは「シューマン共振・電磁波」と呼ばれる地球表面に定在している電磁波で、地球のサイズと共振している電磁波である。

### 科学技術の進展と電磁波問題

地球上に棲む生物は、長い間図2―(3)のような電磁波の環境下で生き続けてきたのだが、その環境が変わり始めたのである。産業革命以降の科学技術の急激な進展が、いまや図2―(4)のような電磁波環境になってしまっている。この事実こそ電磁波の本質的な問題点であり、「電磁波とは」を考える時の極めて重要な視点である。この図2―(3)(4)の①②③④⑤⑥⑦⑧について簡単に説明する。

①核実験・原発からの電磁波・放射線は、福島原発事故で問題になっているセシウム一三七などの「ガンマ線」のことである。大気圏内で行なわれた数多くの核実験による放射線で多くの胎児や子ども達が影響を受け、それが大気圏内核実験を禁止した理由の一つなのだ

が、多くの人たちはその事実を忘れてしまっている。

②これはエックス線（レントゲン線）の被曝によるピークを意味している。人類がエックス線を多用することで「いつかは人類は滅びるのではないか」と予言したのは、エックス線照射で突然変異を起こすことに成功し一九四六年にノーベル医学生理学賞を受賞したマラー博士（米）であるが、そのエックス線を先進国で最も多用している国が「この日本なのだ」ということも知らされてはいない。

③次のピークは、紫外線の増加を示している。多量に使用され始めたフロンなどの化学物質によって、地球上空のオゾン層が破壊されて穴があき、皮膚がんなどの悪影響を与える紫外線が増え始めてきたのだ。

④紫外線と太陽光線との間に示した狭い小さなピークが、「ＬＥＤ照明」現象である。民主党は「革新的エネルギー・環境戦略」政策で、「発光ダイオード（ＬＥＤ）などの高効率照明を、二〇二〇年までに公的施設で、三〇年までに全国で一〇〇％普及させる」と発表したが、ＬＥＤ照明は、波長が約四五〇㎚（・㎚ナノメートルは一メートルの一〇億分の一）の光を放射する青色光が異常に強く、「ブルーライト・ハザード」として欧米では大問題になっている。以前からこの領域の青色光は脳内ホルモンであるメラトニンを減少させて、睡眠障害などの原因になる可能性の高いことが指摘されているのである。

⑤これは赤外線のピークである。太陽からの光と、地球表面から宇宙へ逃げる赤外線との絶

妙なバランスによる地球表面の熱放射で一定の温度が保たれていたのだが、炭酸ガスなどの人間活動による排ガスなどで、この赤外線の宇宙への放出が阻害され蓄積されるようになったのが「地球温暖化」問題なのである。

⑥ラジオやテレビ、さらに携帯電話の大普及によって、地球上の高周波・電磁波の増加はとどまることを知らない。その悪影響で心配になるのは、発がんもあるが、脳や生殖への悪影響を私はより心配している。「高周波・電磁波の被曝で精子がおかしくなる」との論文も幾つもあるが、日本では全く知られていない。子どもにまで携帯電話を持たせようとしている国は先進国では日本ぐらいなのではないだろうか？

⑦電化製品が多くなり、私たちは便利な生活に酔いしれているようである。しかし、そのような極低周波の電磁波・被曝が増え始めたのは、つい最近のことなのだ。極低周波の電磁波被曝でも「精子がおかしくなる」との研究も多いのだが、そのような重要な研究を、リニアを推進する「ＪＲ東海」もしようとしない。新幹線に乗車している従業員の健康や子どもの「男女比」などを調査することは容易にできるはずで、それ以外にも色々なテーマでの疫学研究もできるはずである。「ヤバイ結果が出るのが怖い」ようだが、国民の健康に関わる問題なのだから、リニア推進費用のほんの一部でも、そのような研究に回して欲しいものである。

⑧シューマン共振・電磁波や低い周波数の電磁波の問題も重要になることだろう。最近にな

って、地磁気を利用している生物が色々と発見されるようになってきた。牛や大型鹿が南北を向いて寝ることがわかり始めたのは、人工衛星の感度が高くなった最近のことで、それらの動物は送電線の近くでは寝る向きがバラバラになるそうである。リニアの強い静磁界や交流磁界は、図3のシューマン共振・電磁波と周波数が重なるわけで、長い間にどのような悪影響を与えるのかは、まさに「神のみぞ知る」だと思うのである。

以上、私が「電磁波問題は地球環境問題でもある」といっている意味がおわかりいただけたと思う。人類が永久に栄え続けるとの保証はないが、少なくとも、いま生きている人間には、子や孫やその後につながる未来世代には希望の持てる健康な地球を残す責任があるはずである。

## 2　電磁波に関する単位

電磁波には色々な種類があり、それらの電磁波強度に関しても色々な単位が使われている。図1でも示したが、周波数で分類することもできる。その場合にはガンマ線の周波数は一〇の二三乗にもなるから、実用的ではなく、その代わりにエレクトロンボルトeVというエネルギーの単位で分類している。太陽光線も電磁波の仲間で、その周波数は一〇の一五乗程度だが、波長で分類していて、青い光は約四五〇㎚で、赤い光では七〇〇㎚前後で、四〇〇～八〇〇㎚の間の光を「可視光線」と呼んでいる。電圧がかかっているだけであれば電界（電場）だけだが、電流が流れることで電界と磁界が生じる。これらによって形成される場所のことを電磁界（電磁場）と呼んでいるのだが、磁界の強度で、一マイクロ・テスラ（μT）以下の交流磁界までもが、今、問題になっている（一μTは一〇ミリガウスmG、一mTは一〇ガウスG）。弱い電界（単位は一m当たりのボルト：V／m）も危険な可能性が高いのだが、研究の少ないのが残念である。

高周波・電磁波の強度では「電力（束）密度」と「エネルギー吸収比（ＳＡＲ値）」が大切で、前者は空間を伝播する電磁波強度であり、「Ｗ（ワット）／㎡、またはμＷ／㎠」の単位である。「μＷ」は「マイクロワット」と呼び、Ｗの一〇〇万分の一の強度である。後者は物質が電磁波を吸収することによる発熱量の単位で、「全身ＳＡＲ値」と「局所ＳＡＲ値」とがあり、携帯電話では脳への「局所ＳＡＲ値」が問題になる。

## 3　自然界・電磁波の波形・周波数など

電磁波には色々な波形がある。自然界にある一番重要な電磁波は、太陽光線と地球磁界だろう。また雷雲が近づくと、大気中の空間電位が上がることはよく知られているが、その電界の周波数も静電界と考えてよいだろう。落雷では瞬間的に鋭い波形が現われるだろうが、そのような波形は自然界では多くはない。また自然の電磁波でよく知られているのに磁気嵐がある。太陽の黒点が多くなったりすると現われるのだが、通信の乱れや送電線への影響が知られてい

図3　シューマン共振・電磁波と脳波（人間）の関係

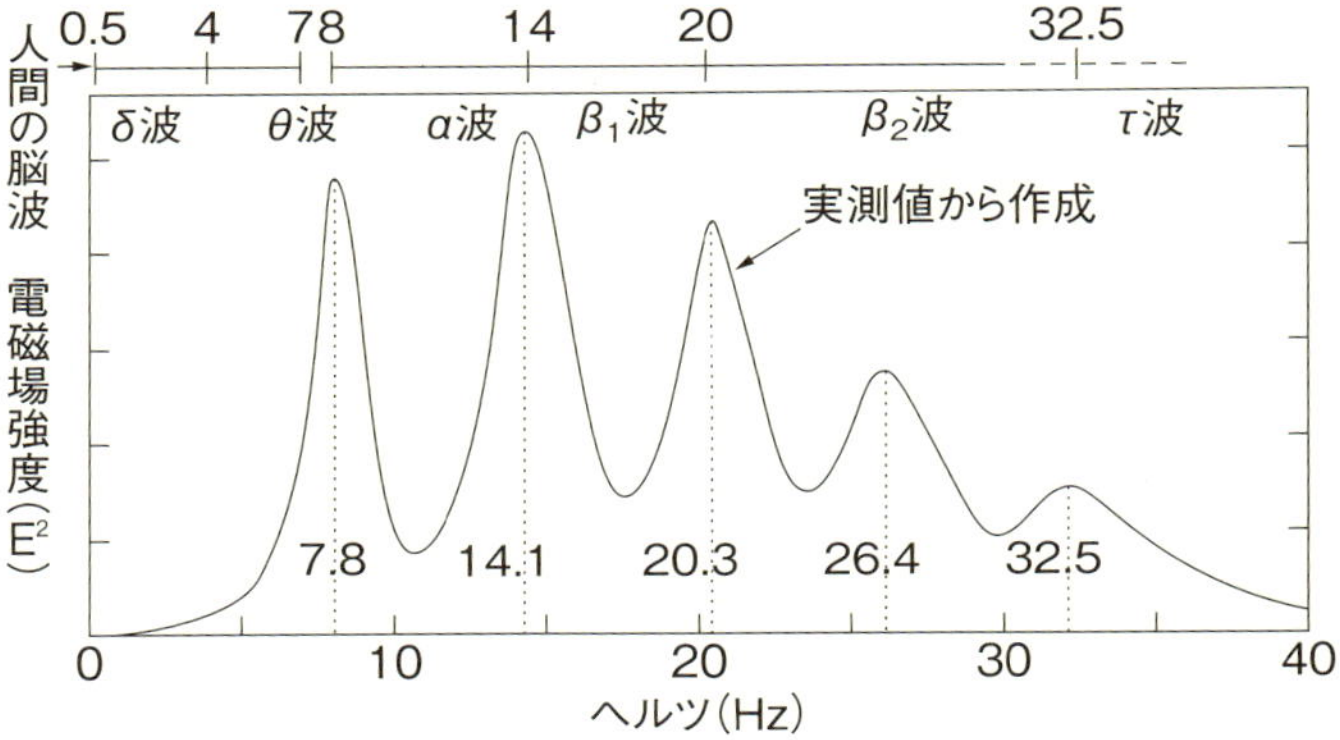


るし、地球に磁界が存在するために北極などでのオーロラの原因にもなる。周波数は低く、磁界の強度も〇・〇一μTぐらいだが、〇・一μTを越えた記録もあるそうだ。磁気嵐が強い場合には、人間も影響を受けると考えられていて、特にうつ病などの神経性の病人が増えることなどから、ロシアでは「磁気嵐情報」が新聞に掲載されるほどである。

図2―(3)に示したが、周波数の低い所に幾つもの山になって現われる電磁波を「シューマン共振・電磁波」と呼んでいる。地球のサイズと共振している電磁波なのだが、その原因は「雷」「太陽風」「宇宙線」「地震」などと考えられていて、一番強いのは「雷」だろう。その拡大図を図3に示したが、図の上部に記入してあるのが、「人間の脳波」の分類である。私がこの図を始めて作成したのは一九九〇年頃なのだが、人間が「自然の弱い電磁波と関連している」と驚いたのだった。北里大学（医学部）の宮田幹夫・名

誉教授は「微弱な電磁波で働いている生物が電磁波被曝に影響を受けないはずがない」ともいっておられるが、その典型例が脳波と類似する「シューマン共振・電磁波」だと思うのである。

ここで図3の「シューマン共振・電磁波」の説明を周波数に分けて簡単にしておくことにする。

①七〜八Hzの間が空いているが、この範囲が「覚醒している場合」と「睡眠した場合」との境目である。

②四〜七Hzの間は、「シータ：θ波」と呼ばれていて、浅い睡眠の時の脳波の分類である。

③〇・五〜四Hzは「デルタ：δ波」と呼ばれ、深い眠りの場合の脳波である。更に低い〇Hzが「脳死」である。

④八〜一四Hzの間は、よく知られている「アルファ：α波」である。起きていても静かに座禅を組んでいたり、集中力が高まっている時などには、このα波が強くなる。

⑤一四Hzよりも高い一四〜二〇Hzが「ベータ1：β1波」で、活動が活発になると脳波の周波数が高くなる。

⑥更に二〇〜三二・五Hzの間を「ベータ2：β2波」という。このβ2波の上の脳波の範囲を示す論文には「約三〇Hz」説と「約三五Hz」説との二つがあるので、私は平均を取って「三二・五Hz」とした。

⑦三二・五Hz以上の高い周波数の脳波は「ガンマ：γ波」と呼ばれている。激しい運動などをした時に現われる脳波である。脳波はこの後は、周波数が高くなるとともに強度が弱く

なる。

このように、人間の脳波の周波数は電力で使用されている五〇／六〇Hzに比べると低いのであるが、生体組織の電気反応は周波数が低く、神経伝達・速度は一～一〇〇ミリ秒（ms）で、周波数も一～一〇〇Hz以内に相当する。生体電気は化学反応による電気信号で、ある程度の時間がかかる。脳波での影響例で有名なのが一九九七年に発生した「ポケモン事件」である。ＴＶの人気アニメ「ポケモン」を見ていた子ども達を中心にして一〇〇〇人近くが、てんかん症状を訴えて病院へ運ばれた。「ポケモン」のＴＶ画面の点滅が一秒間に一五回（一五Hz）繰り返した時に発生したのだが、神経伝達にとって重要なカルシウム・イオンの漏洩と関係している。

太陽光線は、灼熱している巨大な太陽からの電磁波なのだが、エジソンが発明した白熱電球は超高温の発光ではなく、少し低い温度なので赤色に近かったわけである。白熱電球から約六〇年ほどたって水銀の発光現象を利用した蛍光灯が発明されて広がっていった。水銀灯の光は自然光と異なるので変な色に感じたのだが、いつのまにか広がってしまった。そして更に約六〇年後の現在、ＬＥＤ照明が省エネルギーの旗手として大宣伝されてきているのだが、睡眠障害の原因になる可能性があり、私はとても心配している。

更に周波数が高くなると「ガンマ線」が問題になる。福島原発事故以来、セシウム一三七やセシウム一三四といったガンマ線を放射する電磁波が問題になっているが、そのようなガンマ線は自然界にも存在しているのだが、自然界にはセシウム一三七などはない。自然界にある電磁波が、近代科学技術の進展に伴って変化拡散してきていることが重要であり、それが「電磁波問題」の根底にある問題点である。最近の「原発問題」も同じことを意味していて、いわば科学技術に対する素朴な監視の目が必要な時代なのである。

## 4　身の回りで使用する電磁波・発生源

私達の身の回りにある電磁波の多くは極低周波・電磁波で、高周波は電子レンジと携帯電話ぐらいで、これらからはマイクロ波と呼ばれる高周波の電磁波が放射されている。マイクロ波は、物を温める効果があるだけでなく、物質の中にまで入り込んで「熱集中（ホット・スポット）効果」（太陽光線が凸レンズで集中するように、電波が集中して温度を上げる効果のこと）を示す。また、電力線（送電線や配電線のこと）の近くや電化製品の多くからは極低周波の電磁波が放射されている。図1にも示したが、「非電離放射線」には大きく分けて「高周波・電磁波」と「中間周波数・電磁波」と「極低周波・電磁波」とがある。

名前の通り、高周波電磁波は周波数が高く、いわゆる「電波」といえるような電磁波だ。発電所で作られた五〇／六〇Hzの電気を送電する電力線や、その電気を配電線から受け取る家庭の電化製品などから放射される「極低周波・電磁波」の周波数のことを「電力線・周波数」とか「商用・周波数（電磁波）」といったりする。ここでは約一KHzまでを特に「極低周波・電磁波」

ということにした。中間周波数・電磁波は「一KHz〜一MHz」に私は分類しているのだが厳密ではなく、その周波数帯にあるのが「電磁調理器（ＩＨクッキング・ヒータ）」である。「電磁調理器」の電源は商用電源なので、極低周波・電磁波も出ているが、渦電流を利用して鍋底を直接暖める周波数は約三〇KHzだから、中間周波数といえるわけである。つまり電磁調理器からは、二種類の周波数が出ていることになる。最近では、省エネルギーの電化製品が増えて中間周波数帯のインバーター技術が進んだこともあり、これらの中間周波数・電磁波に関心が集まっているのだが、残念なことに「中間周波数・電磁波」に関する研究がとても少ないのである。

## 5　リニアの電磁波

### はじめに

リニア中央新幹線（以下「リニア」という）は、超電導磁石を車内に設置して走行するため、電磁波問題は重要な問題であることはいうまでもない。すでに二〇一一年五月には、前田武志・(元)国土交通大臣から「建設認可」が降ろされているにも拘わらず、具体的な電磁波強度に関する情報は殆どないに等しい。私は名古屋市にある「リニア鉄道館」へ出かけて、リニアに関する調査をしたことがある。「具体的な磁界の強度などが展示されているだろう」と期待して行ったのだが全くなかった。係員の人に「推進コイルに流れる電流値」などの質問をしたが、「まだ最終案が出来ていませんので、答えることは出来ません」とのそっけない返事だけであった。リニアで最も重要なのは、車内に設置されている超電導磁石と、側壁に設置される「浮上案内コイル」「推進コイル」である。それらにどのような電流が流れ、磁界がどうなるのかは、電磁波問題のみならず、建設費用に関しても重要な問題のはずである。山梨実験線では、浮上案内コイル・推進コイルは二重構造に設置されていたが、価格低減のためもあり、それらのコイルを一体化した構造開発も進められているそうだから具体的な電流値などが発表できる段階ではないのかもしれないが、それでも電磁波強度に関する重要な問題点のはずだから積極的に現状を説明すべきである。超電導磁石に関しても、現在は液体ヘリウム冷却だが、液体窒素の研究も進められているから、この点も費用低減の観点から重要な問題点である。これらの問題点をはっきりと公表しないで推進するというのはおかしいのではないだろうか？　乗客や周辺住民の電磁波・被曝量がどのようになるのかの詳細な測定結果をぜひ全面公開するべきである。

「リニア鉄道館」の係員は、小生の「電磁波強度に関する質問」に答えて、「国の法律以下になることだけは間違いありません」と答えるのみであった。今まで日本には極低周波の磁界に関する法律は無かったのだが、二〇一一年三月末に省令を改定し、変電所や送電線などの電力設備に関してのみ「五〇／六〇Hzで、二〇〇μT以下」にするようにして、一〇月一日から施行した。いわば、福島原発事故のドサクサにまぎれて、国民に気付かれないように決めたのだが、その中心を担ったのが悪名高き「原子力・安全保安院」であり、それを受けてリニアの建設のための法整備などが始まったのである。いわゆる原子力ムラの大ボスだった中曽根・元首相の第一の子分の（故）前田正男・元科学技術庁長官の甥が、この時の（元）前田国交相だから、新たな電磁波ムラの大ボスとして登場してきたのだろうか？　利権構造に泥まみれでスタートしたといってよいリニアの将来は、原発と同じ悲惨な道をたどることになるのではないか？　本当に「ホアンインアホ」と叫びたくなるほどである。

中国ではリニアの延長が電磁波問題でストップしているのはよく知られた事実であるし、ドイツも計画していたリニア建設を断念した理由は、経済性と電磁波問題だったのである。日本では電磁波問題は話題になることもなく「夢のリニア中央新幹線」として期待を集めている。ドイツでは、発電施設の送電線建設が電磁波問題でストップ状態になることの多いこともよく知られているし、韓国では原発からの高圧送電線建設が電磁波問題も理由の一つとして住民の反対に遭遇しているというのに、日本では話題にもならない。かって日本でも、福島原発から東京への一〇〇万Ｖ送電線建設に住民が反対して、当時の青島・東京都知事に「福島での送電線建設を中止して、東京湾に原発を建設して欲しい」との主旨の陳情書を提出したのだが、それ以降の東京電力の執拗な反対運動潰しに住民が負けてしまったことを思い出す。福島にある原発が全て廃止になれば、あの巨費を投入して建設した一〇〇万Ｖ送電線網は一体どうなるのだろうか？　柏崎原発から甲府近くまで建設された一〇〇万Ｖ送電線網や、浜岡原発から富士川沿いに建設されている高圧送電線網などは、リニアと無縁ではないと思うのであるが、原発

図4　リニア車両のサイズ（参考文献：2より）

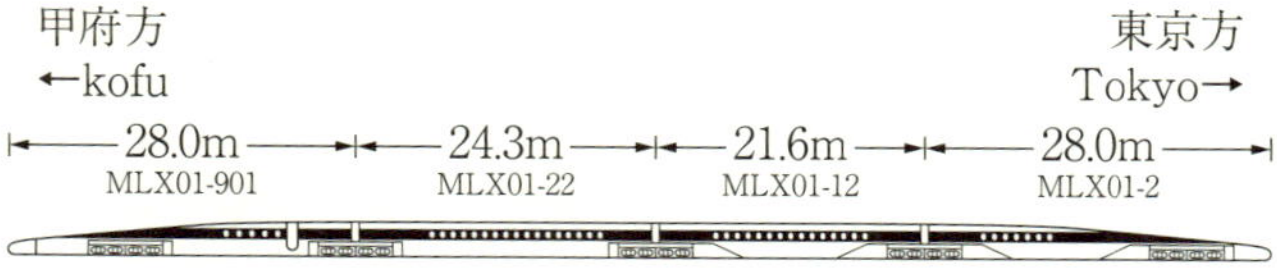


が廃止になった時に一体どのようにして膨大な電力を賄おうというのだろうか？　いずれにしろ、リニアの電磁波問題は、リニアに乗る乗客の被曝や沿線住民の被曝のみならず、送電線による住民の被曝問題も真剣に考える必要があるが、ＪＲ東海は電磁波問題には真面目に答えようとはしない。そこで、私なりにリニアの電磁波問題を「リニアの構造」から考えての問題点を指摘することにした。資料が少ないので、推定の部分もあるし、間違っている点もあるかもしれないが、その場合はお許し願いたい。

## リニアの構造

二〇一二年は「リニアモーター推進浮上式鉄道の研究開発」が国鉄・鉄道研究所で始まってから五〇年目である。二〇〇五年三月には、国交省・実用技術評価委員会が「実用化の基盤技術を確立した」との評価を行ない、二〇一一年五月に国交相が「建設を承認」し、二〇一四年からの着工を目指して、環境アセスメントや住民説明会などを開催していて、建設を急いでいるのが現状である。これまでに走行テストのされたリニア（マグレブ）の型番は、一九七二年に初浮上走行をした「ＬＳＭ二〇〇」型から始まって、「ＭＬ一〇〇」「ＭＬ一〇〇Ａ」「ＭＬ五〇〇」「ＭＬ五〇〇Ｒ」「ＭＬＵ

〇〇一」「ＭＬＵ〇〇二」「ＭＬＵ〇〇二Ｎ」「ＭＬＸ〇一」となっていて、一九九七年四月からは「ＭＬＸ〇一」を使用した長距離走行試験を開始し、二〇〇六年三月には五〇万㎞の走行を終えている。完成時の走行予定車両は「リニア・ゼロ」を意味する「Ｌ〇」型である。現在建設中で新・山梨実験線で走行テストを行なう予定で、その概要が二〇一〇年一〇月に発表されたが、断面しか発表されておらず、車両のパラメータなどはまだよくわからないので、ここでは「ＭＬＸ〇一」のパラメータから構造を推定することにした。「ＭＬＸ」は「磁界・リニア・

**表2　リニア・山梨実験線用車両MLX01型の諸元（参考文献：3より）**

| | | | |
|---|---|---|---|
| 最高速度 | 550km/h（581km/h［実績］） | 車両寸法［長さ×幅×高さ（m）］ | 先頭車：28.0×2.90×3.32 |
| 製作両数 | 先頭車：5 | | 標準中間車：21.6×2.90×3.32 |
| | 標準中間車：2 | | 長尺中間車：24.3×2.90×3.32 |
| | 長尺中間車：2 | 最大車両質量 | 先頭車：最大33t |
| 極ピッチ | 1.35m | | 中間車：最大24t（長尺中間車） |
| 車両構成 | 超電導磁石集中配置・連接台車方式 | 定員 | 長尺中間車：68名 |
| 車体構造 | アルミ合金によるセミモノコック構造 | 超電導コイル［起磁力（kA）×極数×列数］ | 700×4×2 |
| 浮上高さ | 約10cm（500km/h時） | | |

図５　超電導磁石と推進コイルによる磁界影響の概要
（参考文献：7より）

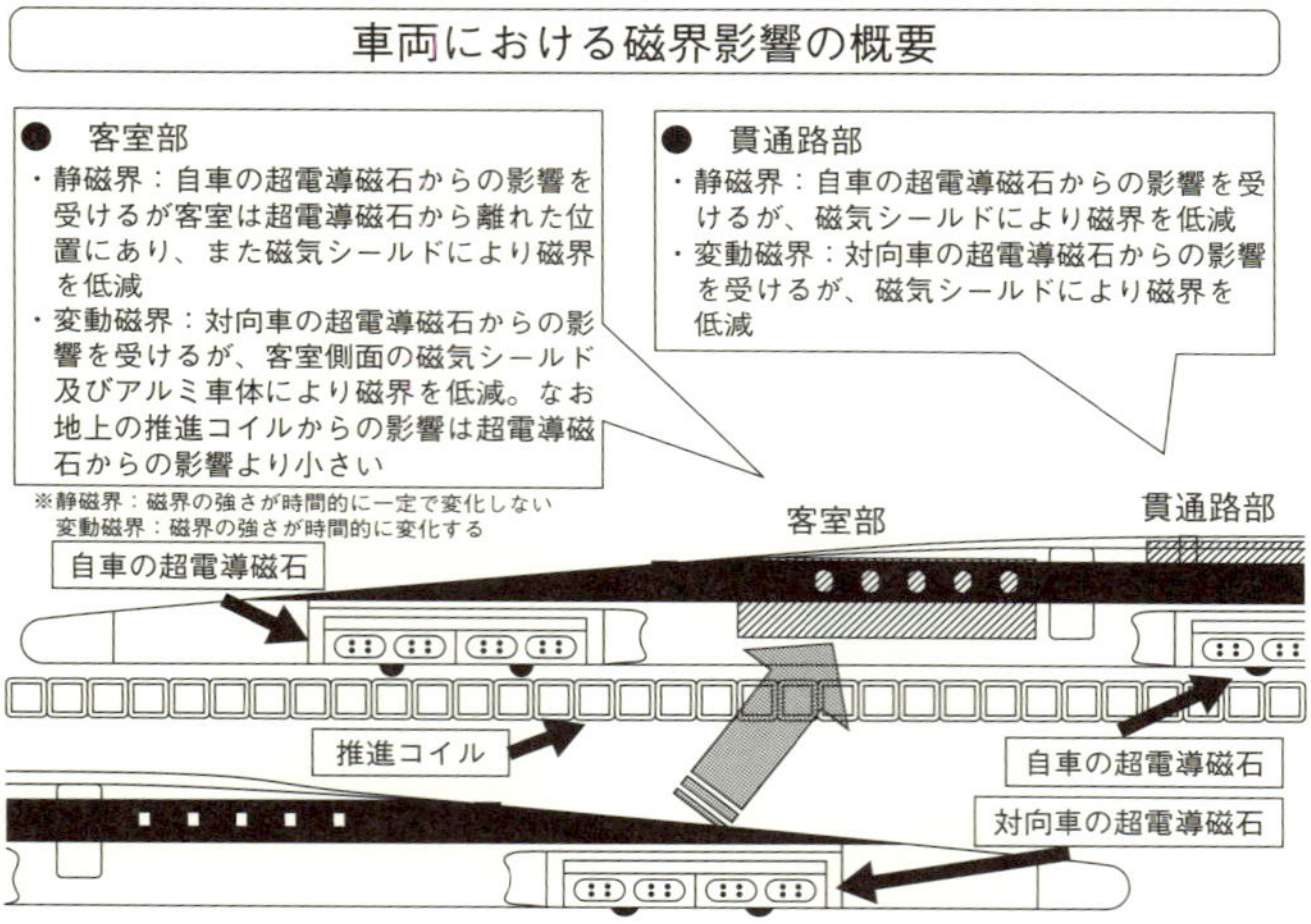
車両における磁界影響の概要
客室部
・静磁界：自車の超電導磁石からの影響を受けるが客室は超電導磁石から離れた位置にあり、また磁気シールドにより磁界を低減
・変動磁界：対向車の超電導磁石からの影響を受けるが、客室側面の磁気シールド及びアルミ車体により磁界を低減。なお地上の推進コイルからの影響は超電導磁石からの影響より小さい
貫通路部
・静磁界：自車の超電導磁石からの影響を受けるが、磁気シールドにより磁界を低減
・変動磁界：対向車の超電導磁石からの影響を受けるが、磁気シールドにより磁界を低減
※静磁界：磁界の強さが時間的に一定で変化しない
変動磁界：磁界の強さが時間的に変化する
客室部
貫通路部
自車の超電導磁石
推進コイル
自車の超電導磁石
対向車の超電導磁石

実験」の意味であり、「Ｌ〇」は長大編成車両による高速での長距離走行テストを繰り返して実用化に備えるそうだが、超電導磁石が液体ヘリウムなのか液体窒素なのか、推進・浮上安定コイルが一体になるのかも不明なままで、建設を急いでいるようにしか私には思えないのである。

「ＭＬＸ〇一」の車両パラメータを本（参考文献２）や資料（参考文献３）から引用したのが図４と表２である。図４のように車両に設置される超電導磁石は、連結部分には左右に分かれて四台の超電導磁石が置かれている。車内にある超電導磁石に浮上力や推進力を与えるのが、側壁の地上に設置されている「地上コイル」と呼ばれる「浮上案内コイル」と「推進コイル」の役割である。その構造を図５（参考文献７）や図

図6－①　地上コイルの配置
（参考文献:3より）

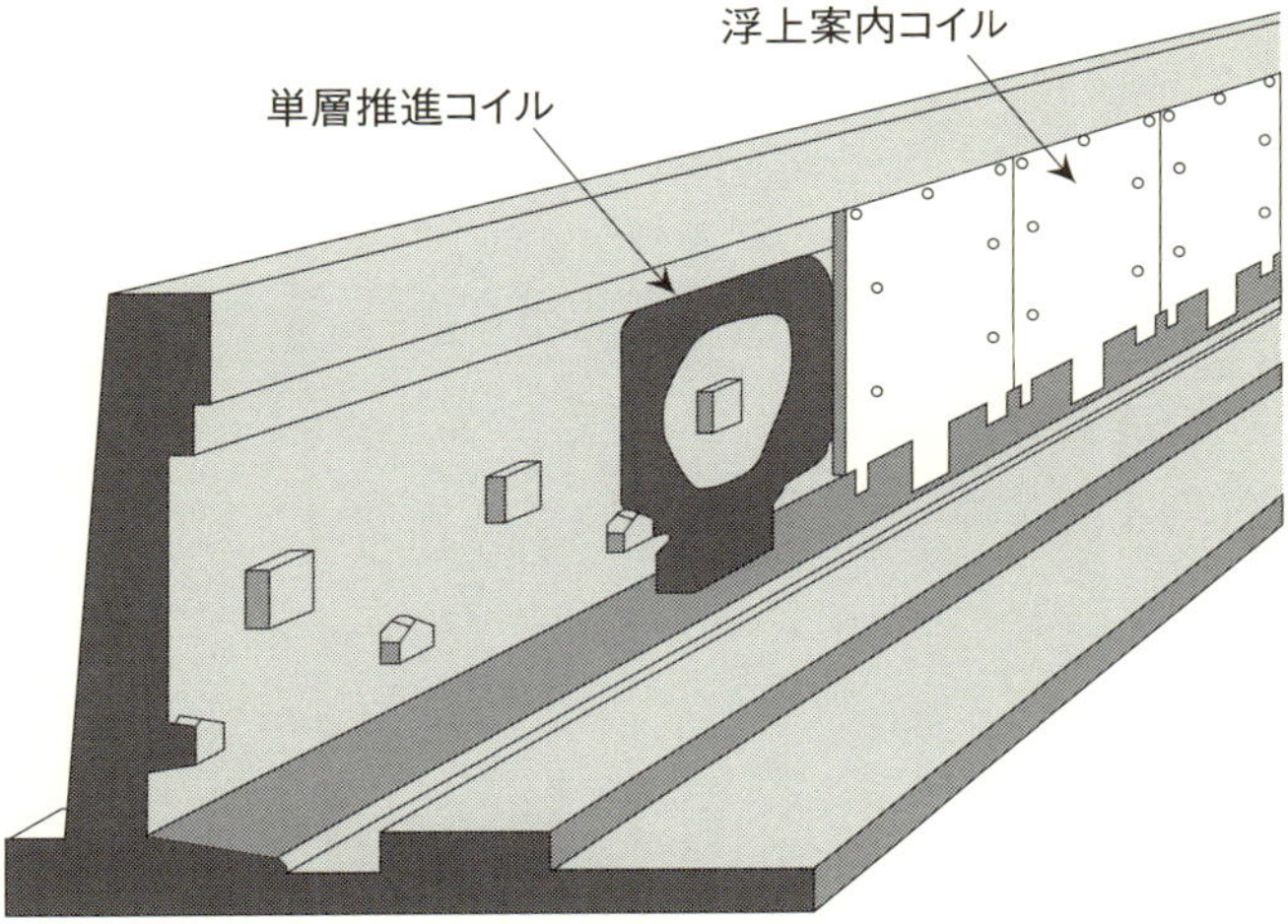


地上コイル配置　（新方式の単層配置）

図 6－②　超電導磁石と地上コイルの配置
（振動テスト系配置より）
（参考文献:17より）

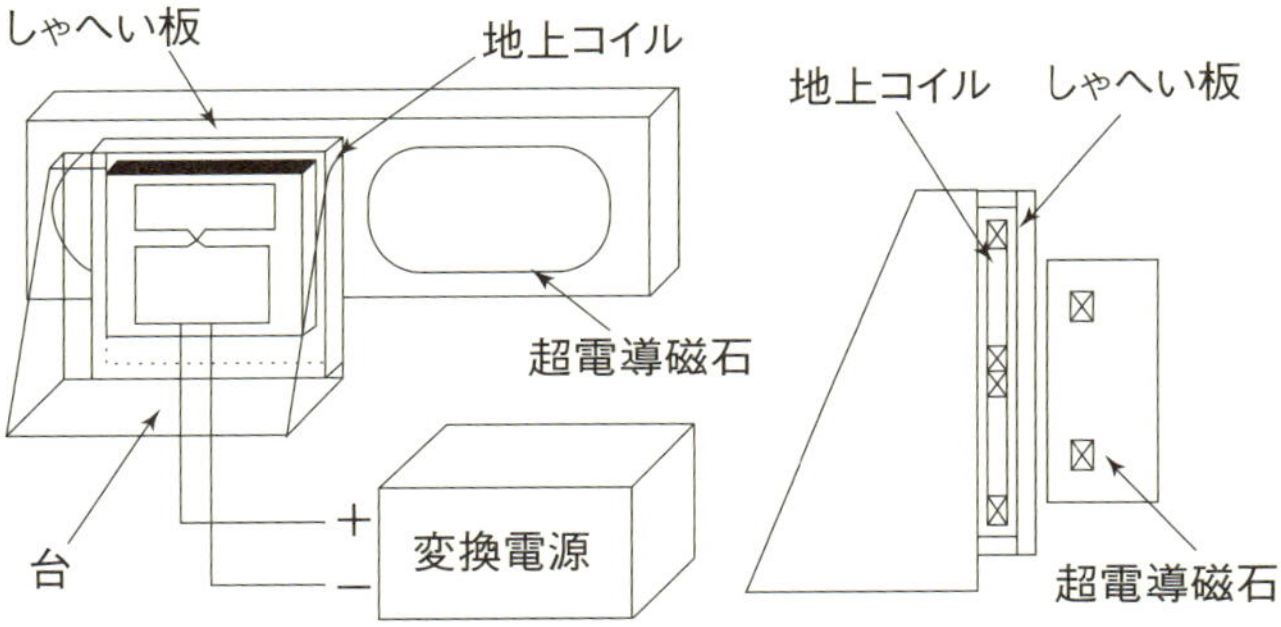

6（参考文献3、17、18）に示したが、浮上コイルは案内コイルの役割もしているので、「浮上案内コイル」と書かれることが多い。また超電導磁石の外面には「ジェネレイター・コイル」が設置されていて、地上コイルからの高調波成分をカットして超電導磁石の温度上昇を防止しているらしいのだが、そのコイルには三〇八Hzが使用されている可能性もある。「地上コイル」は側壁に並べて設置する必要がある為に個数も多く、建設価格を左右する重要な機器であり、ここでは図5のように設置されていると考えた。

リニアでは、飛行機のように停止・低速時はゴムタイヤの車輪で走行し、浮上すると車輪を引っ込めて、浮上走行になる。浮上高さは約一〇cmで、このような高さを確保しなければ、緊急時に側壁に衝突する可能性があるからだそうだ。そのような高さの確保が、車内に超電導電磁石が必要な理由の一つでもある。浮上案内コイルは「ヌル・フラックス法」という八字型のコイルを使用しているが、このようにすることでN―S極が変動することなく上下に安定になるからである。浮上案内コイルは車体が横にずれると磁力が強いために自動的に復元力が働くようになり安定を保つが、速度が高くなると横揺れが大きくなる。その「テスト結果」が図7（参考文献17）であるが、一〇〇Hz以上の高い周波数までが含まれていることがわかる。

リニアが走行するのは、車内にある超電導磁石と側壁に設置されている推進コイルとが作用し合っているからで、推進コイルの役割は重要である。リニアの超電導磁石は、一度電流を流すとコイルの抵抗がゼロに近いために外部からの大電流の補給は必要なく、極低温を保つ間は電流の損失分を補給するだけでよく、車内に搭載されたバッテリーなどからの電力を使用するだけである。推進コイルは側壁にズラリと取り付けられているが、走行中には超電導磁石からの誘導電流を受けるために、推進力を妨害するような磁界が強くなり、誘導電位も高くなる。それを消去するために電力変換所から三三kVの高電圧で大電流が流されることになる。その電力のタイミング・電圧・周波数などをベストな条件で供給することが監視センターである指令室の重要な役目である。運転員もいないわけで、すべてが外部コントロールなのだから、すべてをコンピュータに頼らざるを得ない。

図7　実験装置での推進コイル下部に働く横加速度
（参考文献:17より）

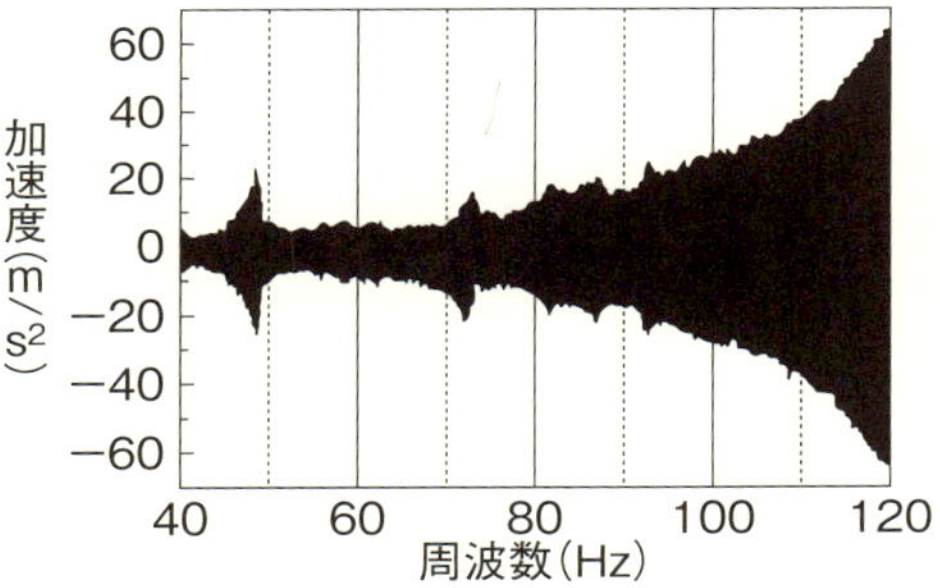


　走行をコントロールするために、各地には地上コイルに電力を供給する電力変換所が設置されるのだが、その電力変換所は山梨実験線では一八・四kmの範囲を受け持っていて、その中心部に電力変換所と指令室を持つ実験センターが置かれていたので、電力変換所は約二〇kmごとに設置されるものと考えられる。その約二〇kmの範囲には、リニアは北・南線に各一台しか走行できず、新幹線の数台に比べるといかにコントロールが難しいかが推察できる。

　この電力変換所から地上コイルへ電力が供給されるの

だが、その電力は高圧送電線から供給を受けた三相の交流を直流に直し、それを更に交流変換したりパルス状にしたりして供給される。走行車に電力を供給する場合、この二〇kmすべての範囲に供給すると膨大な電力が必要となるので、山梨実験線では、約四〇〇mの範囲に供給を限定していたようだが、実際には秒速一三八・九mで高速走行しているわけだから、そのような短距離のみの電力供給が可能とは私には思えない。この問題は、消費電力にも大きくかかわっているはずなので、このような経済性問題に関してはここではふれないことにする。

電磁波問題と関連することとして、極低周波・電磁波以外にも高周波・電磁波のことや、短いとはいえ「明かり区間」(トンネルではないところ)もあるので、太陽光線のことも考える必要がある。リニアで使用される高周波は制御、監視、計測、音声、画像情報などを伝送するために使用されていて、全線に張り巡らされているのが「交差誘導線」と「LCX(漏洩同軸ケーブル)」と「光ファイバー」で、所々に設置されているのが「ミリ波無線基地局」である。それらの配置を図8に示した(参考文献3)。勿論、指令室との連絡のためもあってミリ波での通信連絡を受けるための「ミリ波地上アンテナ」が先頭車両に設置されている。「交差誘導線」は車両の位置を検知するものである。リニアでは、この交差誘導線を使用して推進コイルの調整を行なっているとのことだから、その位置精度は一cm～一〇cm程度と推定できるので、五〇〇km／hの走行中であれば最大で一四KHz相当の「中間周波数」の信号に相当することになる。

また「太陽光線」問題は「明かり区間」でのみ問題になるが、窓からの外部入射光がパタパタ

図8　リニアの無線システム
(参考文献:3より)

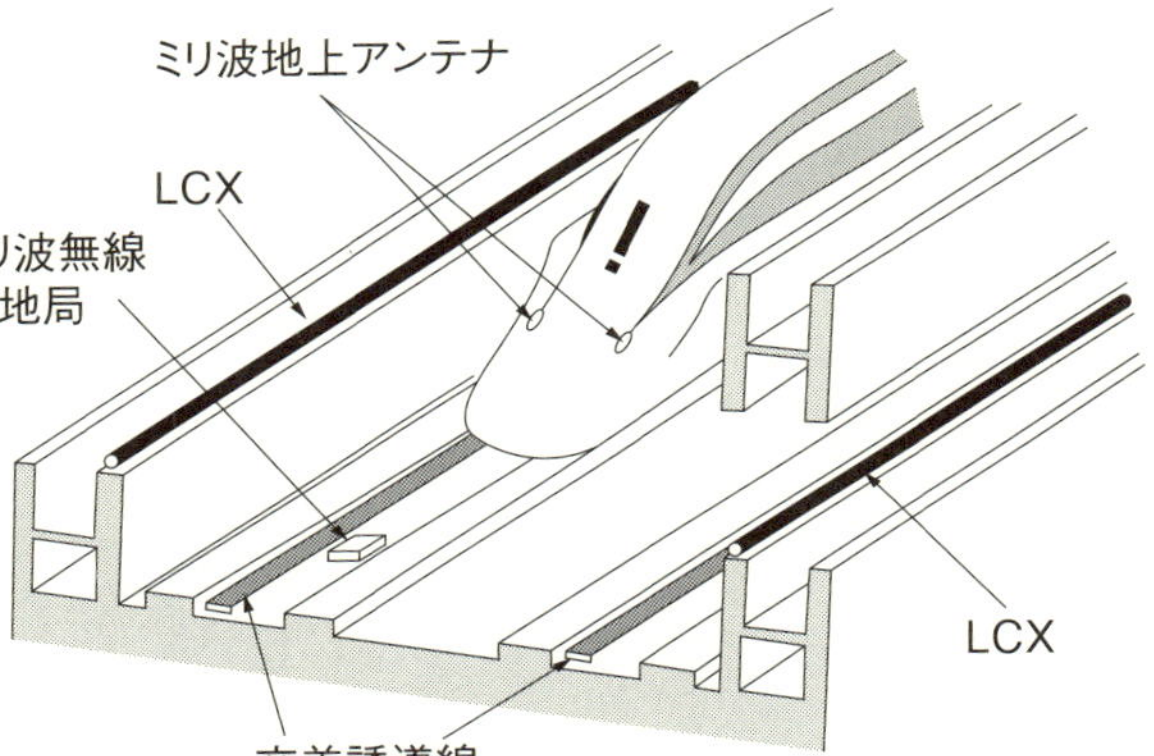


と急速に変動する問題である。二〇一二年夏に、私は名古屋にある「リニア鉄道館」へ行き、模擬乗車体験をしたのだが、待機中の壁に「この体験で気持ちの悪くなる方がおられますので用心して下さい」との主旨の警告文が貼られていた。そして体験して驚いたのだが、高速走行中では「窓から入る太陽光線がまるでフラッシュ光のように点滅している」ように思えたことである。私の模擬体験は短時間だったが、山梨実験線での乗車体験者の方々には、この警告文にあるように「気分の悪くなる」人が続発したのではないか？この警告文を読んで、私は一九九七年に発生した「ポケモン事件」を思い出したのである。テレビ画面がパカパカと一五Hzで変動したことで発生した事件なのであるが、リニアの場合でも「てんかん症状が多発する」可能性が高いと私は予測している。あの短い山梨実験線へ乗車した乗

客中の何人かが、ポケモン事件と同じように「おかしくなった」からこそ、警告文が張られているのであり、その人数をＪＲ東海は明らかにする責務がある。

## リニア電磁波の波形と周波数

超電導磁石は直流の電流を流して形成される直流磁界であるから波形も連続であり、周波数もゼロ相当であって、いわば地球磁界と同じことである。また超電導磁石に電力を補給するためにバッテリーやガスタービン発電機などが設置されているそうだから、それらからドアの開閉や車内で必要とする電源が供給されるようである。停車中や低速走行中はそれらの車内電源を利用するのだが、高速走行になれば、地上コイルからの誘導電流を使用して車内用電源に利用されることになる。このことは、地上コイルの磁界の強いことを示しているわけであるが、具体的な地上コイルの波形や磁界強度に関する詳細な発表はない。

地上コイルには、浮上案内コイルと推進コイルとがあるが、浮上案内コイルは超電導磁石と対応しての強い磁界を作ればよいだけだが、推進コイルは速度に対応して周波数を変化させたり位相を変化させたりする必要がある。それらの変化は、当然のことだが、超電導磁石の位置・幅・極性と深く関係していて、この場合の超電導磁石のパラメータもまだはっきりしていない。最もコストのかかる地上コイルの価格低減化のために、地上コイルの一体化が計画されているようだが、その場合の電圧・周波数・電流量・電流幅もまだ最終決定していないようだ。ここでは最後に使用されていた「ＭＬＸ〇一」で考えることにした。

　山梨実験線では、線路が短いために五〇〇km／hの最高速度での走行時間も短く、また電力変換所も一カ所のみだったから、地上コイルでの十分なテストはできなかったはずである。現

図9　三重き電方式の電力供給システム（参考文献:3より）

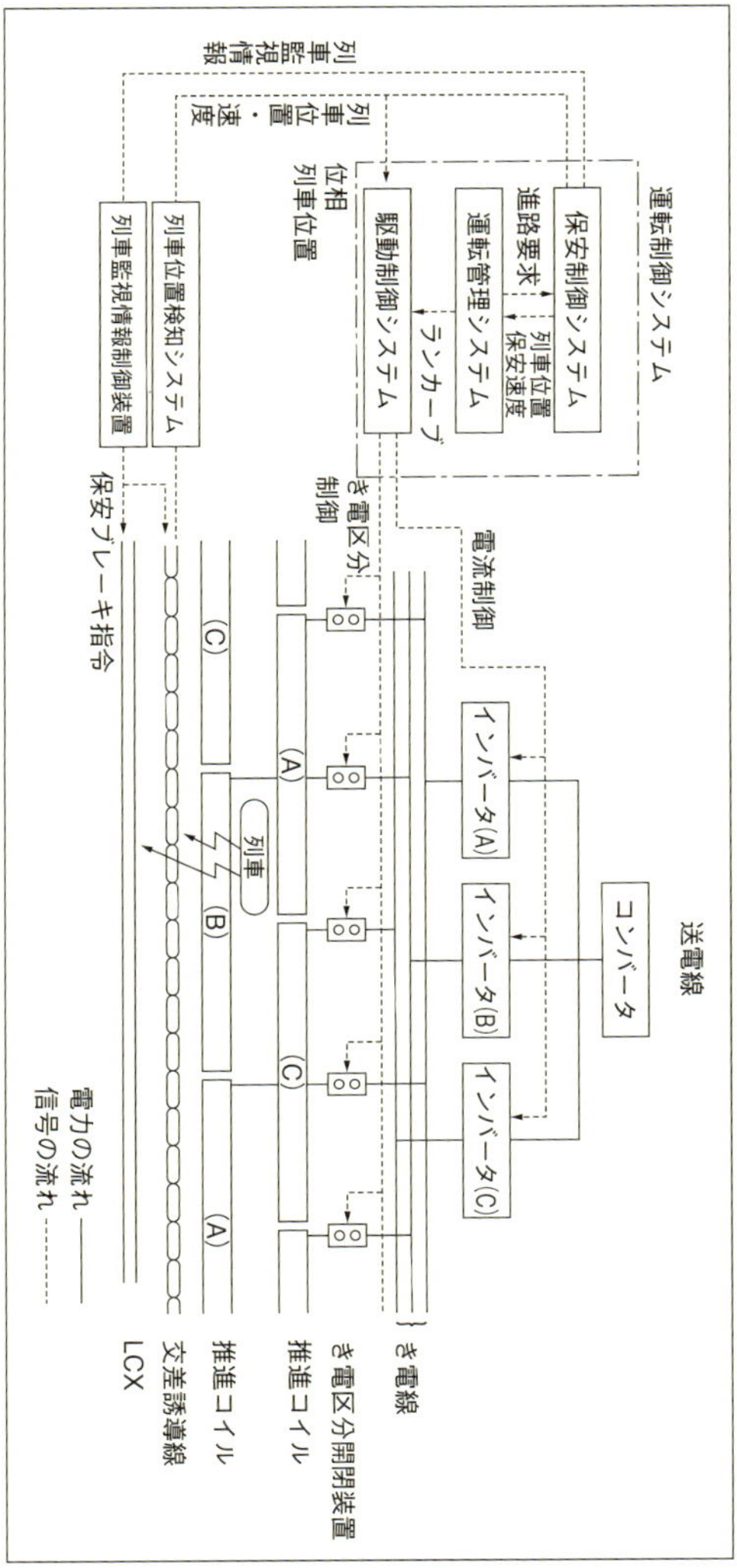

在、建設中の二〇一三年完成予定の四二・七㎞の延長線で、一列車一二車両での電力変換所間での地上コイルの精密なテストがされるはずである。この地上コイルに電力を送るシステムは「三重き電方式・電力供給システム」と呼ばれていて、その概略図を図9に示したが(参考文献3)、「三重」の内の一つが故障しても走行には問題がないようになっているそうである。片方だけであれば「き電区分開閉装置」二台分だから「き電間隔」は約四〇〇mで、双方で考えれば約八〇〇mということになる。その電力変換所では、まず高圧送電線からの五〇Hzの三相交流を直流に直し、それを浮上案内コイルには五〇〇㎞/hで約五〇Hzの交流が、推進コイルには速度に応じたパルス幅変調方式(PWM方式)で供給されるはずである。山梨実験線での供給電力は、電力変換所にある二台のインバーターから供給されたが、その一台の電力供給力は最高走行時で三八メガボルトパワー(三・八万kW)だそうである(参考文献3)から、一列車あたりで二台から計七・六万kWが供給される。

運転指令室では、電力変換所あたりに一列車(上り下りでは二列車)を受け持ち、さらに走行車両への地上コイルの作動は、約四〇〇〜八〇〇mの範囲でのみ行なうことで、電力の使用量を削減するそうであるが、実際の長距離走行で考えると作動距離範囲が短すぎるように思われるので、更に距離を広くする必要があるのではないだろうか? また、短時間での電流付加は色々な面で素子や機器に負担をかけるので、更に広い範囲をスタンドバイ状態にしておく必要があるはずだが、それに関しても何の説明もない。一番の問題は、隣り合う電力変換所での推進コイルへの「電流供給のミスマッチ」だと思われるのだが、そのようなテストもせずに建設にゴーを出したように思われてならない。

高周波の電磁波の波形や周波数に関しては、データが少なく、発表されているのは私の知る限りは「ミリ波無線基地局」の「四五GHz」と、「ＬＣＸ」の「四五〇MHz」のみのように思われる。波形に関しても「携帯電話と同じようなデジタル変調方式」だそうである。交差誘導線は今までの技術の延長だそうで、五〇〇km／h走行中は最大で約一四KHz前後までの「中間周波数」の電磁波を発生させることになるようである。

## 6　リニアの電磁波強度

### 静磁界の場合

車内に設置されている超電導磁石の磁界強度は、最高値がコイルの中心部では約五テスラ（五Ｔ）、ガウスでいえば五万ガウスに相当していると発表されているので、超電導磁石の外壁にはジェネレイター・コイルもあり、表面では約一Ｔ（一万ガウス）程度と考えてよいだろう。この値は静磁界であるが、地球表面にある地球磁界の大きさが〇・〇〇〇〇五Ｔ＝〇・〇五mT＝五〇〇ミリガウスであるから、いかに強い値であるかがわかる。

リニアでは、静磁界と交流磁界とが問題になるのだが、超電導磁石による静磁界の強度に関

図10　沿線環境磁界測定結果(参考文献:3より)

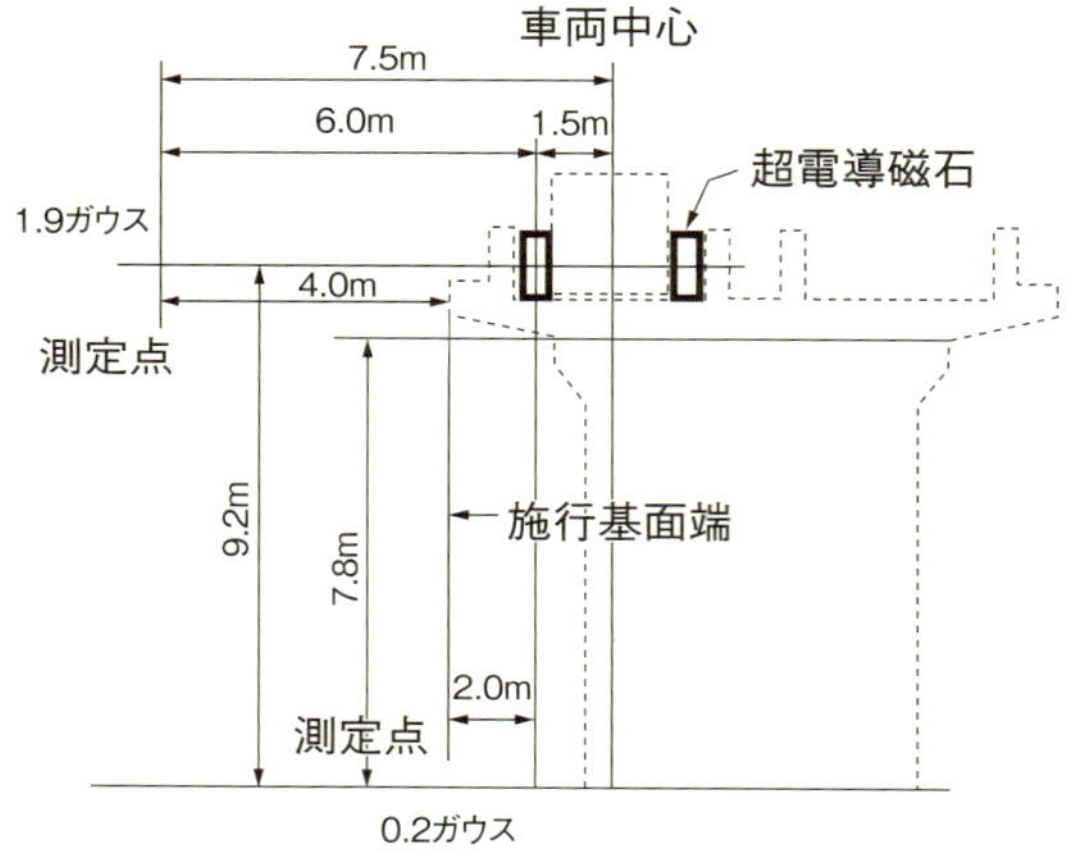


してはＪＲ東海も測定値を発表している。それが図10（参考文献３）であるが、施行基面端（図にあるようにガイドウェイの端）から四ｍの場所（超電導磁石から六ｍ）で一・九ガウス（〇・一九mT）、橋脚下の八ｍの位置で〇・二ガウス（〇・〇二mT＝二〇μT）と書かれている。

表３—①は最近の本（参考文献４）から、表３—②は小冊子（参考文献９）から、表３—③は論文（参考文献10）から、表３—④も論文（参考文献18）からの引用であり、主要な部分のみを表にまとめたものである。表３—①〜表３—④の数値は、ＪＲ東海や鉄道総合技術研究所などの発表であり、世界保健機関（ＷＨＯ）のＥＨＣ２３２や国際非電離放射線防護委員会（ＩＣＮＩＲＰ）の報告（参考文献23）にも掲載されているので、静磁界に関しては信用できるのかもしれない。表３—①には、

**表3-①　リニア新幹線の静磁場と交流磁場（参考文献：4より）**

| | 測定場所 | 磁場強度 |
|---|---|---|
| 静磁場 | 橋脚下 8m$^2$ | 20 μT * |
| | ガイドウェイから 4m$^2$ | 190 μT * |
| | リニア沿線 | 200 μT |
| | ホーム | 800 μT |
| | 車内（最大値） | 1330 μT * |
| 交流磁場 | | |
| | リニア沿線 | 200 μT |
| | 推進コイル（床上最大値） | 速度 100km/h で約 200 μT |
| | 対向車すれ違い（床上最大値） | 相対速度 20km/h で 700 μT |

JR 東海による、電磁シールドをした上での実測値。＊は WHO の EHC232 から引用。JR 東海の回答では車内（最大値）約 1300 μT とあったが、EHC232 では、客室 80〜1060 μT、客室間（貫通路）60〜1330 μT とされている。

静磁場（界）で「リニア沿線　二〇〇μT」「ホーム　八〇〇μT」「車内（最大値）一三三〇μT」となっているが、「交流磁場」では「リニア沿線　二〇〇μT」となっていることを考えると、ＪＲ東海は沿線に関しては「静磁場・交流磁場」ともに「二〇〇μT以下」にする予定なのだと思われる。

ホームからの乗車口は超電導磁石の横にあるので、遮蔽を強化したトンネル状の通路での測定値だろうと思われ、敷地内であるから「数値は高くてもよい」と考えていると思われる。表３―①の脚注には、「客室八〇〜一〇六〇μT、客室間（貫通路）六〇〜一三三〇μT」とＥＨＣ２３２の値が紹介されている。

山梨実験線では図４のように、長尺中

間車両の「ＭＬＸ〇一―二二」型と、標準中間車の「ＭＬＸ〇一―一二」とが使用されているが、今後は長尺中間車と同じ長さになるそうなので「車両長さは二四・三ｍ」ということになる。磁石に流れる電流と距離と磁界の関係は、点状源では「磁界強度は距離の二乗に反比例」すると考えてよいので、車両の中央部は超電導磁石から約一〇ｍ離れていて、超電導磁石に最接近している客室は約一・五ｍにあると推定することができる。また「車内の最大値」が一三〇〇μT＝一三〇〇〇mG＝一三G（ＥＨＣ２３２は一三三〇μT）もの高い値になっているが、車内での静磁界・分布図が発表されていないので推測であるが、多分、この数値は超電導磁石の設置されているすぐ横にある連結器の近くでの値なのだろうと思われる。超電導磁石の通路側での表面磁界を〇・一Ｔだとしても、その最近接部分で一〇〇分の一にまで減衰させるのはとても困難だと思うのだが、本当に達成しているのだろうか？

いずれにしろ、ＪＲ東海は詳細な強度分布のマップ図面を発表する義務があるはずではなかろうか？　リニアの開発研究費として、国交省からも多額の資金援助を受けているのであるから、国民も知る権利があるはずである。

ところで、ホームから車両に乗る「乗車口」は、飛行機に乗る場合のような蛇腹式になっていて電磁波防護がなされている。「乗車口」のすぐ近くに超電導磁石が設置されているし、推進コイルに強い磁界を与える必要もあって超電導磁石の外壁の遮蔽が弱いからだが、超電導磁石から一ｍほど離れているにもかかわらず、表３―①によると八〇〇μT＝八Ｇにもなっている。

**表3-②　国立環境研究所の報告（平成 17 年）（参考文献：9 より）**

| | |
|---|---|
| 車内床上（モータ直上） | ････max600 μ T |
| 車内床上（リアクトル直上） | ････max4,000 μ T |
| リニアモータ直下 5cm | ････max70,000 μ T |
| リニアモータ直下 15cm | ････max20,000 μ T |

**表3-③　静磁界の発生源と強度（参考文献：10 及び EHC232 より）**

| 発生源 | | 強度（μ T） |
|---|---|---|
| 独・浮上式鉄道システム（Transrapid） | | |
| TR07 | | 111 |
| TR08 | 客室 | 108.4 |
| | プラットフォーム | 71.8 |
| 日本・浮上式鉄道システム（MAGLEV） | | |
| | カイドウェイから 4m | 190 |
| | 橋脚下 8m | 20 |
| | 客室 | 80-1,060 |
| | 客室間（貫通路） | 60-1,330 |

**表3-④　山梨実験線での環境磁界の測定結果（参考文献：18 より）**

| 場所 | 距離（m） | 測定磁界（ガウス） | 車両速度（km/h） | 移動システム |
|---|---|---|---|---|
| ①車庫の入口 | 7.5 | 2.68 | 3 | ジーゼルカーで引く |
| ②高架下 | 19.3 | 0.45 | 15 | リニア同期モータ |
| ③高架下 | 9.8 | 0.50 | 15 | リニア同期モータ |
| ④高架下 | 5.8 | 1.76 | 15 | リニア同期モータ |
| ⑤車両位置 | 7.0 | 2.70 | 8 | ジーゼルカーで引く |

この値は、多分、通路上部での測定値だと思うのだが、入口への通路の接触部分などはゴム製であろうから、どうしても磁界が漏れ出るはずで、実際はもっと強いことだろう。車内の場合と同様に「床上一〇cm」での測定値を公開すべきである。更に、停車中でも地上コイルは稼働中かスタンドバイ状態だろうと思われるので、その直上の磁界の漏洩も心配である。

表3―②は国立環境研究所の二〇〇五年の報告書の記載データで信頼性が高いと思われるので引用した。「MLX〇一」での走行テストの開始が一九九六年であるから表3―①と対比することが可能である。「リニア直下」は乗客被曝に無関係だろうが、問題なのは「車内床上」のデータである。いずれも静磁界だと推定されるのだが、表3―①では車内最大値が一三〇〇μTになっているのに対して、表3―②では「リアクトル直上」の値が最大四〇〇〇μTとなっている。測定場所が異なるのか測定器が異なるのかよく分からないが、国立環境研究所の方が正確だと思われる。このような点からも、JR東海はできる限り「数値を低くしたい」と思っていることが推測できる。

表3―④で重要な点は、このデータの一部がICNIRPの二〇〇八年の報告書に紹介されている数値だということである。ICNIRPでは、超電導磁石から一九・三m離れた位置で四五μT、七・五m離れた位置で二六八μTとの二点のみを紹介している。それでも図10の値が、車両中心から七・五mの場所で一九〇μTなのとは大きな相違である。国内向けと外国向け（英文）との相違であろうか？　リニア走行中は、静磁界の値がそのまま外部・交流磁界被曝にな

図11　位置①における周波数と磁界強度（参考文献:18より）

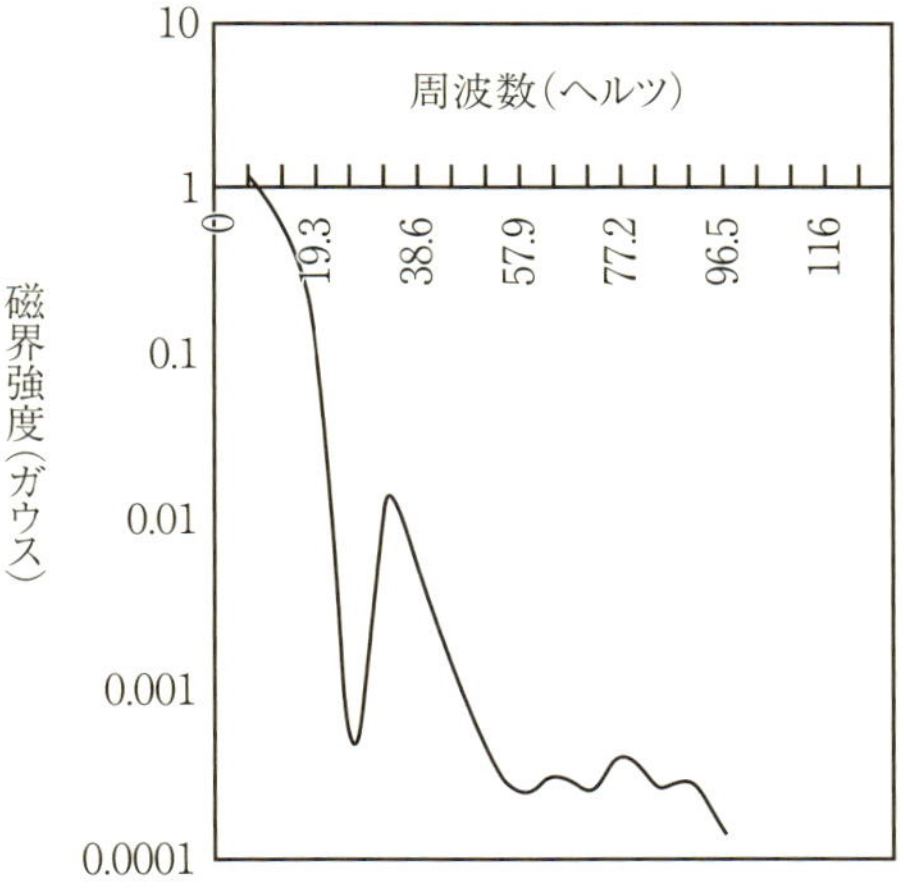


るわけであるから大問題である。

表３―④には、リニアの下方向での測定が三点あり、横方向での測定は二点である。横方向での「位置①」地点は車庫入り口での測定であり、車両中心からの距離が七・五ｍで二六八μTである。また「位置⑤」地点は距離が七ｍで二七〇μTと類似した値になっている。横方向での遠方磁界を考えると、距離が一〇倍の七〇～七五ｍ地点では、距離の二乗に反比例すると考えると二・七μTとなるし、距離一九・三ｍ地点での四五μTの測定データもある。この値がそのまま交流磁界になると考えると、疫学研究で問題になっている〇・二～〇・四μTまでに減衰させるには、いかに大きな距離が必要であるかがわかるであろう。

リニア線路の多くが地下四〇ｍよりも

深いそうだが、それでも「地上では〇・三μTになる」とJR東海は発表しているそうであるが、沿線は勿論のこと地上でも「壮大な人体実験」が始まるのである。

それを気にしているのだろうと思われるのだが、その論文（参考文献18）には「五〇〇km／hの走行なので、被曝する時間は三六〇〇秒の僅か二％である」と書いているし、周波数と磁界強度の関係図も論文の最後に「珍しく」示している。それを図11として示したが、この図を見て私は驚いたのである。

その図中の（原論文では「Fig.7」）説明部分を翻訳してみると「走行速度五〇〇km／hの時の位置①での磁界のスペクトル」となるのだが、この「位置①」は表3―④の「位置①」なのであるし、車庫入り口の場所であって「時速三km／hでジーゼル車に引率」されていたはずである。つまり図11は「時速五〇〇km／h」ではなく、ゆっくりと走行中であり、まさに静磁界が中心の図のはずである。しかも、論文中にはこの測定がいかにも客観的であるかのように「山梨県庁や山梨大学の関係者」の立会いのもと一九九七年三月一〇日と一四日に行なわれたと書かれているのである。関係者が誰であるかは書かれていないのだが、ぜひ真相を話して欲しいものである。

また、短時間の被曝であることを論文は指摘しているが、短時間であれ、繰り返して強い被曝を受けることによる危険性を示唆する研究も知られているのであるから、そのような研究をこそ行なうべきであろう。

## 表4　経済産業省令第 48 号第 27 条の 2

電気設備に関する技術基準を定める省令
（平成九年三月二十七日通商産業省令第五十二号）

最終改正：平成二四年七月二日経済産業省令第四八号

電気事業法（昭和三十九年法律第百七十号）第三十九条第一項及び第五十六条第一項の規定に基づき、電気設備に関する技術基準を定める省令（昭和四十年通商産業省令第六十一号）を次のように定める。

（電気機械器具等からの電磁誘導作用による人の健康影響の防止）
第二十七条の二　変圧器、開閉器その他これらに類するもの又は電線路を発電所、変電所、開閉所及び需要場所以外の場所に施設するに当たっては、通常の使用状態において、当該電気機械器具等からの電磁誘導作用により人の健康に影響を及ぼすおそれがないよう、当該電気機械器具等のそれぞれの付近において、人によって占められる空間に相当する空間の磁束密度の平均値が、商用周波数において二百マイクロテスラ以下になるように施設しなければならない。ただし、田畑、山林その他の人の往来が少ない場所において、人体に危害を及ぼすおそれがないように施設する場合は、この限りでない。
2　変電所又は開閉所は、通常の使用状態において、当該施設からの電磁誘導作用により人の健康に影響を及ぼすおそれがないよう、当該施設の付近において、人によって占められる空間に相当する空間の磁束密度の平均値が、商用周波数において二百マイクロテスラ以下になるように施設しなければならない。ただし、田畑、山林その他の人の往来が少ない場所において、人体に危害を及ぼすおそれがないように施設する場合は、この限りでない。

## 極低周波の場合

電磁波の健康問題に関しては、以前から問題になっていたのが、この極低周波の場合である。リニアに関しても、この問題が最重要事項であり、ＪＲ東海の発表では「法律を順守しているから安全だ」といいながら、どの法律なのかを明記していないのである。極低周波の電磁波では、電界と磁界を考える必要があるのだが、日本の法律では「電界」に関しては商用電磁波で「三kV／m」の規制があるだけで、「磁界」に関する規制値は長い間なかった。日本で電磁波問題が知られるようになったのは一九九〇年頃からなのだが、それ以来、規制当局である「経済産業省」は磁界に規制値を作成することを目論んできた。その結果、二〇一一年三月末に省令を改定し、一〇月一日から施行したのである。その省令を表4に示したが、変電所や送電線などの電力施設だけの規制であり、超電導磁石や地上コイルなどからの磁界規制ではない。

一方、リニア推進を国土交通相が認可し建設を指示したのは二〇一一年五月なのだが、二〇一二年七月二日官報の「経済産業省令第四八号」で電気事業法の「電気設備に関する技術基準を定める省令」を変更し、それと共に「国土交通省令第六九号」で「鉄道営業法」「軌道法」「鉄道営業法」に関係する「鉄道に関する技術上の基準を定める省令」を改定した。そして「第五一条の二」で「電磁誘導作用による人の健康に及ぼす影響の防止」条項を加えている。

この改定によって変電所からリニア沿線にある「き電線」や「き電区分開閉装置」でのコン

トロール用の外部送電を行なうことを可能としたようだが、国交省はその条例の変更根拠や具体的な規制数値をも明らかにすべきである。少なくとも、現存する交流磁界の法律は、商用周波数（五〇／六〇ヘルツ）のみなのであり、リニアでは色々な周波数の電磁波を放出するのであるから、それに関する委員会なりの答申があったとは思われないからである。

次に問題になるのは、具体的に「どのような極低周波・電磁波を発生させているのか」の検討である。その点に関しては、二〇一〇（平成二二）年四月一五日に開催された「国交省・交通政策審議会・陸上交通分科会・鉄道部門・中央新幹線小委員会」の第二回会合で、国交省鉄道局から「技術事項に関する検討について」と題する「資料一―一」（参考文献7）が提出されている。ここでは、その「資料一―一」をもとに超低周波・電磁界に関しての検討をすることにする。この「資料一―一」はスライドでの説明だが、「超電導リニアの磁界の発生メカニズム」「車両における磁界影響の概要」「超電導リニアの磁界（車内磁界、沿線磁界）に対する評価結果」「ICNIRPのガイドラインについて」「車両の磁気シールド」「車外の磁界対策」「磁界の測定結果」「車内の磁界測定場所」「車外の磁界測定場所」などが説明されているが、国交省の作成によるものであるから政府の「公式書類」であり「信用できる?」はずである。その内容を紹介しながら、極低周波・電磁波に関する強度を問題にする。この「資料一―一」は、超電導磁石や地上コイルから磁界が発生していることを認め、磁気シールドによって静磁界も変動磁界も国際非電離放射線防護委員会（ICNIRP）のガイドライン以下であるから「安全である」と結論している。その内の静磁界に関する概要や測定結果などの問題点は、すでに七七頁の5以降で述べているので、ここでは極低周波などにのみ限定して説明することにする。

「資料一―二」には、「客室部の変動磁界」に関して「対向車の超電導磁石からの影響を受けるが、客室側面の磁気シールド及びアルミ車体により磁界を低減。なお地上の推進コイルからの影響は超電導磁石からの影響より小さい」と書かれていることは極めて重要である。また「貫通路部の変動磁界」に関しては「対向車の超電導磁石からの影響を受けるが、磁気シールドにより磁界を低減」と書かれていて、「磁界の測定結果」を図示しているので、それを図12とした。この図を中心にして疑問点を指摘することにする。

**①浮上案内コイルからの影響は？**

「推進コイルからの影響は超電導磁石からの影響より小さい」と書かれているが、浮上案内コイルからの影響は一言も触れられていない。推進コイルは変調パルス波であるのに対して、浮上案内コイルは商用電磁波のアナログ波であり、波形が大きく異なるし、長さが最大で二四・三mで二五トンもある車両を一〇cmも浮上させるのであるから、相当の磁界を発生させているはずなのだが無視されているのは何故なのだろうか？

ＪＲ東海の説明では、超電導磁石による誘導電流を受けて浮上案内コイルに強力な磁界が発生するので、それのみで浮上しているとのことである。速度が速くなればなるほど、その誘導

図12 磁界の測定結果とICNIRP（1998）ガイドライン（参考文献:7より）

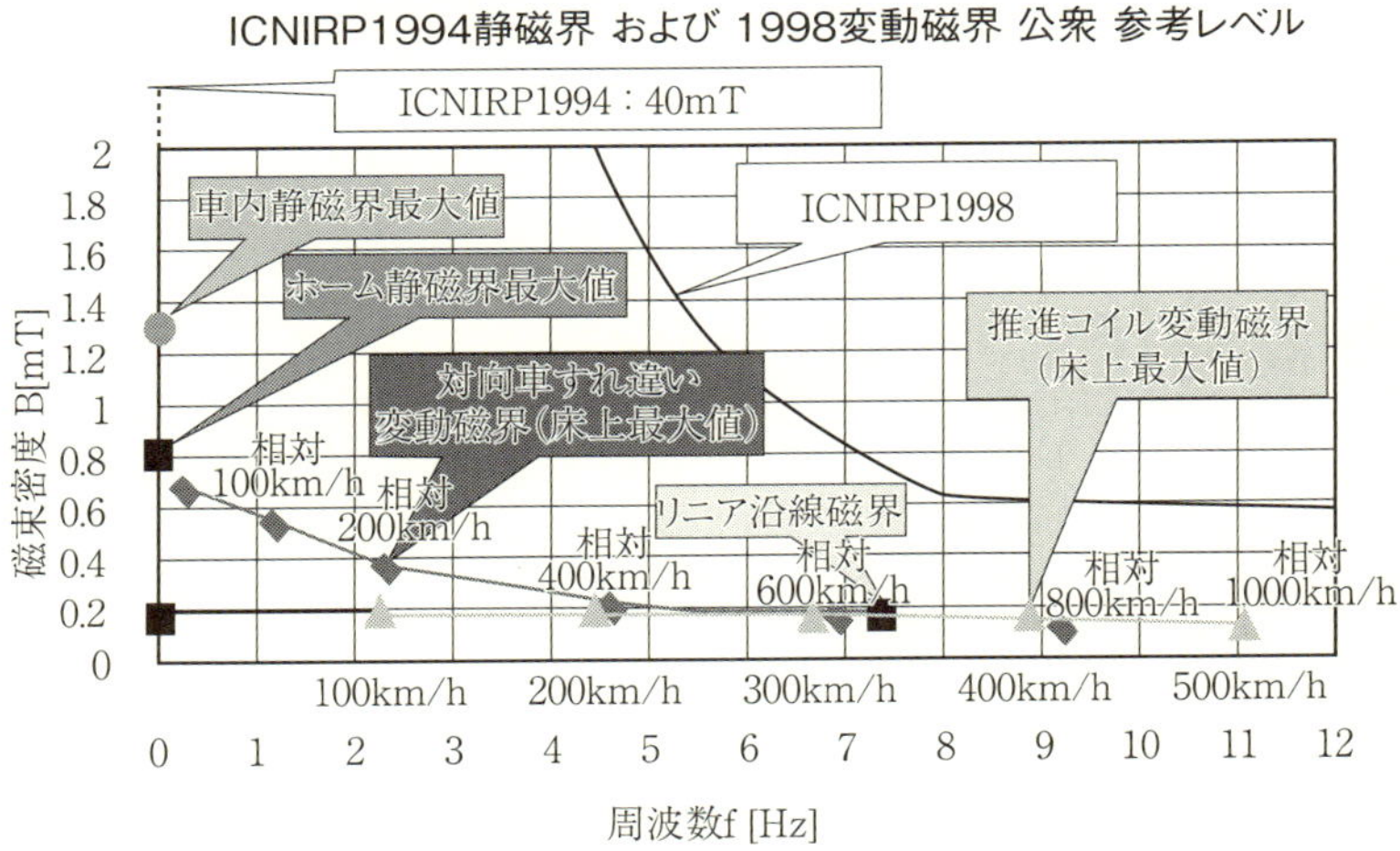


電流による磁界励起《れいき》が強くなるので、外部からの電源は不必要だというのだが、本当だろうか？　速度が低い場合は車輪送行であるが、それから急に一〇㎝の浮上が行なわれるわけではないはずであり、浮上案内コイルにも何らかの大電流が供給されるはずではないだろうか？　いずれにしろ、浮上案内コイルも強い磁界を発生させていることは間違いのない事実であり、そのコイルからの車内への影響を無視してよいはずがないのである。

**②「基準値（案：ＩＣＮＩＲＰガイドライン）」について**

「資料一―二」では、一九九八年のＩＣＮＩＲＰガイドラインを紹介していて、「それを基準値として考えている」ようである。そこで、その資料からＩＣＮＩＲＰの基準値の式（表５）と、実際にグラフ化された図（図13）と

表5　ICNIRP（1998）ガイドラインの基準値式（参考文献：7より）

**基準設定**

超電導リニアでの磁界の基準値（案）については、世界保健機関（WHO）の見解に従い、磁界による人体への影響に関する予防的な観点から検討された国際非電離放射線防護委員会（ICNIRP）のガイドラインを適用する。このガイドラインは、磁界の周波数に伴って変化する磁界の基準値（下表）によるものである。

基準値（案、ICNIRP ガイドライン）

| 周波数 f［Hz］ | 0〜1 | 1〜8 | 8〜800 |
|---|---|---|---|
| 磁束密度 B［mT］ | 40 | $40/f^2$ | 5／f |

※リニモ（東部丘陵線）においても、ICNIRP のガイドラインにより環境影響評価を実施している。

を比較してみよう。ＩＣＮＩＲＰの一九九八年のガイドラインはあくまで「これ以下にしなさい」という意味であり、「これ以下なら安全です」という意味ではないのであるが、国交省はＪＲ東海を助けるためもあってか、このＩＣＮＩＲＰを利用して「これ以下なら安全だ」との大宣伝をしている。

　その一九九八年のＩＣＮＩＲＰガイドラインは表5でもわかるように、「八〜八〇〇Hzでは、五／f」で計算することになっている。ところが図13のグラフでは、「一五Hz」での値がほぼ「〇・五mT」ていどになっている。五／f＝五／一五＝〇・三三mTなのだから、明白な間違いである。

　また図12には、一二HzまでのＩＣＮＩＲＰガイドライン値も図示されているが、一二Hzの場合は、五／f＝五／一二＝〇・四二mTのはずだが、何と〇・六mT近くの値になっていることがわかる。できる限り「基準値を高くしたい」と考えたのだろうが

図13　ICNIRP（1994,1998）ガイドライン（参考文献:7より）

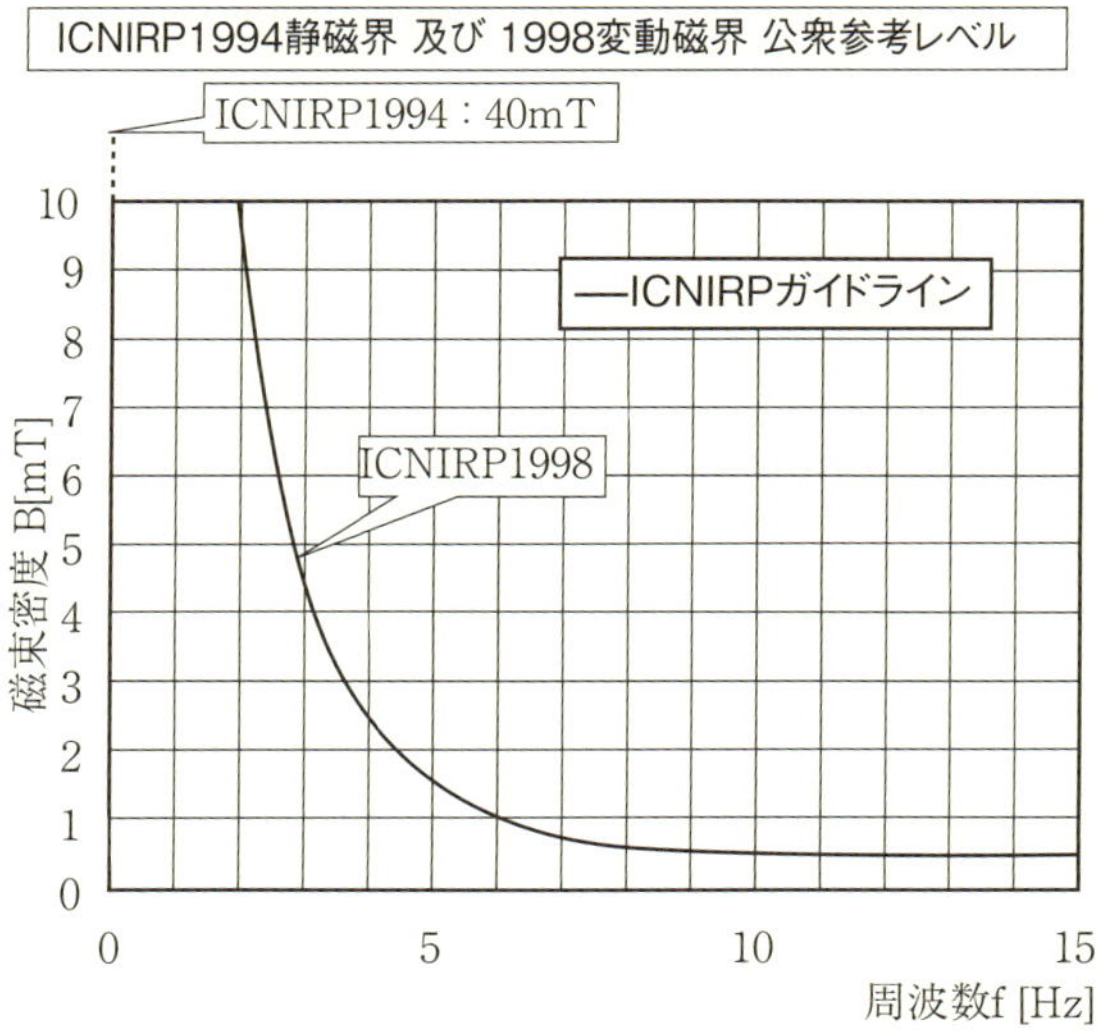


○ガイドラインの体系

ICNIRPは、WHOや国際労働機関（ILO）などの国際機関と協力する中立の非政府組織で、非電離放射線に対する人体防護ガイドラインの勧告と関連する科学的な情報の提供を主要な役割とし、1992年に設立された。

同委員会では、国際的なガイドラインとして、1994年に静磁界に関するガイドライン「ICNIRP1994」が作成され、また、1998年に、「時間変化する電界、磁界及び電磁界への曝露制限のためのガイドライン（300GHz）まで）」が作成された。

なお、2009年に静磁界のガイドライン「ICNIRP2009」では、参照レベルとして400mTに改訂された。

○周波数に対応する磁界のガイドライン

上記、ICNIRPのガイドラインを基に、周波数ごとの磁界レベルは、右図のとおり。

これでは困るのである。中央新幹線小委員会の委員も、こんな単純なことにも気付かなかったようであり、リニア・ムラ（？　）の質の低いことを示している。

### ③「対向車すれ違い変動磁界」は信用できるか？

図12には「対向車すれ違い変動磁界（床上最大値）」も図示されていて、相対速度が二〇〇km／hでの最大値が〇・五九mT程度になっている。「すれ違い」なのであるから、窓際客席の窓の位置での値が最大値になるはずだが、何と「床上最大値」のみが図示されている。

客席での測定は、床上〇・一m、〇・五m、一mの三点で行なわれ、しかも内壁から四〇cmも離れた窓際客席の中央位置で行なわれている。床上一mの位置に窓があり、磁気シールドがなされていないはずだから、それを無視して床上〇・一mでの測定値を図示しているといえよう。床上〇・一mの方が、対向車の超電導磁石に近いことは間違いないのだが、遮蔽されていない窓の方が高いと考えるべきではなかろうか？　高い測定値を隠してこの図は作成されたのではないだろうか？

また、「対向車のすれ違い」の場合では、相対速度が低い時の方が磁界強度が高くなっていることを図12は示しているのだが、この問題も重要な点である。対向車の超電導磁石からは何時も同じ強度の磁界が及んできているはずで、相対速度増加と共に磁界が弱くなるということは考えにくい。その証拠に、図12の中の「リニア沿線磁界」の強度は、図中の〇Hzと七・三Hzあたりに二点記入されているが、同じ強度になっていることでも明らかである。また相対速度が二〇〇㎞／ｈ以下では、「対向車すれ違い変動磁界（床上最大値）」が上昇するのが本当であるとすれば、車輪走行が一三五㎞／ｈ以下（つまり、対向車との相対速度が二七〇㎞／ｈ以下）で行なわれているわけであるから、「車両下部からの内部への漏洩磁界」が効いているのか、「測定器の時間分解能」が悪いのかのいずれかであるかもしれないが、その点も明らかにして欲しいものである。速度が低いはずの「起動時」の方が「超電導磁石の磁界が強くなる」と考えるとすると、電流が増加した結果であるはずだし、推進コイルに流れる電流も増加せざるを得ないはずであるが、そのような点も「資料一―二」は全く触れていない。「起動時の電流は少ない」とJR東海は説明しているそうだが本当だろうか？

**④対向車すれ違い変動磁界の最大値はどれだけか？**

図12の「対向車すれ違い変動磁界（床上最大値）」が信用し難いことを③で指摘したが、それでは「変動磁界の最大値」はどのような値になるのであろうか？　この点に関しての私なりの推定値を書いておくことにする。「床上最大値」が周波数の低下と共に増大しているのだが、その値の最大値は図12でもわかるように、〇・二Hzあたりで〇・六五mTぐらいになっている。また面白いことに、「ホーム静磁界最大値」が「〇・八mT」で、「車内静磁界最大値」が「一・三mT」あたりに図示されている。ホームでの最大値は、超電導磁石の外面に近い場合であり、その値は「変動磁界（床上最大値）」の延長での値に近くなっていることがわかる。

すでに述べたように、超電導磁石の最大磁界は一定のはずで変動するとは思えないことから考えると、車内での「変動磁界」は図12に図示されている「対向車すれ違い変動磁界（床上最大値）」よりも、少なくとも一・三／〇・八＝一・六三倍も高いことになる。ＪＲ東海は「変動磁界を〇・二mT＝二〇〇μT以下」になるように考えているようなので、相対速度が五〇〇km／hあたりで、ようやく〇・二mT＝二〇〇μTになることを図示しているのだが、その場合でも〇・二×一・六三＝〇・三二六mT＝三二六μTとなるはずだし、相対速度一〇〇〇km／hに相当するという一一Hzでは、～〇・一二mT×一・六三倍＝～〇・一九六mTとなって、かろうじて〇・二mT以下となる。したがって、それ以下の相対速度では、優に〇・二mT＝二〇〇μTの目標値は越えてしまうことになる。

**⑤最大周波数が一一Hzあたりなのは何故なのか？**

国交省・鉄道局の作成による図12（「資料一―一」）によれば、「推進コイル変動磁界（床上最大値）」は、速度二〇〇km／hで約二〇〇μTで、速度五〇〇km／hでは約一三〇μT程度と読み取ることができる。そして、速度五〇〇km／h以上は表示されていないことから考えると、最大速度での周波数は、「推進コイル」であれ「すれ違い磁界」であれ、一一Hzあたりが最大であるとして図示されていることがわかる。このことが正しいのかどうかは、長い間の論争点だったので、その点を詳しく考えてみることにした。

長尺中間車「ＭＬＸ〇一―二二」では、超電導磁石の格納ボックスの中心から、もう一つの格納ボックスの中心までの距離は「車両長さ」と等しいのだから二四・三ｍに相当する。つま

図14　台車中の超電導磁石（SC）の配置（参考文献:18より）

（単位 mm）

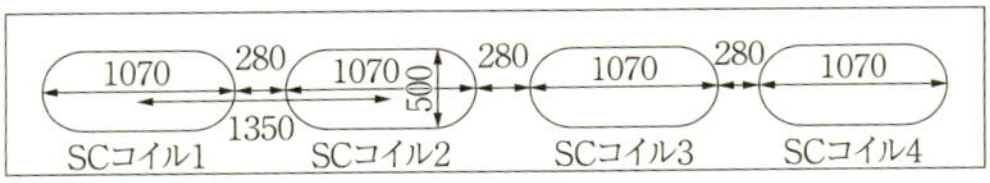


図15　速度上昇例（参考文献:3より）

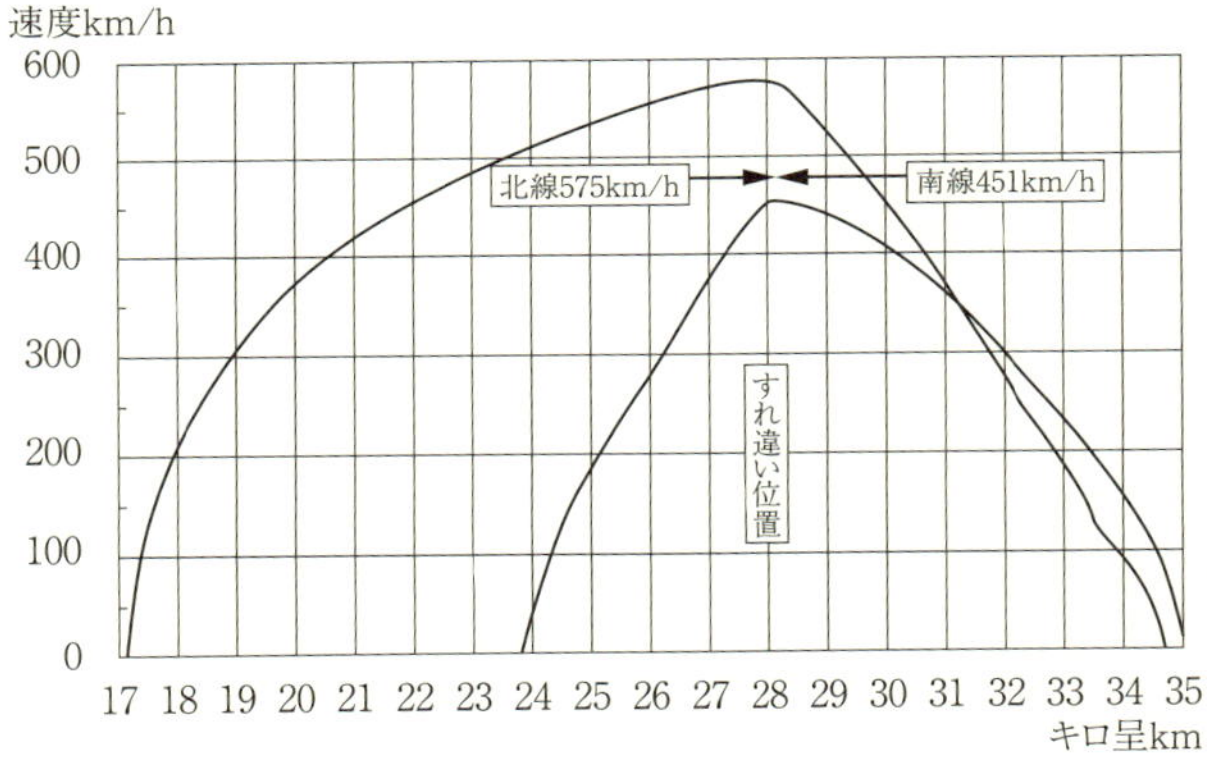


相対速度時速1026キロの高速すれちがい走行

り相対速度一〇〇〇km／h＝二七七・八m／Sの場合は二七七・八m÷二四・三m＝一一・四Hzであるから、「超電導磁石・格納ボックス」が繰り返し通過する周波数は一一・四Hzとなる。同じように、相対速度が六〇〇km／h＝一六六・七m／Sの場合は一六六・七m÷二四・三m＝六・八六Hz、相対速度が二〇〇km／h＝五五・六m／Sの場合は五五・六m÷二四・三m＝二・二九Hzとなって、図12の図中の値とよく一致する。ところが、相対速度の半分の速度の時の、推進コイルの周波数も最大変動磁界も、速度が二〇〇km／h以上では対向車にある超電導磁石からの交流磁界値と同じような値を示していることがわかる。何故、このような関係になるのかが、私にはどうしても理解できない。何故なら、図5、図6でもわかるように、超電導磁石も推進コイルも、その一台の幅は一m前後のはずだからである。超電導磁石のサイズに関しては、詳細が論文に示されていて、それを図14とした（参考文献18）。

### ⑥推進コイルの変動磁界はどれだけか？

リニアは停止時から速度一三五km／hまでは離陸までの飛行機のように車輪で走行していて、その間に推進コイルや浮上案内コイルで必死になって推進・浮上させているわけである。図15（参考文献3）に、その速度上昇例を示したが、推進コイルに流れる電流の増加と共に磁力が大きくなるはずで、速度の変化率である加速度値が推進力のもとなのである。つまり、起動時や低速時に大電流が流れ、さらに強力に加速をしている時にこそ大電流が必要となるはずで、その場合の磁界強度が重要なのであるが、図12では周波数二・二Hz以下では「リニア沿線磁界」のみが図示されているだけで、推進コイルからの磁界は二・二Hz〜一一Hzの範囲でしか図示されていないし、その値も一一Hzにかけてゆっくりと僅かな減少を示しているにすぎない。

勿論、超電導磁石による推進コイルへの誘導電流は走行速度とともに増加するはずだ。それに対応して推進コイルにも大電流を流す必要があるわけであるが、その具体的な数値すべてをJR東海は公表しようとはしないのである。しかも、公表した変動磁界の値も、「床上最大値」

でしか示されていない。全体の変化から本当の変動磁界の変動理由を推定するしか我々には方法がないのであるが、国交省とグルになって国民の知る権利を妨害しているようにしか思えないのである。

先ほど計算したように、実際の変動磁界の最大値は、床上〇・一ｍよりも床上一ｍの方が「一・六三倍」大きくなると私は考えているので、その想定で計算してみよう。相対速度一〇〇〇km／ｈでの「推進コイル変動磁界（床上最大値）」は、「すれ違い変動磁界」よりも少し高い値の「〇・一三mT」と読みとれるので、実際の最大値は「～〇・一三mT×一・六三倍＝～〇・二一mT＝二一〇μT」となり、平常運転時の時速五〇〇km／ｈでは、目標の二〇〇μTを越えてしまう可能性がある。

## ⑦推進コイルと超電導磁石の周波数はどれだけなのか？

推進コイルの最大磁界となる周波数が一一Hzだとすれば、速度が五〇〇km／ｈの場合の推進コイルの間隔幅を求めることが出来る。速度が五〇〇km／ｈ＝一三八・九ｍ／Ｓであれば、推進コイルのＮ―Ｓ極二台の間隔は一三八・九ｍ÷（一一Hz）＝一二・六ｍということになる。Ｎ―Ｓ極が交互に設置されているので、一二・六÷二＝六・三ｍが一台の推進コイルの幅だということになる。すでに5の「リニアの構造」でも説明したように、推進コイルは超電導磁石に対応してパルス駆動されるはずだから、推進コイルの幅はせいぜい一ｍ程度である。何故、一一Hzに相当する間隔の六・三ｍにもなるのだろうか？　超電導磁石が四台も設置されている「格納ボックス」中の超電導磁石の長さは図14のように～五ｍ程度であることから考えると、超電導磁石の一台の幅は（～五ｍ）÷四＝（～一・二五ｍ）ということになる。図14では一・〇七ｍであるし、「資料一―二」の図6からもわかるように、推進コイル一台の幅の方が、超電導磁石一台の幅よりも、かなり狭いことから考えると、一一Hzというのは、「四台の超電導磁石を内蔵している格納ボックス全体の長さ」に対応した「推進コイル四～五台分に相当する長さ」を意味していることになる。

ところが、図6でもわかるように、推進コイルは超電導磁石四台の内の一台よりも幅が狭くて「～一ｍ」程度になっている。ＪＲ東海の発表では、推進コイルの間隔は「〇・九ｍ」なのだそうなので、更に狭いはずである。ここではＮ―Ｓ極二台の推進コイルの長さを二ｍと考えて計算してみよう。

時速五〇〇㎞／ｈ＝一三八・九ｍ／Ｓであるから、推進コイルの周波数は、一三八・九ｍ÷二ｍ＝六九・四Hzという結果になる。このことから考えると、推進コイルからの周波数は、約七〇Hz相当になると考えて良いだろう。また、相対速度一〇〇〇㎞／ｈ＝二七七・八ｍ／Ｓの場合は、超電導磁石二台の長さを図14から「一・〇七＋〇・二八＋一・〇七＋〇・二八＝二・七ｍ」と考えると、二七七・八ｍ÷二・七ｍ＝一〇二・九Hzに相当することになる。このことは、相対速度一〇〇〇㎞／ｈの場合は一〇〇Hz近くの変動磁界がやってくることになる。

つまり「推進コイルの変動磁界」の周波数は、最低値の〇Hzから、最大値が七〇Hzまで存在することになるし、「対向車すれ違い変動磁界」は、最低値が〇Hzから最大値が一〇二・九Hzということになる。また五〇〇km／h走行中は地上コイルからの誘導磁界による一〇二・九÷二＝五一・五Hzの交流磁界をも受けるはずである。このことは、図7などでも明らかであるし、論文にも「五〇〇km／h時は環境での最大周波数は約五〇Hzである」と明記されている（参考文献18）。問題なのは、超電導磁石の誘導電流との関係で、推進コイルから放射される実測された磁界の「周波数と交流磁界の強度」であろう。

## ⑧推進コイルの変動磁界の方が強くなる？

国交省・交通局の提出による「資料一―二」には、「推進コイルからの影響は超電導磁石からの影響よりも小さい」と書かれているのだが、図12を見れば明らかなように、速度三五〇km／h前後から「対向車すれ違い変動磁界（床上最大値）」よりも「推進コイル変動磁界（床上最大値）」の方が高くなっている。このまま周波数が高くなれば、推進コイルの方が高くなることは間違いないはずである。超電導磁石からの誘導電流は、速度が高くなればなるほど増大し、そのために推進コイルにより大きな誘導電流が流れ、誘導電圧も高くなるので、それでは推進力を得ることができないのである。それを防ぐために、推進コイルには高電圧の大電流パルスが付加されるはずであるから、当然のことだが周波数も高くなり交流磁界も強くなる可能性が高い。その事実を隠すためもあって、推進コイルの周波数を約一一Hz以内にとどめるような表示にしたのではないだろうか？　この点に関しては、英文の論文に書かれている図の方がわかり易いので、それを図16とした（参考文献17）。

この図は、超電導磁石によって誘導される交流磁界は約一〇〇Hzであることを示しているし、また図7の横ずれ実測値でも約一〇〇Hzまでの測定が行なわれていることでも明らかである。

いずれにしろ、推進コイルによる変動磁場の周波数は、時速五〇〇km／hの場合は約一一Hzではなく、五〇Hz～七〇Hzであり、「資料一―一」に説明されている図12で、何故「推進コイル変動磁界（床上最大値）」が五〇〇km／h時に「約一一Hz」になっているのかの説明を客観的・科学的にするべきである。

**⑨浮上案内コイルの交流磁界はどうなるのか？**

すでに述べたように、「速度五〇〇km／hになれば、推進コイルの磁界の方が対向車の超電導磁石による影響よりも強い」ことを指摘した。そうであれば、ＪＲ東海の説明しているように、常に約五〇Hzで駆動されているはずの「浮上案内コイル」からの変動磁界も強いはずである。ＪＲ東海は「浮上案内コイル」は「超電導磁石からの誘導磁界で作動するので電流がいらない」主旨の説明を「リニア鉄道館」でしていたので、その説明文を図17に示したが、本当だろうか？　重い車両を一〇cmも浮上させるのであり、強い磁界が必要なはずなのだが、「資料一―一」にもそのことは一切書かれていない。対向車の超電導磁石による磁界強度を強調することで、これら地上コイルの磁界強度の問題点を隠そうとしているのではないだろうか？

**⑩新型車両「Ｌ〇」で何が改良されたのか？**

図16　推進コイル(500km/h)に働く電磁力(参考文献:17より)

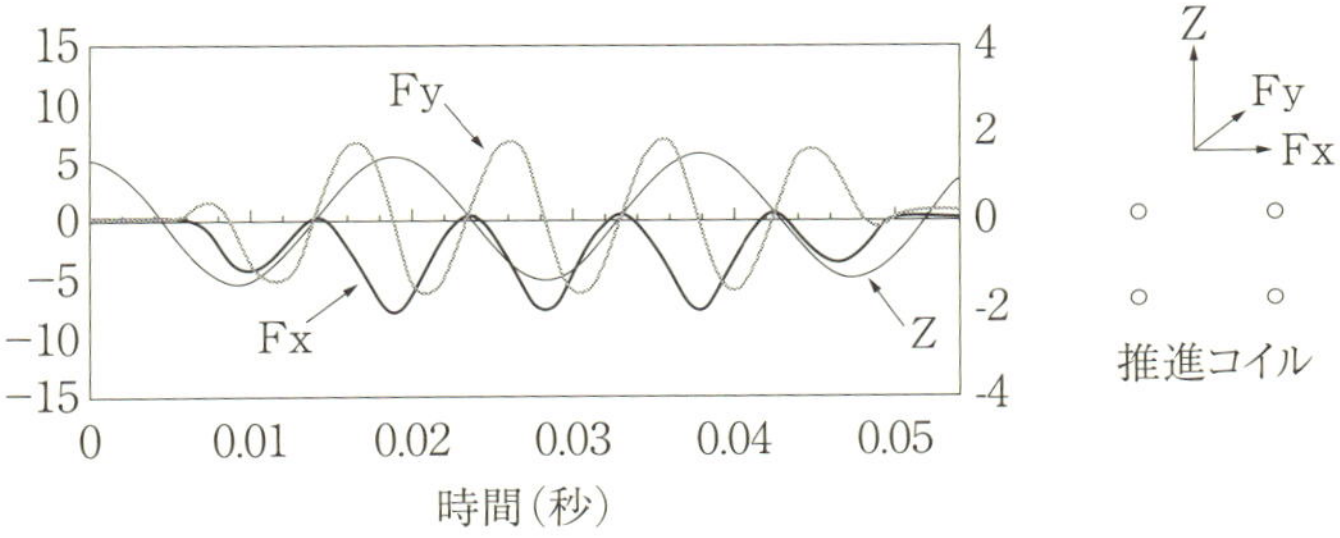
15
10
5
0
−5
−10
−15
4
2
0
-2
-4
0
0.01
0.02
0.03
0.04
0.05
時間(秒)
Fy
Fx
Z
Z
Fy
Fx
推進コイル

図 17　リニア鉄道館（名古屋）内の掲示

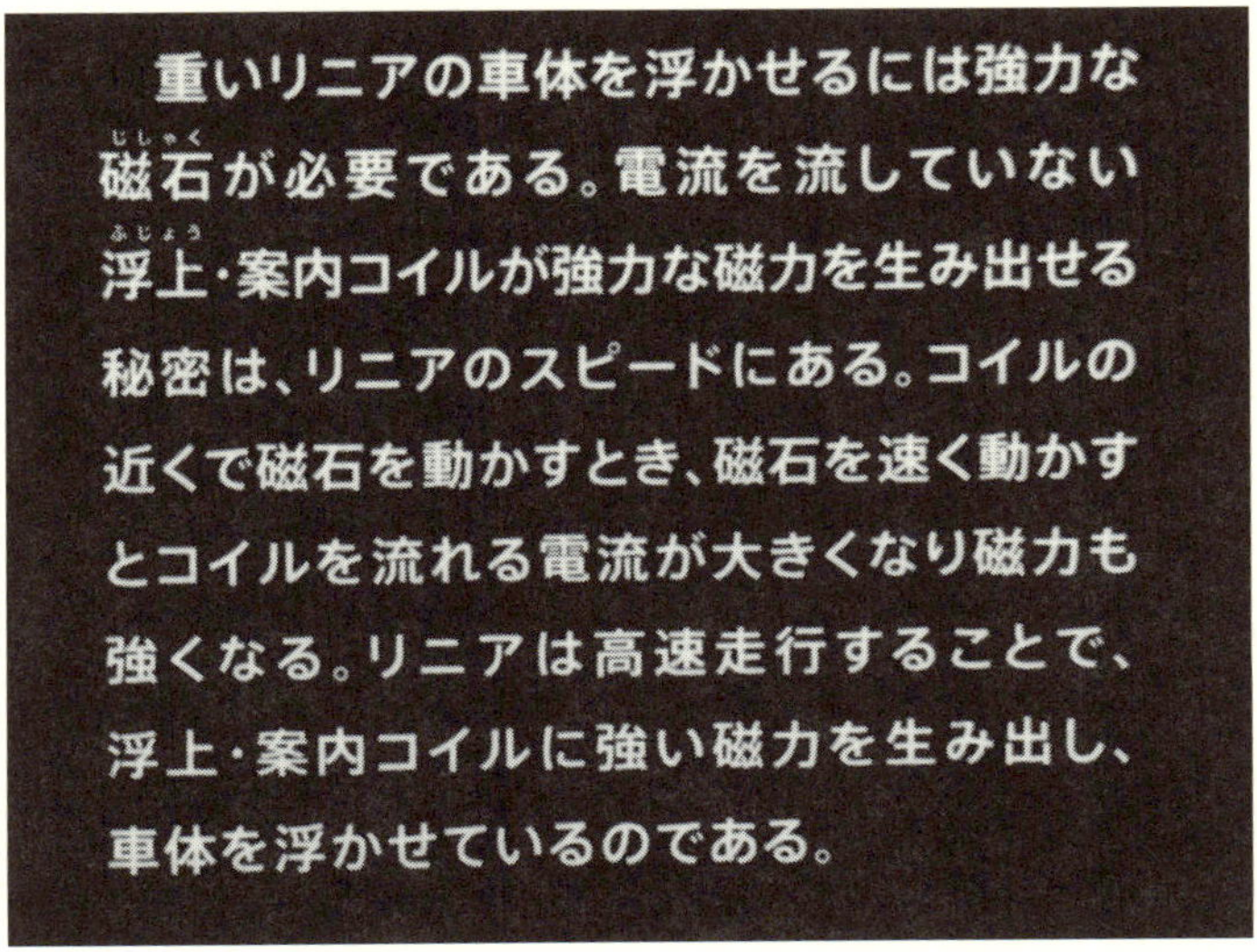
重いリニアの車体を浮かせるには強力な磁石《じしゃく》が必要である。電流を流していない浮上《ふじょう》・案内コイルが強力な磁力を生み出せる秘密は、リニアのスピードにある。コイルの近くで磁石を動かすとき、磁石を速く動かすとコイルを流れる電流が大きくなり磁力も強くなる。リニアは高速走行することで、浮上・案内コイルに強い磁力を生み出し、車体を浮かせているのである。

二〇一〇年一〇月に、リニア新型車両「L〇」の概要が発表されたが、私の知りえた新しい車両データは、図18のような車両の断面図のみである。この図だけでも、JR東海が電磁波問題に悩んでいるらしいと推察できるのだが、その典型例が「座席位置が高くなっている」ことである。多分、床下の遮蔽板を一〇～一五cmも厚くしたようである。

また、この図18では「幅二・九m、高さ三・一m」となっているのだが、縮尺では「高さの方が僅かに狭くなっている」ことがわかるのだが、JR東海はこのような些細な点に関しても秘密を守ろうとしているらしい。その結果、縮尺がはっきりしないために「床を一〇～一五cm高くした」としか書けなかったのだが、一見すると「あまり変わらないように見せよう」とJR東海は苦慮していることがわかる。

## ⑪規制値とリニアの交流磁界の関係は？

JR東海や国交省は、交流磁界に関しては「五〇／六〇Hzの商用周波数で二〇〇μT以下」であれば、法律的にも問題がないと考えているようである。その根拠になっているのが、二〇一〇年のICNIRPのガイドラインであるが、奇妙なことに両者とも「ICNIRPの一九九八年の古いガイドライン」を説明に使用しながら「五／f」の規制を無視しているというおかしなことをやっている。経産省は「二〇一〇年のガイドライン」を早々に法制化したのに比べると、国交省の動きはおかしいと思わざるを得ない。

この点に関しては、メディアもふれない点なのだが、私の推定では「二〇一〇年のICNI

図18　L0の車体断面図（平成22年10月26日JR東海発表）

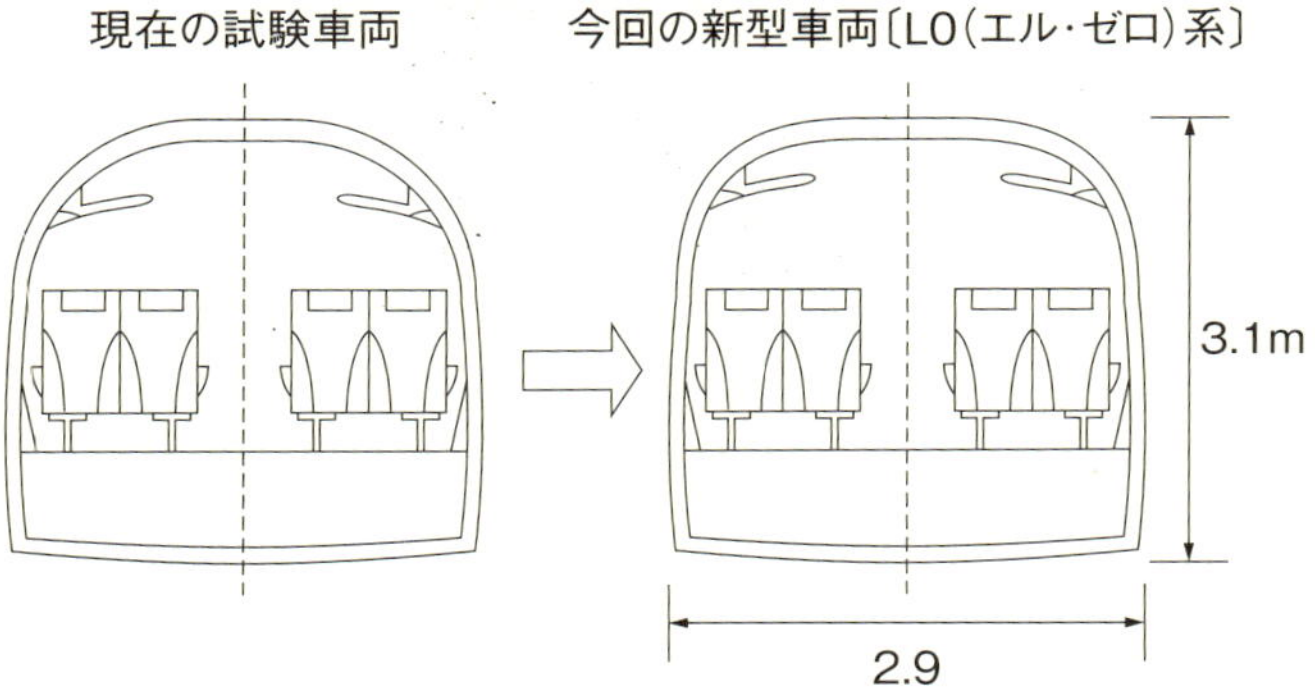


RPガイドラインは、疫学研究を考慮しない」ことを明記しているので、そのような人間への影響研究で最も重要な疫学研究を「JR東海や国交省がせざるをえなくなる」ことを避けるためにも古い疫学研究をも考慮した一九九八年のICNIRPガイドラインを利用することにしているのではないか、ということではなかろうか？

「疫学研究をしたくない」ことは、経産省も同じであるのだが、その背景になるのが、日本で大々的に実施された「兜研究」が「〇・四μT以上の商用電磁波・被曝で、小児白血病が増加している」との結果だったことを利用したくないし、その研究結果を忘れてしまっている「寝ている国民に思い出させたくない」との利害では、経産省も国交省もJR東海も自治体も学者もメディアも一緒なのではないだろうか？　一致団結して原発推進に邁進した一九七〇年代と同じことが、このリニアでも起きているように思えてならないのである。

## 中間周波数の場合

リニアで使用される中間周波数の電磁波としては「交差誘導線」で使用される電磁波しかないように思われる。交差誘導線とは、車両の位置を正確に知るために開発された「列車位置検出技術」で、リニアでは、推進コイルの極性を制御するために使用されているので、位置精度は一〇cm以内が必要だろう。速度五〇〇km／hの場合は、一秒間に一三八・九mも走行するのだから、一cm程度の位置検出を必要とすると考えると、一〇KHzを越えることになり、中間周波数帯の電磁波だということになる。このような周波数帯の電磁波は、電磁調理器（IHクッキングヒータ）に相当する周波数帯で、影響に関する研究がほとんど行なわれていないのが現状であり、世界保健機関（WHO）でも問題になっている状況なのである。

## 高周波の場合

リニアでは、LCX（漏洩同軸ケーブル）で使用される約四五〇MHzの高周波と、ミリ波基地局で使用される四五GHzのマイクロ波が問題になる。いずれも、携帯電話で使用されている変調電磁波が使用されているはずで、一般に使用されている携帯電話の周波数よりも約一〇倍以上もの高周波である。これらの高周波の電力密度値は、一切公表されていないので、その被曝強度は推定すらできないのだが、リニアではトンネル区間が多いので、車両全体が高周波の雲の中を走行しているような状況下になるから、窓などからの侵入が問題になることだろう。

特に四五GHzもの高周波では、DNAレベルでの共振が問題になるはずだし、そのような危険性を指摘したロシアの研究論文もあるのに、JR東海はそのような研究をしようとはしないのである。

## 7 リニア電磁波の健康影響

### リニア電磁波の特徴

リニアの電磁波の特徴は、静磁界と交流磁界とが複雑に絡み合っていることである。更に、それらの極低周波・交流磁界の周波数が〇から一〇〇Hz近くまで幅広く分散していることに加えて、アナログ波形やパルス波形になっていることも重要である。高周波の電磁波も中間周波数から四五GHz帯までが使用されていて、しかも携帯電話と同じように変調されているものが多い。

JR東海はICNIRPのガイドラインを安全性の根拠にしている。しかしICNIRPのガイドラインは混合した電磁波の規制ではなく、あくまで単独被曝での研究に基づいているはずであるし、また、中間周波数の危険性研究は全くといってよいほど行なわれておらず、今後の課題になっている。にもかかわらず、ガイドラインは「熱作用のみ」「長期影響は無い」との前提で決められていて、人間を対象にした疫学研究を軽視しているのである。また、二〇一〇年のＩＣＮＩＲＰの新ガイドラインでは「疫学結果を認めない」との立場に立つことを宣言しているほどである。リニアの電磁波は、強い静磁界のみならず、〇Hz～四五GHzの間の色々な電磁波を使用しているわけで、いわば、壮大な人体実験をしようとしているともいえる。

## ＪＲ東海などの影響研究結果

リニアの研究が国鉄・鉄道研究所で開始されたのは一九六二年で、一九七三年には東京―大阪間が基本計画路線に決定された。その後も宮崎や山梨での実験を行なって、現在にいたっているのだが、最も重要な人体への影響問題に関しては、驚くほど研究が少ないのである。人体への影響研究は、疫学研究が極めて重要なのだが、私の知る限りは行なわれてはいないはずである。

その中でも、極低周波・電磁波の疫学研究を文献調査した論文が、鉄道総合研究所（鉄道総研）の中川正祥氏によって一九九七年に発表されている。中川氏はこの論文を書いた後で定年になっておられるようで、この論文は「最後の論文では」と私は推定していたほどである。その論文から、世界中で行なわれてきた疫学研究の比較がなされている図を図19に示した。職業人を対象にした疫学研究が中心なのだが、図19の中にある二件のSahl（サール）論文ではいずれも増加率が低い結果になっているが、この論文は、南カリフォルニア電力会社の職員の研究

## 図19　中川（鉄道研）論文
（J .Occup.Health：1997）

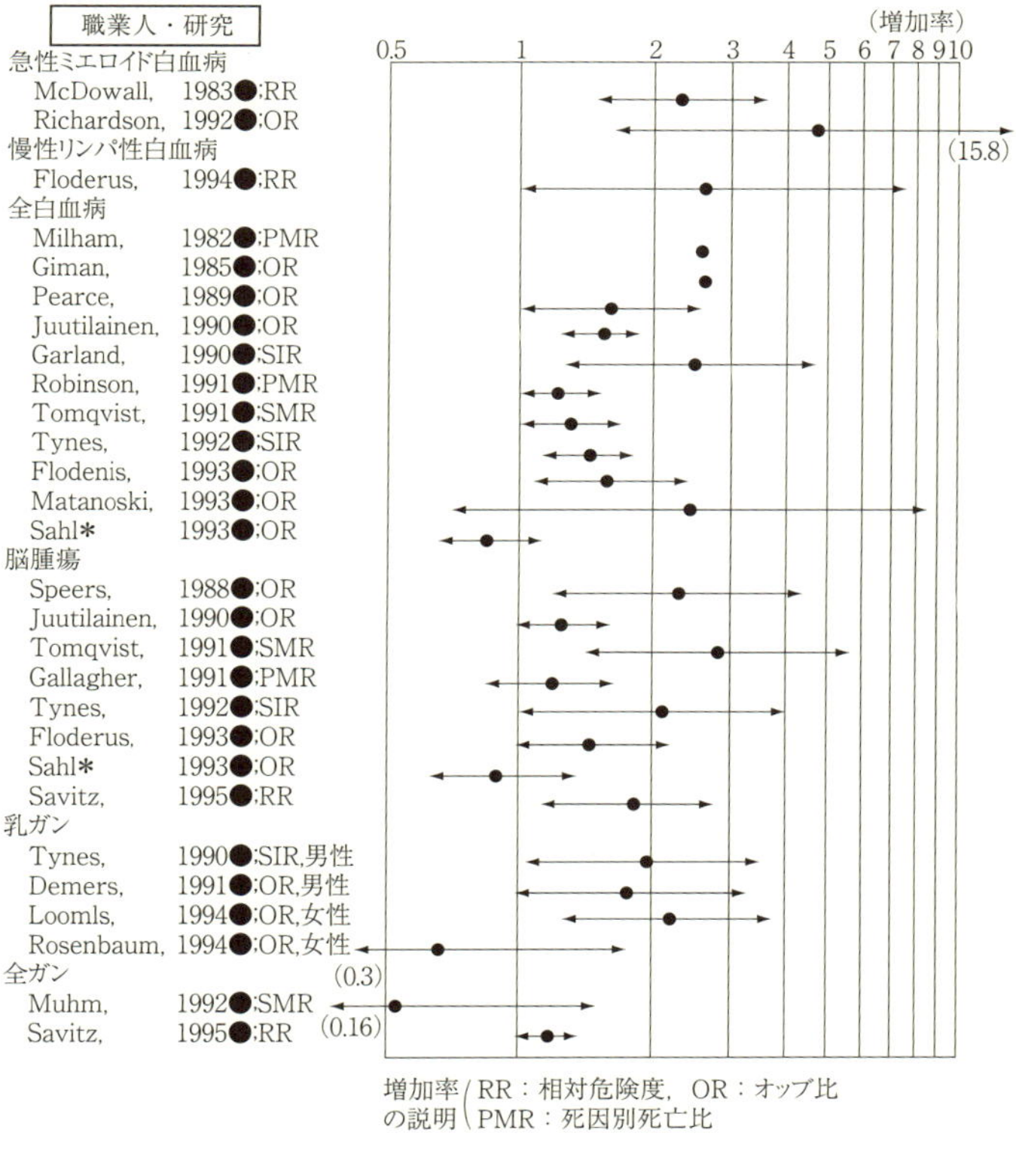
職業人・研究
（増加率）
0.5
1
2
3
4
5
6
7
8
9
10
急性ミエロイド白血病
McDowall, 1983●:RR
Richardson, 1992●:OR
(15.8)
慢性リンパ性白血病
Floderus, 1994●:RR
全白血病
Milham, 1982●:PMR
Giman, 1985●:OR
Pearce, 1989●:OR
Juutilainen, 1990●:OR
Garland, 1990●:SIR
Robinson, 1991●:PMR
Tomqvist, 1991●:SMR
Tynes, 1992●:SIR
Flodenis, 1993●:OR
Matanoski, 1993●:OR
Sahl* 1993●:OR
脳腫瘍
Speers, 1988●:OR
Juutilainen, 1990●:OR
Tomqvist, 1991●:SMR
Gallagher, 1991●:PMR
Tynes, 1992●:SIR
Floderus, 1993●:OR
Sahl* 1993●:OR
Savitz, 1995●:RR
乳ガン
Tynes, 1990●:SIR,男性
Demers, 1991●:OR,男性
Loomls, 1994●:OR,女性
Rosenbaum, 1994●:OR,女性
(0.3)
全ガン
Muhm, 1992●:SMR
(0.16)
Savitz, 1995●:RR
増加率の説明
RR：相対危険度，OR：オッブ比
PMR：死因別死亡比

論文である。外国でも、このような原子力ムラ的研究者が多く、これらのこともあって「利益相反」問題が欧米では重視されるようになったのである。しかし、この日本では、長い間、問題にされることもなく、ようやく福島原発事故後に初めてこのような「原子力ムラ」「電磁波ムラ」の問題が議論されるようになったといえるのである。

最近のリニアの本を読むと、必ず「電磁波への対処」とか「気になる磁気の影響」とかいった項目がある。そして、「ICNIRPのガイドラインを大きく下回っている」「鉄道総研での研究でも問題が生じていない」として「心配はない」といっている。鉄道総研で行なわれていた研究は、最大で五Tまでの静磁場と、最大で四〇mTまでの五〇Hzの変動磁界で行なわれていて、JR東海が「交流磁界の強度は一一Hzが最大である」といっているにもかかわらず、一一Hzでの研究をしようとはしていない。この点だけを見ても、私が指摘したように「一一Hzではなく、極低周波・交流磁界では五〇Hz〜一〇〇Hzが重要である」ことを認めているといえるのではないか。

五〇Hzでの研究も突然変異をバクテリアや酵母やショウジョウバエなどを対象として行なわれていて、「変化が見られないので安全だ」との結論になっている。一六Hz周辺の変化が出てくる可能性のある研究を避けているし、最も重要な疫学研究は全く行なわれておらず、最近になって問題になってきている「遺伝子発現」などの研究も行なわれてはいる。その結果の一部を図20〈参考文献21〉としたが、図の中央部にある「CIT3」の遺伝子発現強度が「五〇Hz、四

**図20　色々な磁界強度被曝によるエス・セレビサル酵母におけるクエン酸回路関連・遺伝子の遺伝子・発現の強度変化**
（参考文献21より）

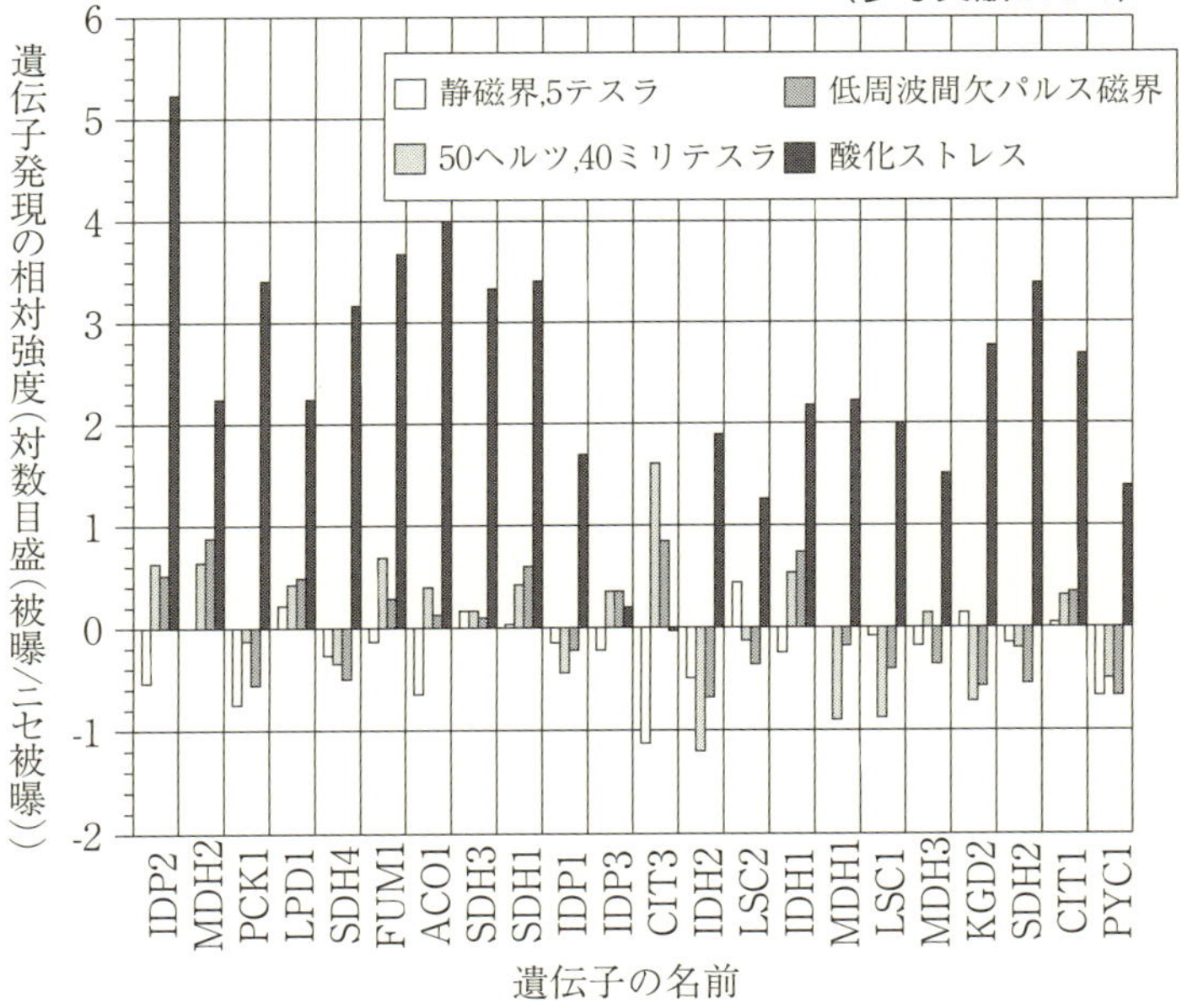


〇mT」の場合に大きくなっている。ところが、おかしなことに、そのデータのみが「比較対照群」としても重要な黒色の「Oxidative stress（酸化ストレス）」が消えているのである。このような問題のあるデータを発表しておきながら、「安全宣伝」をしつつリニア建設を推進するのは、あまりにも時期尚早だと思うのである。

## 健康影響について

リニアの電磁波被曝に関する影響研究は、静磁界と五〇Hz交流磁界との組み合わせがほとんどであり、研究されている被曝条件は周波数も強度も限定された条件のみである（参考文献11、13、21）。そこで、次の8以降では、今までに世界中で行なわれている影響研究について簡単に解説することにした。極低周波に関しては商用周波数の研究を中心とし、中間周波数に関しては電磁調理器（ＩＨクッキング・ヒータ）の問題を取り上げ、マイクロ波などの高周波に関しては、携帯電話に使用される高周波問題を中心に述べることにした。いずれの場合も、リニアで問題になっている周波数や強度などと比較しながら、「危険性を示す研究がこんなに多い」「リニアは本当に安全なのか」を考えて頂きたいと思うのである。

## 8　電磁波の脳への影響

電磁波が「人間や動物の脳に悪影響を及ぼすのではないか」と考えられるようになってきたのは一九七五年頃からである。小さな磁石を体や脳に持つ生物が発見されたり、脳細胞からカルシウム・イオンの漏洩が発見されたりしたからである。最近の研究で、牛や鹿が地磁気を感じていることも明らかになっているが、特に重要だと私が思うのは自然界に存在する電磁波（「シューマン共振・電磁波」という）」と「人間の脳波」とが深い関係がありそうなことで、シューマン共振・電磁波の強度は、〇・〇〇〇〇〇三μT程度の弱い値なのである。またカルシウム漏洩現象の最初の発見は高周波に一六Hzを混ぜた変調電磁波を鶏のヒナの脳細胞に照射した場

図21　ダッタ論文（Bioelectromagnetics:5,71〜,1988）

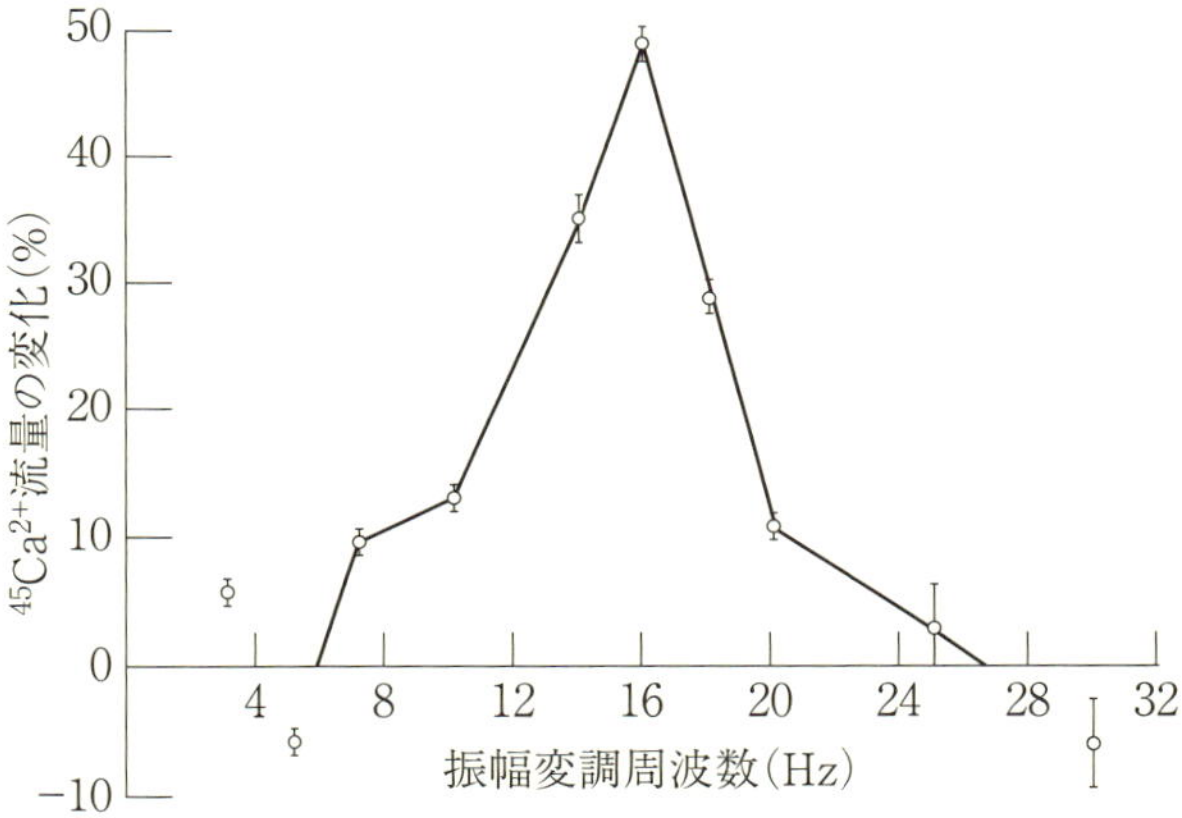


変調周波数と45Ca2+イオン流量。搬送周波数は915MHzで、
波型・振幅変調が80%でSAR値が0.05mW/gである。

合だった。人間の神経細胞でも漏洩現象が起きるとの「ダッタ論文（一九八四年）」を図21に示したが、この研究は九一五MHzの高周波を一六Hzに変調し、SAR値も日本の法律の四〇分の一の「〇・〇五W／kg」である。

　人間の脳内ホルモンである「メラトニン」「セロトニン」「ドーパミン」が電磁波被曝の影響を受けているとの研究も多くあり、特に「メラトニン」は睡眠を左右するホルモンで、それ以外にも「ガンを抑制する役割のNK細胞を活性化」「体の酸化を防止」「痴呆症を予防」「紫外線から身体を守る」と考えられ、進化と関係するホルモンでは？　と主張され始めている。メラトニンの前駆体であるセロトニンは、頭痛や鬱病と関係があるホルモンで、最近になってバッタ（イナゴ）の大量害虫化の原因が、セロトニンの増加による神経系の異常が要因であることが明らかになっている（米国・科学雑誌『サイエンス』二〇〇九年一月二九号）。このメラトニン分泌が、ＬＥＤ照明の青色光で減衰する問題が「ブルーライト・ハザード」問題である。

## 9　極低周波・電磁波の危険性

七九年三月にワルトハイマーら（米）が一つの論文を発表した。「電線の形状と小児ガン」という論文で、世界中が驚き、多くの研究がなされるようになったのである。二〇〇一年だけでも五件もの報告が発表されていて、その中にはＷＨＯの下部機関である国際ガン研究機構（ＩＡＲＣ）と国際非電離放射線防護委員会（ＩＣＮＩＲＰ）の発表した「〇・三〜〇・四μＴ以上の被曝で小児白血病が二倍に増加する」との報告もある。これらの報告を受けて、ＷＨＯもついに二〇〇一年一〇月になり、「事実情報（ファクト・シート）」で「がんの可能性あり」と発表し「予防的対策の勧告」をしたのである（『朝日新聞』二〇〇一年一一月五日）。

疫学研究で最も新しいものの一つが、日本の研究である。日本の「兜・報告」は二〇〇三年六月に発表されたが（『サンデー毎日』〇三年七月二〇日号）、〇・四μＴ以上の被曝で「小児急性リンパ性白血病が四・七三倍、白血病全体では二・七倍、小児脳腫瘍が一〇・六倍」であり、「送電線から五〇ｍ以内での小児白血病は三・〇八倍の増加」であった。その結果を「信用できな

## 表６　配電線・送電線・変電所と小児がんの疫学調査（2005 年以降のみ）　作成：荻野晃也

| 報告論文名 | 報告年 | 調査場所 | 増加率（倍） | コメント：子どもの被曝条件など |
|---|---|---|---|---|
| ドラッパー | 2005 | 英国 | 1.69 | 白血病　送電線から 200m 以内 |
| 兜 | 2006 | 日本 | 4.7 | 白血病 ALL　磁界で 4mG 以上 |
| | | | 2.6 | 全白血病　磁界で 4mG 以上 |
| フェイジ | 2007 | イラン | 3.60 | 白血病　磁界で 4.5 mG 以上 |
| | | | 8.67 | 白血病　送電線 <500m で平均 6mG |
| ローエンタル | 2007 | オーストラリア | 4.74 | リンパ増殖症など　電力線＜ 300m |
| アラングレ | 2007 | メキシコ | 3.7 | 急性白血病　ダウン症児で 6mG 以上 |
| ラーマン | 2008 | マレーシア | 2.30 | 白血病　送電線近く |
| 斎藤 | 2010 | 日本 | 10.9 | 脳腫瘍　4mG 以上 |
| ソーラビ | 2010 | イラン | 2.61 | 白血病 ALL　＜ 600 m・全体 |
| | | | 10.78 | 230kV 送電線下の場合 |
| ジリク | 2012 | チェコ | 0.93 | 白血病　＞ 2mG　誤差が大きい |
| ティーペン | 2012 | オランダ | 1.4 ～ 1.7 | 白血病レビュー、全人口リスク：北米 4.2% |

注）増加率：論文ではオッズ比、相対危険度、発生割合、増加率などと表現。(95% 信頼区間は省略)　10mG = 1 $\mu$T
白血病：特別な場合以外は、全白血病・ALL・AML などの区別なしに示している。リンパ増殖症なども小児がん・リストに含めている。

い」と批判をして、一三項目すべてに最低評価を下して、日本の政府は無視することにしたのだが（『朝日新聞』〇三年一月六日付及び松本健造著『告発・電磁波公害』緑風出版、二〇〇七年が詳しい）、この報告書の内の小児白血病に関しては、表6にリストされているように二〇〇六年八月に著名な研究雑誌に掲載されたから正しいと認められたわけであるし、二〇〇七年六月のWHO報告書も兜・論文を高く評価している。

また、二〇一〇年には、兜報告の中の「脳腫瘍の増加」を示す斎籐論文も発表されていて「〇・四μT以上の被曝で子どもの脳腫瘍が一〇・九倍」にもなっている。〇八年一二月には、厚生労働省の「がん研究助成金」による報告書が発表されたが、「地域がん登録精度向上と活用に関する研究」（主任研究者：津熊秀明・大阪府立成人病センター部長）では、「（リンパ腫に関して）送電線からの二五m圏で統計学的に有意なリスク（O／E比二・六七）を認めた」と報告している。

これらの最近の研究結果のみを表6とした。一九七九年のワルトハイマー論文以来、このような研究は六五件以上もあるのだが、その多くは小児ガンの増加を認めている。このような日本の疫学結果をも無視して、経産省は二〇一一年三月末に商用周波数に関して二〇〇μTのゆるい規制値での法制化を行なったのである。そして更に、国民的議論をすることもなく被曝量の多いリニアを建設するのである。また、電化製品の使用と小児がんの増加を調べた有名な米国のハッチ論文を表7に示したが、このような研究のあることも日本では全く知られていないのである。

スウェーデンは九三年から〇・三〜〇・四μT以下を目安に直ちに行動を開始し、九三年から

**表7　小児白血病の増加：電化製品使用の場合**

（米国立がん研究所報告（ハッチ論文）：1998.5）

| 家電製品名 | 症例数 | 対照数 | 増加率（OR） | コメント |
|---|---|---|---|---|
| 電気毛布 | 45 人 | 19 人 | 2.75 倍 | 全使用者 |
| ヘアードライヤー | 266 | 221 | 1.55 | 全使用者 |
| カールアイロン | 31 | 23 | 3.56 | 3 年以上使用 |
| ヘッドホンステレオ | 37 | 19 | 3.04 | 3 年以上使用 |
| 電子レンジ | 152 | 108 | 1.59 | 1 ～ 2 年使用 |
| ビデオゲーム器 | 92 | 60 | 2.78 | 3 年以上使用 |
| ＴＶゲーム | 64 | 50 | 2.36 | 3 年以上使用 |
| ＴＶ | 178 | 109 | 2.39 | 1 日 6 時間以上 |

（注）統計的に有意なデータのみ掲載

テレビゲームの遊び時間

| 遊び時間 | 患者数 | 対照数 | 増加率 | 95％信頼区間 |
|---|---|---|---|---|
| 0（分／日） | 215 人 | 281 人 | 1.00 倍 | |
| <10 | 99 人 | 79 人 | 1.84 倍 | 1.22 ～ 2.78 |
| 10 ～ 59 | 68 人 | 57 人 | 1.77 倍 | 1.10 ～ 2.82 |
| >60 | 75 人 | 64 人 | 1.87 倍 | 1.13 ～ 3.10 |

は幼稚園・学校・団地などの近くの送電線の撤去、撤去困難な場合は幼稚園の廃止・移転や地下四〇ｍに埋設する工事などを行なっているし、住宅からは四〇ｍ、学校などの場合は一〇〇〇ｍを目安に離すよう勧告している。

　ストックホルム市の環境行動計画「環境二〇〇〇」（一九九五年に策定）には、「電磁波や屋内ラドン・ガスのレベルも低減されなければならない」と書かれていて、国をあげて低減化が進められているのだが、日本との相違に驚く。日本ではメディアが報道しないので、知っている人が少ないからである。二〇〇九年四月二日に発表されたＥＵ議会の決議文には、「各国はスウェーデンに学べ」と書かれていて、ＥＵ諸国も厳しい規制を行なうことであろう。

カリフォルニア州・衛生局の委託による「低周波磁界・被曝と流産リスク」に関する疫学研究が発表されたのは二〇〇二年であった。それを表８に示すが、一・六μT以上の被曝で「流産をしたり、低受胎率の女性では初期流産が五・七倍」にもなっているのである。その被曝も、常時被曝ではなくて定期的な被曝の場合なのだから、朝に料理したり、通勤電車に乗ったりする場合などに相当する。リニアに乗車することもこの場合に相当するだろう。

また、「親のガス使用が心配だ」とばかりに、電磁調理器をプレゼントする孝行息子が多いのだそうだ。ところが低周波磁界・被曝で「アルツハイマー病や痴呆症が増加」という研究が幾つもあることをその孝行息子さんは知らないようである。最近でも送電線の近くで「痴呆症の増加」「ぜんそくが増加」「肥満児の増加」などの疫学研究が発表されている。電磁波問題にとどまらず、地球環境問題の観点からも「原発の電力」を利用する「オール電化」「リニア」路線の見直しが必要だと思うのである。

## 10　中間周波数・電磁波の危険性

中間周波数の電磁波で私が一番心配しているのが、日本特有の「オール電化」である。一

**表8　低周波磁場・被曝と流産リスク**

（米国：リー論文　2002 年）

| 女性の被曝（16mG 以上） | リスク比＊ | 95％信頼区間 |
|---|---|---|
| 全流産 | 1.8 倍 | 1.2 ～ 2.7 |
| 初期流産＋ | 2.2 | 1.2 ～ 4.0 |
| 感受性のある女性の流産＃ | 3.1 | 1.3 ～ 7.7 |
| 定期的な被曝による流産 | | |
| 　全体 | 2.9 | 1.6 ～ 5.3 |
| 　感受性のある女性＃ | 4.0 | 1.4 ～ 11.5 |
| 　初期流産＋ | 5.7 | 2.1 ～ 15.7 |

＊：最大被曝磁場が 16mG 以上と 16mG 以下の場合の比
＋：初期流産とは、妊娠 10 週間以内の流産
＃：以前に何度も流産しているか低受胎率の女性の場合

九七四年三月に三菱電機が日本独自の「電磁調理器」の販売を開始してから、「火がない」ので「安全だ」とばかりに増えてきた。高価なこともあって限定的だったのだが、価格の低下と原発からの夜間電力の極端な値下げとで「オール電化」が増え始めたのである。

三〇cmの場所で、五〇／六〇ヘルツで五～一〇μTの強い磁界が観測されるし、三〇KHz周辺の「中間周波数」でも数μTになる。高調波という整数倍の電磁波も強く、一〇倍の高調波では三〇〇KHzを超えるほどである。九八年に「基準値」を発表した国際非電離放射線防護委員会（ＩＣＮＩＲＰ）の一九九八年のゆるい制限値ですら三〇KHzでは六・二五μTだから三〇cmの位置であれば何とかＯＫであるが、接近すればオーバーしてしまうのである。

「食品と暮らしの安全」（第一五六号：二〇〇二年四月一日発刊）によると、松下電器製など六社の製

品を調べたところが、周波数の高い方の磁界強度は、プレート上では一・二〜一〇七μTにもなっているとのことだ。

周辺最大値も一二一〜四一μTの強さでありICNIRPの制限値の一・六〜二・九倍にもなっていると発表している。二〇〇二年四月には、電磁炊飯器でペースメーカーがリセットされたということで、厚労省がメーカーに対して点検指示を出したほどである。二〇〇七年六月に新聞などで「WHO報告」が報道されたのだが、WHOの会議にも出席したことのある国立成育医療センターの斉藤室長が「妊婦は電磁調理器の使用を避けるのが望ましいだろう」と話している。

日本の電気メーカーは、TVのようなVDT（ビデオ・デスプレイ端末）に関しては、スウェーデンの「一九九〇年MPRⅡ規制値」である「三〇cm離れて二KHz〜四〇〇KHzで〇・〇二五μT、五Hz〜二KHzで〇・二五μT」を採用しての自主規制をしていながら、電磁調理器に関してはとてつもなく高い数値の製品であることを無視して製造・販売しているわけである。『読売新聞』（二〇〇六年一一月）によると、国民生活センターには過去五年間に電磁調理器に関する問い合わせが四二一件あり、その内では「使用時にめまいを感じ、四日間入院した」「血圧が上昇し、耳の付け根が痛くなる」といった体調不良を訴える事例が二七件もあるそうである。私が電磁調理器で一番心配するのは、子どもの「脳」、女性の「流産」、お年寄りの「痴呆症」である。この日本では、そのような研究もしないで、便利さを売り物にするのである。

## 11　高周波・電磁波の危険性

高周波・電磁波の典型例である携帯電話の危険性には、「携帯電話の使用者」と「携帯電話の基地局タワー周辺住民」とに分けて考える必要がある。基地局のタワー・アンテナのすぐ近くでは、携帯電話並の強い被曝を夜も昼も浴び続けているから大変である。携帯電話・使用者と脳腫瘍に関する研究は、マウスの発がん増加が二倍というオーストラリアの研究から始まったといってよいだろう。一九九七年以来一七件程度の論文があり「影響あり・なし」が半々なのだが「安全だ」との保障はないのである。二〇〇四年に発表されたスウェーデンのカロリンスカ研究所の報告も重要で、同じ耳側で携帯電話を一〇年以上使用した場合の「聴神経腫（脳腫瘍の一種）が三・九倍にも有意な増加」を示していたからである。更に北欧五カ国六件のデータをまとめた結果が二〇〇五年に発表されたが、やはり聴神経腫の増加（一・八倍で統計的にも有意）を認めている。WHO配下の国際がん研究機構（IARC）は、一三カ国の参加を得て「インターフォン計画」という大々的な「ケータイと脳腫瘍の疫学研究」を実施し、二〇一〇年に「一〇年以上の携帯電話使用での脳腫瘍の増加」を認め、二〇一一年には「発がんの可能性あり」として「2B」に指定した。二〇〇八年以降、「ケータイ電磁波が睡眠に障害」との研究、「人間の皮膚のタンパク質形成に異常が生じている」との最新の遺伝子技術を使用した研究なども登場している。二〇一〇年には、携帯電話使用時に「脳内のグルコース分布に異常」との研究が二件も発表されおり、決して「安全性が確立した」わけではないのである。

今までの研究でよく使用されたのは、二四・五億Hzの電子レンジ・電磁波であった。まず動物実験で、行動異常、判断能力異常、奇形率の増加、脳重量の低下、染色体の異常、インシュリン分泌の低下などが報告され、マウスの精子の異常（米、一九八四年）やラットの小脳・網膜の変質（米、一九八八年）や脳組織に突然変異（米、一九九五年）なども発表されてきた。レーダー操作員の精子異常の報告は七〇年代からあり、最近でもハンガリーの論文（二〇〇四年六月二八日『京都新聞』）などやアガワール論文（インド、二〇〇六年）などがあり、携帯電話・電磁波の照射で、鶏卵の約半数が孵化しないという研究は、斉藤論文（日本、一九九六年）、シモ論文（仏、一九九八年）、バスチデ論文（仏、二〇〇一年）、グリゴリエフ論文（ロシア、二〇〇三年）などがある。このような研究はそんなに難しくはないのだから、何故、各国政府やNTTやJR東海などが行なわないのか不思議に思う。

また自然界での影響を直接調べる研究も増えてきている。つがいのシュバシコウ（コウノトリの仲間）の巣の中にヒナがいるかどうかを調べた表9のバルモリ論文（スペイン、二〇〇五年）では、携帯電話・基地局から二〇〇m以内では四〇％の巣にヒナがいなかったという報告で、三〇〇m以遠では僅か三・三％だったそうだから大きな相違である。二〇〇七年には英国から家スズメの激減報告が二件あったが、基地局からの電磁波強度の強いところほど家スズメが減っ

表9　携帯タワー周辺のコウノトリ巣中のヒナの数

バルモリ論文（2005）

バラドリッド（スペイン）で実施された調査

| 実施年 | 滞在する巣の数 | 全繁殖率 | 部分繁殖率 | ヒナのいないつがい率 | 文献 |
|---|---|---|---|---|---|
| 1984 | 113 | 1.69 | 2.13 | 7 | (65) |
| 1992 | 115 | | 1.93 | 5.2 | (62) |
| 1994 | 24 | 1.84 | | 7.6 | (63) |
| 2001 | 35 | | 2.43 | | (64) |
| 2003（<200m） | 30 | 0.83 | 1.44 | 40 | 本研究 |
| 2003（>300m） | 30 | 1.6 | 1.65 | 3.3 | 本研究 |

ているのだ。ショウジョウバエの産卵能力の低下（ギリシャ、二〇〇四年）や卵巣中の初期生殖細胞が死亡する（ギリシャ、二〇〇七年）といった研究もある。電子レンジの電磁波と異なり、携帯電話・電磁波は変調されたりパルス状になっていて、より危険な可能性が高いのである。リニアの高周波も変調されているので、周辺生物への悪影響も心配になる。

子どもの携帯電話使用で問題になるのは、携帯電話・電磁波が子どもの頭の中へ進入し易いことである。頭が小さいことと頭蓋骨が薄いこと、更に水分が多いことも関係していると思われる。また脳血液関門（ＢＢＢ）の機能も子どもの方が敏感なようである。心臓からの約五分の一の血液が脳へ行っているわけで、その血液を綺麗にするために特別に備えられているのがＢＢＢで、その機能が電磁波被曝で崩れていることを示した研究にはマイルド論文（一九九六年）、フライ論文（一九九七年）、更にスウェーデンのサルフォード論文が二〇〇三年に世界中で話題になったのである。アナログよりもデジタル（パルス）が、若い脳の方が危険性が高いようである（『科学』岩波書店、二〇〇三年一二月号に解説記事）。郵政省が「ＢＢＢへの影響なし」と発表したのは一九九八年九月のことだが、影響が出るとは思えないような短期間の照射実験であったし、勿論、サルフォード論文以前のことである。

電磁波問題の世界的な権威として有名なベッカー博士（米）は、子どもの注意欠陥多動症（ＡＤＨＤ）も電磁波影響の可能性を指摘しているのだが、最近、驚くような論文が、〇八年七月にデンマークで発表された。

妊婦の携帯電話・使用と生まれてきた子どもの行動異常を調べた研究である。妊婦一万三一五九人を対象に子どもが小学校へ入る年齢（七歳）時に行動を調べたのだが、「感情的・多動性」などの包括的に考えて行動に問題のある子どもが出産前後に携帯電話を使用していた場合で一・八〇倍（九五％信頼区間で一・四五〜二・二三）と統計的に極めて有意な増加率を示していたとの結果であった。

最近になって、日本政府も欧米並みに子どもの携帯電話・使用をひかえるような勧告をしているが「誘惑やイジメなどから子どもを守る」ことを目的としていて、電磁波の危険性を心配しているわけではない。

その点が欧米との大きな相違であり、リニアに関しても高周波・電磁波の強度を早く公開してほしいと願わずにはいられない。

## 12　電磁波問題の今後

電磁波対策をもっとも先行しているのがスウェーデンである。一九九五年一〇月には政府の正式方針として「慎重なる回避」政策を決定し、電化製品・電力線に対する低減化を実施している。米国・環境健康科学研究所・作業班の報告（一九九八年七月）も、「がんの可能性があり得る」との結論で、「小児白血病の証拠があるか」との投票では委員二六人中の二〇人が「すでに証拠あり」で、「証拠がない」とした委員は一人もいなかった。その研究所の最終報告結果は大変な迷走の上で一九九九年六月に発表されたのだが、「危険性」を認め、「送電線などの電磁界低減をし続けるよう」勧告をし、低減化対策として「慎重なる回避」的な行為の継続を求めている。

極低周波・磁界に関しては、二〇〇一年一〇月にＷＨＯが「白血病：２Ｂ」に、二〇〇二年一〇月にカリフォルニア州保健局は「白血病：２Ｂ〜１」「脳腫瘍・流産・ＡＬＳ病：２Ｂ」と発表している。「４：原因ではない」「３：判断できない」「２Ｂ：可能性あり」「２Ａ：可能性が高い」「１：原因である」の分類である。

世界保健機関（ＷＨＯ）も二〇〇七年六月「ＥＨＣ二三八」報告を発表しているが、小児白血病の可能性を正式に認め予防的対策を求めている（『毎日新聞』二〇〇七年六月二日、『東京新聞』二〇〇七年六月一八日、『日経新聞』二〇〇七年六月一八日）。しかし、ＷＨＯは基準値の決定を放棄し、基準値は国際非電離放射線防護委員会（ＩＣＮＩＲＰ）が決めることになってしまった。純粋に健康問題として対処すべきなのだが、不幸なことに、放射能の場合と同様に経済問題・政治問題になってしまったわけである。

電力線に関してスウェーデンは一九九三年より〇・三〜〇・四μTと同程度の対策を実施している。スイスは一μT以下を法制化しており、イタリア環境庁は学校・幼稚園に対しては〇・二μTの提言をしている。オランダやアイルランドなどは学校は〇・四μT以下になるようにしているのである。日本には電場で三kV／mの古い規制があるだけで磁界はなかったのだが、二〇〇七年六月一日より経産省内に委員会を組織して規制を検討し始め、二〇一一年三月に五〇／六〇Hzに関して「二〇〇μT」の緩い基準値で法制化した。

リニアでも、ＪＲ東海などは、この基準値以内にすることを目指しているといえる。ＷＨＯは「ＥＨＣ二三八」で「小児白血病の可能性を認めた」ことで、すでに危険だと考えているＥＵ諸国は、一〇μT以下の厳しい値を採用することだろう。その作業を二〇〇八年一〇月からＥＵ委員会は開始した。二〇〇九年四月のＥＵ議会・決議文はそれを支援しているし、二〇一〇年秋に発効した「ＩＳＯ二六〇〇〇：社会的責任に関するガイダンス」では「放射能や電磁波も予防的原則に従う」必要のある環境要因に指定されたので、欧州各国は「予防原則・思想」に従っての規制強化を強め、日本の孤立が目立つことになるだろう。

携帯電話・基地局に関する電磁波規制は、「電力（束）密度値」だが、日本の電力密度の基準は、第二世代ケータイ（約八億サイクル）では、「六〇〇μW／㎠」とＩＣＮＩＲＰよりも高く、日本と同じ日に法制化した中国は日本の約二〇分の一だし、スイスは「四・二μW／㎠」で、ルクセンブルクとウクライナは「二・五μW／㎠」である。自治体レベルでは、パリやモスクワは「一〇μW／㎠」で、ザルツブルクは「屋外が〇・〇〇一μW／㎠で、屋内が〇・〇〇〇一μW／㎠」を二〇〇二年に勧告している。欧州評議会議員会議（ＰＡＣＥ）の勧告値は「当面は〇・一μW／㎠で、将来的には〇・〇一μW／㎠」である。

また「電磁波過敏症」の増加問題も深刻である。化学物質過敏症と同じように、電磁波被曝で悩む人が多くなってきているというのに、リニア建設に期待する人が多いのに驚いてしまう。日本では国民の関心の低い問題には、ゆるい規制が行なわれてしまうのである。「電磁波は第二のアスベストか」と欧米で大問題になったのは一九九〇年頃だが、残念なことに、この日本では「アスベストも電磁波も」長い間放置されてしまっていたのである。

## 13　地球環境問題としての電磁波と予防原則・思想

二〇世紀になって問題となった環境悪化に対処する思想として「アララ（道理にかなって達成可能なほど低く）」「慎重なる回避」「予防原則」があるが、二一世紀のみならず今後の一〇〇〇年を考えた時の環境キーワードとして最も重要なのが「予防原則」思想である。

「予防原則」とは、「科学的に不確実性が大きな場合のリスクに対応するため」の原則であり、「危険性が十分に証明されていなくても引き起こされる結果が、取り返しがつかなくなるような場合に、予防的処置として対応する」考え方である。一九九二年ブラジル「環境サミット」の「第一五宣言」にも盛り込まれた。ミレニアム年二〇〇〇年二月にEU委員会は「環境問題は今後、予防原則を基本とする」ことを決めている。フランスは二〇〇五年三月に「予防原則」を憲法に取り入れた。「危険な可能性がある限り、安全性が確認されるまでは排除しよう」との流れが世界中で広がっているのだ。「WHO憲章」では「健康とは完全に身体的・精神的・社会的に安寧（ウェル・ビーイング）な状態であり、単に疾病や病弱の存在しないことではない」と定義されている。地球温暖化・オゾンホール・原水爆・原発・エイズ・狂牛病などに直面して、予防原則・思想が広がっているのである。環境ホルモンでも問題になっているが、「女子出産」や「精子減」などは電磁波分野でも以前から問題になっていたのである。

日本の死産児の内の男児の割合が七〇年代から急増し、今では女児の三・二三倍にもなっている（『サンデー毎日』二〇〇二年四月一六日、『YOMIURI Weekly』二〇〇三年五月二二日）。更に、妊娠初期の一二～一五週の死産に限定すると一〇倍である（『朝日新聞』二〇〇四年六月四日）。それに追加した私の調べを図22にしたが、西ドイツや米国では日本のような変化を示しておらず、最近になって「五〇／六〇ヘルツの併用が問題では？」と私は考えているのは、カルシウム漏

## 図22　日本と西ドイツと米国の死産胎児の男女比
（「子どものからだと心白書2010」の78ページの図に追加）

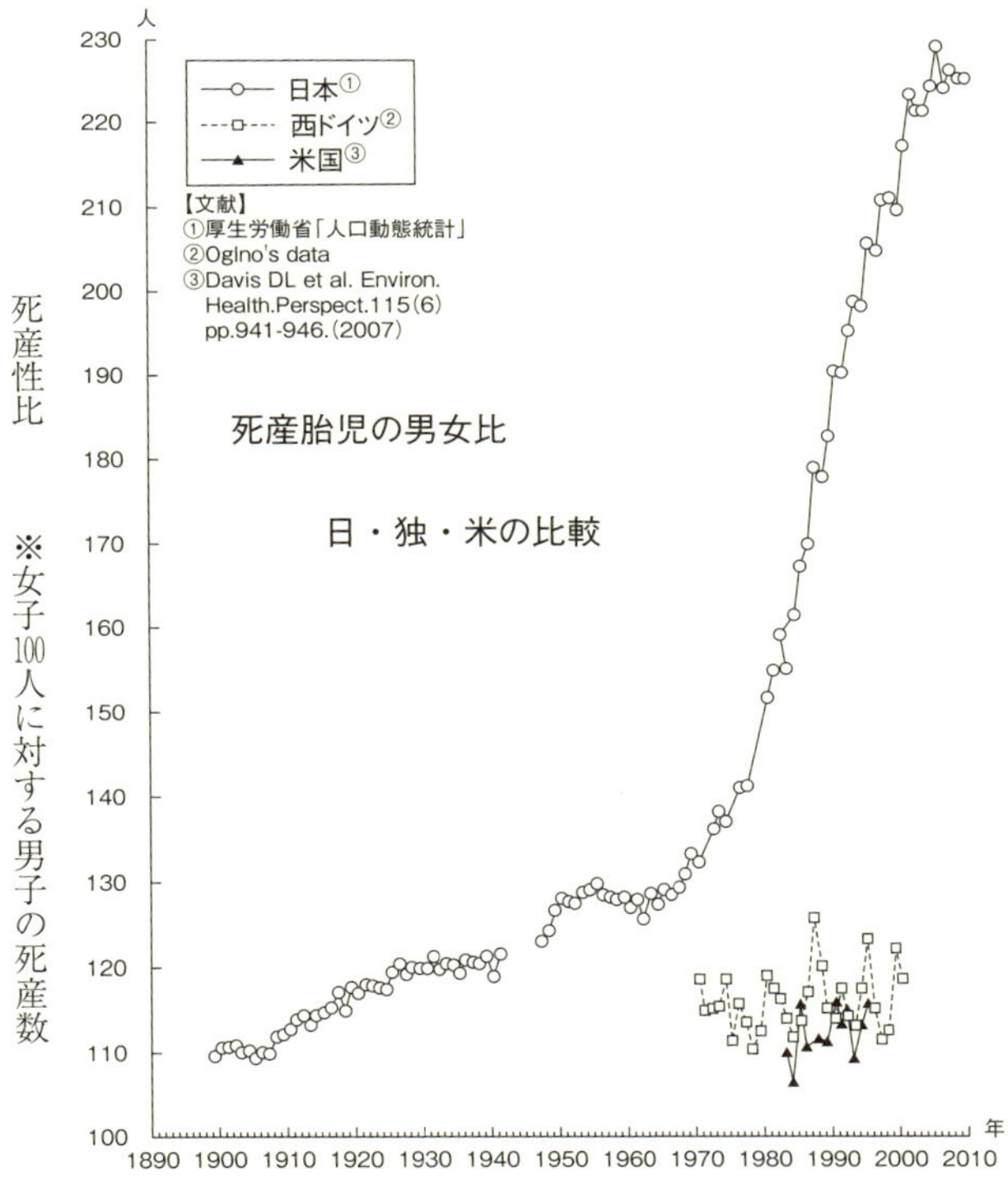


死産性比の年次推移（日本・西独・米国）

注）1990年以降は、ドイツ連邦共和国の統計の内の旧西独州のみを示した。

洩が心配であるからだが、新幹線の電磁波で精子がおかしくなったのではないか……とも心配しているのである。

極低周波の被曝で精子がおかしくなるようだとの研究も多く、私の調べた論文のリストを表10に示した。そのような調査もせずに、更に電磁波被曝の多いリニアを建設するというのだから驚いてしまうのである。この問題は日本が責任を持って明らかにすべき「最重要課題だ」と私は考えているのだが、日本政府は研究しようともせず、逆に「オール電化」「リニア建設」更に「ＬＥＤ照明」路線で被曝強要を続けている。勿論、「危険性が一〇〇％確定した」というわけではないが、問題なのは「安全性が確定していなかった」ということなのである。それも、最近になればなるほど色々な悪影響研究が増えてきているのだから、「危険な可能性が高い」と考えて、ＥＵ諸国が実施し始めているように子どもや胎児の立場を重視し「予防原則」思想で厳しく対処する必要がある。

## 主な参考文献


1　「リニア：破滅への超特急」（一九九四年：ストップリニア東京連絡会、柘植書房新社）
2　「新幹線とリニア：半世紀の挑戦」（二〇一二年：村串栄一、光文社）
3　「ここまできた！超電導リニアモーターカー」（二〇〇六年：鉄道総合技術研究所、交通新聞社）

## 表10　極低周波・電磁波の精子・精巣などへの影響

荻野晃也・作成

| 論文名 | 発表年 | 国名 | 電磁波の種類 | 対象 | 影響 | | コメント |
|---|---|---|---|---|---|---|---|
| | | | | | 精子 | 精巣など | |
| クウー | 2012 | 中国 | 50Hz 4G | 人間 | ○ | | 精子活動に影響、PHは無関係 |
| テノリオ | 2012 | ブラジル | 60Hz 10G | ラット | | ○ | 精子の発生量に影響 |
| リー | 2011 | 中国 | 50Hz 7.5G | ラット | | ○ | FTIR手法で精巣の変化を観測 |
| ミラン | 2011 | イラン | 50Hz 30G | マウス | ○ | | 精子の活動性の低下 |
| エブラヒム・カラン | 2011 | イラン | 50Hz 30G | マウス | | ○ | 精巣の発育・精子形状の悪化 |
| テノリオ | 2011 | ブラジル | 60Hz 10G | ラット | | ○ | 機能の増加や減少など |
| ツウェン | 2011 | 中国 | 50pluse/s 100kV/m | ラット | ○ | | 精子の先体反応の減少 |
| イオリオ | 2011 | イタリア | 50Hz/50G | 人間 | ○ | | ミトコンドリアの酸化効果 |
| ベルナボ | 2010 | イタリア | 50Hz/0～20G磁界 | ブタ | ○ | | 5～7.5Gあたりから精子減 |
| デクン・リー | 2009 | 米国（中国） | 1.6mG磁界 | 人間 | ○ | | 運動・形態の異常 |
| ロチョードリ | 2009 | スロバキア | 50Hz磁界 | ウサギ | ○ | | 精子運動と受精の劣化 |
| カオ | 2009 | 中国 | 1KHz弱磁界 | ネズミ | | ○ | 精巣機能の劣化 |
| キム | 2009 | 韓国 | 60Hz/140mG磁界 | マウス | | ○ | 精巣内のアポトーシス細胞死 |
| イオリオ | 2007 | イタリア | 50Hz/50G磁界 | 人間 | ○ | | 精子運動の活性化 |
| ベルナボ | 2007 | イタリア | 50Hz/10G磁界 | ブタ | ○ | | 精子の形態・機能への影響 |
| アクダク | 2006 | トルコ | 50Hz/13.5G磁界 | ラット | ○ | | 数に変化なし、Mn濃度が増加 |
| アル・アクラス | 2006 | アラブ連邦 | 50Hz/250mG磁界 | ラット | ○ | | 受精・生殖への影響 |
| ホング | 2005 | 中国 | 50Hz/2G磁界 | マウス | | ○ | 染色体の異常か |
| チャン | 2005 | 韓国 | 60Hz/50mG～5G | ラット | | × | 精子・精巣のパラメーター |
| ジェス・リー | 2004 | 韓国 | 60Hz/5G磁界 | マウス | | ○ | 精巣内の細胞死 |
| ヘレデア・ロジャ | 2004 | メキシコ | 60Hz/20G磁界 | マウス | | × | 精子の形態・異常 |
| ホング | 2003 | 中国 | 50Hz/2G磁界 | マウス | ○ | | 精子数の減少、 |
| エルベテアハ | 2002 | ヨルダン | 50Hz/250mG | マウス | | × | 重量変化、90日間の被曝 |
| ラマダン | 2000 | エジプト | 50Hz/200G磁界 | マウス | ○ | ○ | 強い被曝 |
| ヘンリック | 1999 | デンマーク | 疫学（溶接工） | 人間 | × | | 高い被曝者が少ない |
| フルヤ | 1998 | 日本 | 50Hz/10G磁界 | マウス | | ○ | 長期被曝で精原細胞が変質 |

4「本当に怖い・電磁波の話し」（二〇一二年：植田武智／加藤やすこ、週刊金曜日）
5「環境に優しい・リニアモーターを用いた新交通システム」（二〇〇六年：饗庭貢、北国新聞社出版局）
6「ガンと電磁波」（一九九五年：荻野晃也、技術と人間）
7「第二回中央新幹線小委員会［資料一―二］「技術事項に関する検討について」（二〇一〇年：国土交通省鉄道局）
8「二〇年後の鉄道システム」（二〇〇八年：日本鉄道技術協会）
9「夢から覚めたリニア」（二〇一二年：リニア市民ネット）
10「静磁界と健康」（J.Nat.Inst.Public Health, Vol.56 (1) 2007：池畑政輝）
11「鉄道の電磁界と生体との関わりを探る」（RRR、二〇一一年九月：池畑政輝・他）
12「地上コイル電磁加振試験による動的耐久性評価」（RRR、二〇〇七年一二月：鈴木正夫）
13「環境技術に関する最近の研究開発」（RTRI Report Vol1.4 (9) 2010：飯田雅宣）
14「静磁界と変動磁界の複合暴露による変異原性の評価」（RTRI Report, Vol.25 (11) 2011：吉江幸子・他）
15「電気鉄道による低周波電磁界と規格・ガイドライン」（二〇一二年一月、第二五二回・鉄道総研月例発表会：奥井明伸）
16「表面衝撃強度を向上した地上コイルの開発」（二〇一二年二月、第二五三回・鉄道総研月例発表会：高橋記之）
17「Development of Electro Magnetic Vibration Test Apparatusf or Grand coils Applied to Maglve System」（Q Rof RTRY, Vol.48 (2) 2007：M・TANAKA et al.）
18「Environmental Magnetic field Sinthe Yamanashi test Line」Q Rof RTRY, Vol39 (2)1998：T.SASAKAWA et al.）
19「Development of Superconducting Magnet f or Linear Generator of Maglve」（Q R of RTRY Vol.39 (2) 1998：T・NEMOTO et al.）
20「Development of a Linear Generator Integrated into an Existing Superconducting Magnet of a Yamanashi

## 図23　電磁波症候群のリスト
### （極低周波・被曝とマイクロ波・被曝）

| 眼 | | |
|---|---|---|
| かすみ眼(視●) | ● | ○ |
| 白内障 | | ○ |
| 網膜炎症 | ● | ○ |
| 角膜上皮炎症 | ● | |
| 眼球の痛み | | ○ |
| 催涙 | | ○ |
| 白が見にくい | | ○ |
| 青が見にくい | | ○ |
| 閃光体験 | ● | |

| 耳 | | |
|---|---|---|
| 耳鳴り | | ○ |
| 目まい | ● | ○ |
| 吐き気 | ● | ○ |

| 鼻 | | |
|---|---|---|
| 臭いの感受性低下 | | ○ |

| 循環系 | | |
|---|---|---|
| 心臓部の不快感 | ● | ○ |
| 動悸 | ● | ○ |
| 息切れ | ● | ○ |
| 不整脈 | ● | ○ |
| 徐脈 | ● | ○ |
| 血圧低下 | | ○ |
| 血圧変化 | ● | ○ |
| 心電図異常 | ● | ○ |
| 心臓発作 | | ○ |
| 心筋梗塞 | ● | |
| 動脈硬化 | | ○ |
| 子どもの突然死 | ● | ○ |
| 貧血 | ● | |
| 血中ヒスタミン低下 | | ○ |
| メラトニン低下 | ● | |
| セロトニンの異常 | ● | |
| ドーパミンの異常 | ● | |
| ADHD | ● | |

| 腫瘍など | | |
|---|---|---|
| 白血病 | ● | ○ |
| 脳腫瘍 | ● | ○ |
| リンパ腫瘍 | ● | ○ |
| 乳がん | ● | ○ |
| 睾丸がん | ● | ○ |
| 肺がん | ● | |
| アルツハイマー病 | ● | |
| 痴呆症 | ● | |
| 躁鬱病 | ● | |
| アトピー・アレルギー | ● | ○ |
| ホジキンス症 | | ○ |
| 自殺 | ● | |
| 死亡率の増大 | ● | ○ |

| 自律神経系 | | |
|---|---|---|
| 頭痛・頭重 | ● | ○ |
| 疲労・倦怠感 | ● | ○ |
| 日中の眠気 | ● | ○ |
| 夜間の不眠 | ● | ○ |
| 志気の低下・消沈 | ● | ○ |
| 神経衰弱・精神疲労 | | ○ |
| 食欲減退 | | ○ |
| 体重減少 | | ○ |
| 興奮・感情不安定 | | ○ |
| 記憶力減退・部分消失 | ● | |
| 知的レベルの低下 | ● | ○ |
| 指などの震え | | ○ |
| まぶたの震え | | ○ |
| 頭と耳のチック | | ○ |
| 意識消失 | ● | |
| てんかん | ● | |
| ストレス | ● | ○ |

| 突然変異など | | |
|---|---|---|
| 染色体異常 | ● | ○ |
| 睾丸の退行 | ● | ○ |
| 女児出産率の増大 | ● | ○ |
| 流産 | ● | ○ |
| 不妊 | | ○ |
| ダウン症 | | ○ |
| 先天性尿道異常 | ● | |
| 奇形児出産 | ● | ○ |

| 内分泌系 | | |
|---|---|---|
| 甲状腺異常 | | ○ |
| 乳汁分泌不全 | | ○ |
| 月経パターン変化 | | ○ |
| 卵子形成減少 | ● | ○ |
| 精子の減少 | ● | ○ |
| 精力減退 | ● | ○ |
| 免疫力の低下 | ● | ○ |

| 筋肉・皮膚系 | | |
|---|---|---|
| 頭・前頭のつっぱり感 | ● | ○ |
| 手足の硬直感 | | ○ |
| 筋肉痛 | | ○ |
| 皮膚の刺激 | ● | |
| ほてり感 | ● | |
| 多汗症 | ● | |
| 手足の血管拡張 | | ○ |
| 皮膚のしみ | | ○ |
| 脱毛 | | ○ |

●＝極低周波の影響
○＝マイクロ波の影響

作成:荻野晃也
参考:ブルーバックス「電磁波は危なくないか」(講談社)、
「ケータイ天国・電磁波地獄」(週刊金曜日)に追加。

Maglve Vehicle」(Q R of RTRY,Vol.45 (1) 2004：H.HASEGAWA et al.)
21 「Effect of Magnetic Field on Biological System」(Q R of RTRY,Vol.47 (1) 2006：M.IKEHATA et al.)
22 「ICNIRP Guide Line」(Health Physics,Vol.99 (6) 2010.
23 「ICNIRP Guide Line」(Health Physics,Vol.94 (4) 2008.

# 第4章　リニア中央新幹線の採算性

橋山禮治郎

# はじめに

リニア計画が成功するか失敗するかは、誰にも断定できない。「わが国の原子力発電は絶対安全で事故はあり得ない」と政府も、電力会社も、ほとんどの原子力関係の学者もそう説明し、国民もメディアもそれを神話の如く信じてきた結果が、今回の東電福島原発の大事故である。

現在、ＪＲ東海（株）が進めているリニア鉄道計画（正確には超電導磁気浮上方式）は、これまで十分実証されたことのないリニア新技術を実用化しようとしている。ほとんどが地下トンネル走行で遠隔操作で運転される。想像を絶する巨額な資金投入が必要とされていて、プロジェクト完成までに三〇年以上も要する点において世界に前例がない巨大鉄道プロジェクトである。文字通り絶対に失敗は許されない。戦後、国内外で多くの公共的インフラプロジェクト（鉄道、道路、空港、港湾、ダム、原子力開発、宇宙開発等）が行なわれてきた。その中で成功したものも多いが失敗したものも少なくない。わが国で最も成功したプロジェクトの一つは、東海道新幹線であろう。だからといって、リニア計画も間違いなく成功すると考えていいのだろうか。

そもそもプロジェクトの「成功」とはどういうことか。筆者は次のように考えている。即ちプロジェクトの成功とは、計画段階において正しい目的を設定し、その目的を達成するために必要で信頼できる手段を用意し、そのプロジェクトの実現が多くの人々に歓んで受け入れられ、

## 図1　東海道新幹線の輸送実績

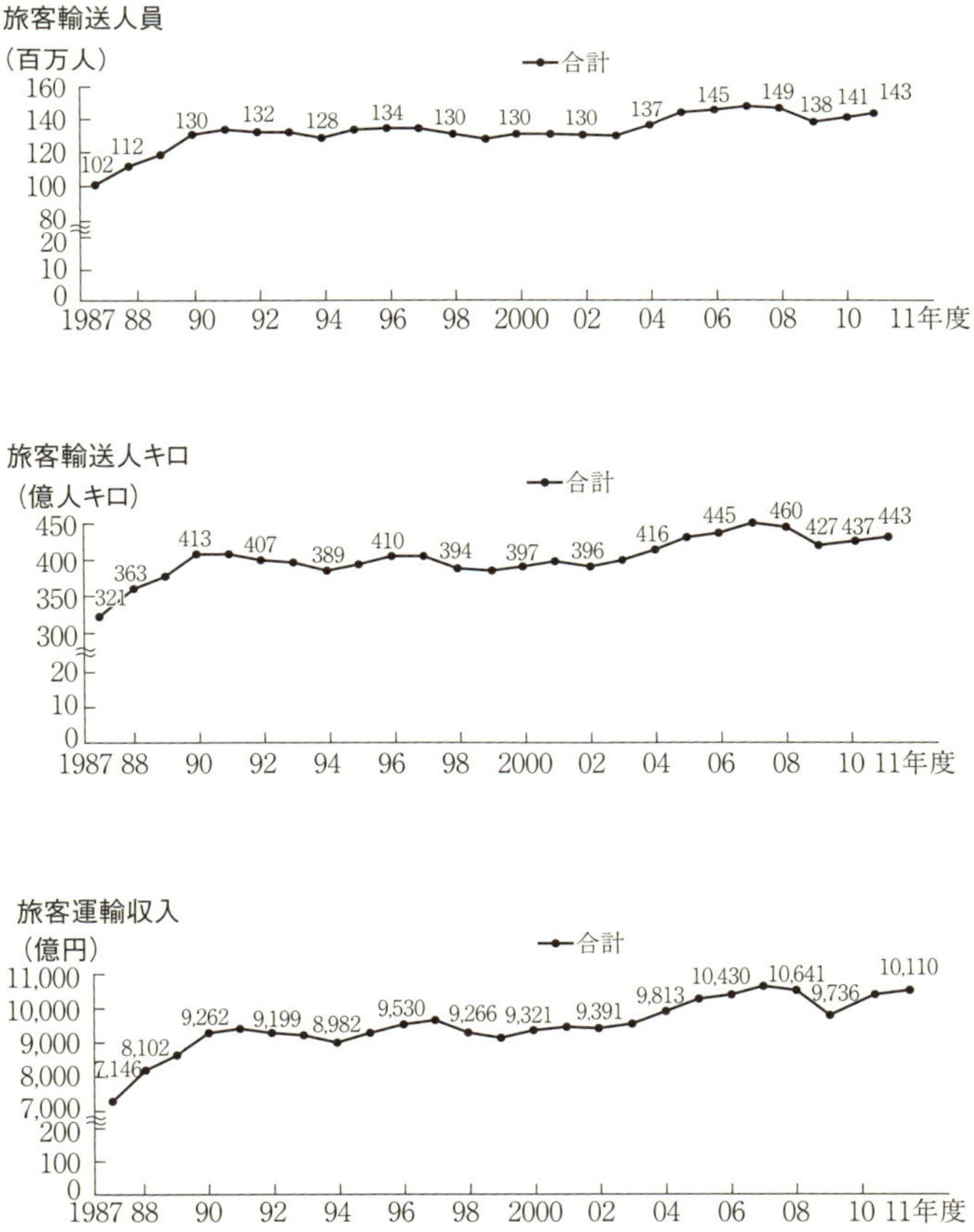
旅客輸送人員
(百万人)
合計
160
140
120
100
80
20
10
0
102 112 130 132 128 134 130 130 130 137 145 149 138 141 143
1987 88 90 92 94 96 98 2000 02 04 06 08 10 11年度
旅客輸送人キロ
(億人キロ)
合計
450
400
350
300
20
10
0
321 363 413 407 389 410 394 397 396 416 445 460 427 437 443
1987 88 90 92 94 96 98 2000 02 04 06 08 10 11年度
旅客運輸収入
(億円)
合計
11,000
10,000
9,000
8,000
7,000
200
100
0
7,146 8,102 9,262 9,199 8,982 9,530 9,266 9,321 9,391 9,813 10,430 10,641 9,736 10,110
1987 88 90 92 94 96 98 2000 02 04 06 08 10 11年度

(出所) JR東海公表資料による。

それを実現した事業主体も投資コストを確実に回収できることである。逆にプロジェクトが失敗に終わった場合には、相当の損失や負担が事業主体の利害関係者（経営陣、従業員、株主、債権者等）のみならず、地方自治体や周辺住民に及ぶこともあろう。最悪の場合は政府の責任も問われ、納税者たる国民や次世代の子どもたちにまで及ぶ可能性もある。さらに地域社会の崩壊や環境破壊もあり得る。東電福島原発事故のケースを想起されたい。

本来、公共的プロジェクトはコストを上回る便益を国民に提供すべきであるが、実際には事業経営の失敗から赤字経営に苦しみ、その分を多くの利用者や納税者たる一般国民に転嫁させてきたケースもしばしばある。こうした「負のプロジェクト」は完成後に収支を改善するのは、ほとんど不可能に近い。なぜならインフラのような公共的プロジェクトは次のような性格を有しているからである。

① 固定投資額が巨額である。
② 投資に不分割性（一括性）があるため、着工したら中断したり縮小することは、ほとんど不可能である。
③ 外部効果、外部不経済等がきわめて大きい。
④ 工期が長いため、完成後の需要予測にかなりのリスクがある。
⑤ 完成した施設は、以降長年にわたって供用され、閉鎖や処分は許されない。
⑥施設供用開始後の維持運営費の大部分を減価償却費と資金調達コスト（支払金利）が占め、

**表１　国内外の主要公共プロジェクト評価**

経済性、技術的信頼性、環境適応性の３要素について５段階評価した要約である。

◎十分ある　　○かなりある　　☆少しある
★あまりない　■ほとんどない

| | | 経済性 | 技術信頼性 | 環境適応性 | 評価コメント |
|---|---|---|---|---|---|
| 鉄道 | 東海道新幹線 | ◎ | ◎ | ○ | 48 年間無事故、高収益 |
| | 成田新幹線 | ■ | ◎ | ■ | 用地確保、工事費で断念 |
| | 英仏海峡トンネル | ■ | ☆ | ○ | 工事費、債務過多で破綻 |
| | 栗東新幹線駅 | ■ | ○ | ○ | 県民が不要と判断で中止 |
| 道路 | 名神・東名高速 | ◎ | ○ | ○ | 工期７年、工事費厳守 |
| | 本四架橋 | ■ | ◎ | ◎ | ３ルート過剰投資、赤字 |
| | 東京湾横断道路 | ■ | ◎ | ◎ | 目的曖昧、甘い需要予測 |
| 空港 | 成田空港 | ☆ | ◎ | ■ | 住民無視の決定、用地難 |
| | 関西国際空港 | ■ | ◎ | ◎ | 過剰投資、需要低迷 |
| | 超音速機コンコルド | ■ | ★ | ■ | 騒音、高燃費、高料金 |
| 船舶 | 原子力船むつ | ■ | ■ | ■ | 低技術、住民反対で中止 |
| ダム | 黒部ダム | ○ | ◎ | ◎ | 企業努力、自然環境重視 |
| | 諫早干拓 | ■ | ★ | ■ | 目的曖昧、海洋環境汚染 |
| | 八ツ場ダム | ■ | ☆ | ■ | 目的変更、不要公共事業 |
| 電力 | 石炭液化 | ■ | ■ | ★ | 長年研究開発、成果ゼロ |
| | 福島原発 | ■ | ■ | ■ | 安全安価神話崩壊、汚染 |
| | 高速増殖炉 | ■ | ■ | ■ | もんじゅ 16 年間未稼働 |
| | 再処理施設 | ■ | ■ | ■ | 稼働不能、必要性に疑問 |

（出所）筆者の現地調査による事後評価、中間評価の結果を示す。32 個の評価項目を用いて数値化し、５段階評価したものである。

利用者料金の値上げ等による収支改善は不可能に近い。

表1は筆者が内外の代表的な公共プロジェクト一〇〇件を検証した結果の一部を示したものである。失敗と評価されるプロジェクトがいかに身近に多いか驚く方もいよう。

なぜこのような愚かなプロジェクトがしばしば実施され、失敗してきたのか。その原因はいくつかあるが、ほとんどは計画段階での安易な事前評価にあると言っても過言ではない。楽観的な需要想定、安易なコスト見通し等である。

それではプロジェクトを成功させるために最も重要な基本的条件は何か。筆者がこれまでのプロジェクトの検証作業から得た結論を改めて強調しておきたい。

第一は、投資計画の目的が妥当であること。

第二は、その目的を達成するために適正な手段が用意されていること。

すなわち目的の妥当性とは、平易に表現すれば「それが本当に必要とされているか」「目的が明確で、確実に達成されるか」ということである。また適正な手段とは、「用意された手段、手法、技術等が本当に実用可能で、信頼できるか」「完成したプロジェクトを維持運営できるか」「計画の進め方に国民の合意があり、社会環境や自然環境を破壊することはないか」ということである。適正な手段とは、換言すれば「採算性（経済性）」、「技術的信頼性」、「環境適応性」と言ってもいい。

表1の検証結果から確認できることは、目的と手段（経済、技術、環境）のどれか一つでも不

十分であったり問題がある場合は、いずれも失敗に終わっているという厳然たる事実である。誤解ないように記しておくが、リニア計画は必ず失敗するだろうなどと断言するつもりはない。筆者の真意は、こうした数々の巨大プロジェクトの成功と失敗の経験から貴重な教訓を学び取り、成功の可能性を極大化するために本格着工前の今こそ徹底的な事前評価を行なうことがきわめて重要であることを強調しておきたいということにある。

電力、電磁波、地震、環境破壊、安全対策等の手段・手法・技術については他章で詳述しているので、本章では「リニアプロジェクトの採算性」に限定して検討していくこととするが、その前に計画の大前提としての「計画目的」について少々触れておきたい。

## 計画目的は妥当か

「目的なき計画などはあり得ない」と多くの方々は考えているに違いないが、疑問を持たざるを得ない計画もしばしばある。「平和国家の建設」とか「国土の均衡ある発展」等は理念、ビジョンであって、あまりにも抽象的、包括的で計画目的にはなり得ない。池田内閣の所得倍増計画がなぜ広く国民に理解され説得力を持ったかを見ればよい。計画目的は、なぜやるのか、何のためにやるのかを具体的に明示したものでなければ説得力を持たない。然らば、東京湾横断道路、諫早干拓、八ッ場ダム、宇宙探査衛星、熱核融合等について、国民の代表たる政治家と政府（政策立案官庁を含む）は、なぜやるのか、何のためにやるのか、それが本当に必要かを真剣に検討してきただろうか。「目的なんて後からつければよい。とにかくやるんだ」とつくること自体を目的にしたケースもしばしば採択されてきた。計画目的は〝孫にも衣裳〟や美辞麗句で済ませるものではない。事業の推進責任者にとっては、計画の真意を利害関係者や国民に十分説明し、合意と協力を得ることが成功するために必要不可欠なプロセスである。

## 計画目的と評価

では、ＪＲ東海はリニア中央新幹線計画の目的として何を掲げているだろうか。同社が独自の考えでリニア中央新幹線構想を提唱し始めて以来二〇年余になるが、この間一貫して掲げてきた計画目的は、次の三つである。

(1) 東海道新幹線の輸送力が限界に近づいているため、輸送能力を増強しなければならない。
(2) 東海道新幹線の老朽化、東海地震に対処するため、バイパス路線を建設しなければならない。
(3) 東京—大阪間の移動時間を大幅に短縮するため、リニア方式の高速鉄道を建設しなければならない。

この三つの目的を同時に達成するためには、中央新幹線をリニア方式でつくることが必要かつ最適で、それ以外の選択肢はあり得ない、というのが同社の主張である。

表２　最近の東海道新幹線の項目別輸送実績

１人当たり

| 年度 | 輸送人員 | 輸送人キロ | 輸送収入 | 座席利用率 | 移動距離 | 支払い金額 |
|---|---|---|---|---|---|---|
| | （百万人） | （億人キロ） | （億円） | （％） | （キロ） | （円） |
| 2003 | 132 | 403 | 9576 | 66.2 | 305 | 7243 |
| 04 | 137 | 416 | 9813 | 64.3 | 304 | 7186 |
| 05 | 144 | 438 | 10304 | 62.6 | 305 | 7180 |
| 06 | 145 | 445 | 10431 | 63.2 | 306 | 7180 |
| 07 | 151 | 465 | 10857 | 64.7 | 307 | 7174 |
| 08 | 149 | 460 | 10641 | 61.2 | 309 | 7134 |
| 09 | 138 | 427 | 9736 | 55.6 | 309 | 7053 |
| 10 | 141 | 437 | 9996 | 58.0 | 310 | 7089 |
| 11 | 143 | 443 | 10110 | 58.8 | 310 | 7070 |

（出所）JR 東海公表の有価証券報告書

こうした計画発表に対して「民間会社がやることだから我々には関係ない」「やりたいならやればいい。国民も政府も口出しすることではない」という意見も一部に聞こえるが、これほど巨大で多くの国民が影響を受ける計画がそれでいいのか。これが筆者が最初に持った疑問である。この計画の是非を判断する上でも、この計画の真意とそれを裏づける合理的根拠と客観的事実があるかを、政治家も行政も我々国民も吟味検討する必要があるのではないか。前述した「目的の必要性、妥当性」の検証なくして軽々に決定、着工することは避けなければならないというのが筆者の基本的考えである。

そうした観点から会社側が掲げた三つの計画目的の必要性、妥当性、説得性を手短かに検討してみよう。

計画目的(1)の輸送力の限界は事実だろうか。同社が二〇〇三年一〇月に品川駅を完成させ、ピーク時の輸送力を増強した経営努力は高く評価される。事実、輸送能力に対する輸送旅客数を示す年間の新幹線座席利用率は二〇〇三年度当時では六六・二％とかなり高かったが、二〇〇七年以降約一〇％も低下し、最近三年間では五〇％台に低迷している（表2）。こうした需要横這い傾向は長期的に見てもバブル崩壊後約二〇年続いており、輸送能力が限界に近づいている状況にないことは歴然たる事実である。東京―大阪間といえども今後の持続的な利用者数の増加は到底期待できないと判断せざるを得ない。従って計画目的(1)に必要性、妥当性、説得性があるとは言えないというのが結論である。

次に計画目的(2)の東海道新幹線の老朽化について検討してみよう。一九六四年（昭和三九年）開業した東海道新幹線はすでに四八年が経過し、物理的耐用年数と言われている七〇年に近づきつつある。輸送の安全性確保の観点からも、また近い将来起こる可能性が高いといわれている東海・南東海地震に対する被害防止のためにも、抜本的な大改修工事が求められている。しかもＪＲ東海の営業収入の約九割はこの東海道新幹線に依存していることを考えると、一刻も早く大改修工事に着手し、リフレッシュしなければならないと考えるのが当然であろう。もし、改修工事完了以前に大地震が発生し大きな被害を被った場合には、同社の収入は激減し、公益事業会社としての社会的使命は発揮不能となり、東京―大阪間だけでなく、わが国の経済・産業・社会・国民生活等に決定的なダメージを与えることは想像に難くない。

ところが、ＪＲ東海の経営戦略では、何よりも早くリニア新幹線建設工事を優先的に進め、東京—名古屋間は二〇一四年着工、二〇二七年完成・開業を予定している。一方、東海道新幹線の改修工事は二〇一八年から着手し、一〇年後の二〇二七年に完了したいと考えている。即ちリニア建設に必要な自己資金を捻出するために、稼ぎ頭の東海道新幹線の改修工事の開始を極力遅らせ、両新幹線をほぼ同時に開業するのがJR東海の方針である。

しかしこうした工程管理はいわば〝神頼み〟に近い。万一不幸にも二〇二七年以前に大地震が発生した場合には、JR東海の経営持続性さえ危ぶまれる。会社の命運をすべてリニアの建設・開業に賭けるのはあまりにも危険ではないだろうか。公益事業を請け負っている企業はまさに「社会的公器」である。JR東海が破綻してはならない。また破綻させてはならない。「想定内」のリスクを考慮すれば、現状では投資戦略上の優先度に問題があるのではないか。政府(国土交通省)がこれ程リスクの大きい投資計画を諾々と認めたのも理解に苦しむ。妥当性を欠く政策判断だと言わざるを得ない(二〇一三年一月JR東海は、これまでの予定を急遽繰り上げ、東海道新幹線の改修工事を二〇一三年四月から着工することを発表した)。

次に計画目的(3)の時間短縮の必要性について検討してみよう。

計画では東京—名古屋間四〇分、東京—大阪間六七分と発表している。確かにこれが実現すれば現在の約半分の時間で移動できることになるが、この目的設定に対して筆者が疑問を持たざるを得ないのは、誰がこれ程の時間短縮を渇望しているのかという点である。JR東海首脳がそれを実現したいと考えているのか、それとも東海道新幹線利用者の多くが大幅な時間短縮を強く要求しているのか。会社側の説明は一切ない。多頻度利用者の不満や要望、アンケート調査結果等があるのか。もし何の客観的データや国民の意識調査もなしで大幅な高速化と時間短縮が必要だと主張しても、リニア鉄道建設の必要性、妥当性を潜在需要者たる一般国民はもとより、内部の利害関係者（株主、債権者、従業員等）さえ納得させることは不可能であろう。

余談だが、先達鉄道人の話を一つ紹介しておきたい。国鉄民営化後、ＪＲ東日本の会長として同社の経営基盤の確立に大きな役割を果たした住田正二氏は一九九二年当時、社長の山之内秀一郎氏を呼んで「スピードアップはやめろ。技術者の趣味でやることはない。新幹線は最高時速二七五キロで走っているが、これを二五キロ上げたら世の中は変わるか。それなら乗るという人がいるか。高速化を威張るような鉄道技術では駄目だ。あんなもの人寄せパンダであって、これからの技術はスピードではない」と言われたとのお話を直接伺ったことがある。また「お客様は王様以上だと思うべし。いつももっとよく、もっと安いものを選ぶ。大事なのは駅だ。気持ちのいい場所にすべきだ」という欧州鉄道人の経営観にも教えられたという。思い当たるのは最近の東京駅の大改造である。駅構内は見間違うばかり快適で品格あるショッピング空間に生まれ変わり、赤レンガの東京駅は五〇〇億円の巨費を掛けて建設当時の姿に復元修景された。鉄道人でもこれだけ経営感覚や文明観に違いがあるということである。

時間短縮のためにリニア導入がどうしても必要か。リニア導入のために九兆円もの巨費を投入する価値があるのか。投資効率の低下によって経営体質が悪化しないか。

以上、ＪＲ東海が掲げてきた三つの計画目的について検討してきたが、これまでの会社側の説明では残念ながら説得性に欠けると言わざるを得ない。敢えて言うならば、計画目的(1)は事実認識が著しく間違っており、的はずれで評価に値しない。計画目的(2)は現計画では投資戦略上あまりにもリスクが大きすぎて、会社経営の観点から再検討が必要であろう。計画目的(3)はリニア導入に固執する意識があまりにも強く、需要予測の不確実性が高すぎる点である。現代は鉄道新技術が需要をつくり出す時代ではない。一度立ち止まってゼロベースで技術選択について冷静に再検討することが必要ではないか。愚者は過去の成功経験に酔い、賢者は過去の失敗の歴史に学ぶという。インフラプロジェクトは走り出したら止まらない。走り出す前に更なる再検討、再々検討が必要であろう。

以上が目的に対する評価であるが、これに関連して若干のエピソードを追記しておこう。国交省の交通政策審議会陸上交通分科会鉄道部会 中央新幹線小委員会審議会は計二〇回開催され、その内一九回筆者は傍聴したが、驚いたことがいくつかあった。

▼家田仁小委員会委員長は、最初の審議会開催の冒頭「リニアが開通すれば、東海道新幹線がそうだったように、予想外に多くの利用者があるかもしれない」と挨拶した。また別の会議で「そんなに急いでどうする」という人の意見に対して「あなたは急がないでもいいかも知れないけど、急いでいる人もいるんだから、あなたがブレーキをかける必要はないでしょう。新しいものができた時に、そんなに嫌いならば乗らなければいいでしょう」と

答えている。政策選択不要、国民がこれを聞いたら言葉も出ないだろう。

▼第二回審議会で配布されたJR東海の説明資料から、「輸送力の限界」「輸送能力増強が必要」ということれまで一貫して主張してきた計画目的が無言で姿を消した。しかも会社側の説明も委員からの質問も全くないまま会議が続行されたのには驚いた。審議開始の冒頭から計画目的に重大な変更があれば、審議中断が当然であろう。

▼小委員会がパブリックコメントを実施したのは三回。答申直前の最終公募の集計結果は総数八八八、うち反対または再検討六四八、推進賛成一六であった。しかし家田委員長は「批判は答申を覆すほどの意見ではない」と無視して答申を急いだ。パブリックコメントは形式だけで、初めから結論ありき。これが政府審議会の実態である。

▼驚かないで頂きたい。東北大震災・原発事故直後の大混乱の中、二〇一一年五月一二日家田委員長から大畠彰宏国土交通大臣（当時）に出された答申の一部である。

「わが国の新幹線は、安全性、信頼性、省エネ性、速達性、ネットワーク性、定時性、建設費用等の点では優れているが、リニアの方が高速性の点で優れているので、リニアが適当である」。黒を白と言うのは、まさにこのことである。これほど欺瞞と無責任で固めた恥知らずの政府答申を筆者は知らない。国民への侮辱である。審議会では在来新幹線とリニア方式の比較検討も一切行なわれなかった。答申作成に関わった官僚、審議会委員、担当大臣は人間失格の烙印を押されたも同然である。この答申に対し、早ければ三年以内、遅くとも四〇年以内には歴史の審判が降されるであろう。

こうした不見識の答申で物事が処理されるなら、合理的政策決定など到底期待すべくもない。高速化がすべて否定されるべきではないが、最高時速三〇〇～三五〇キロでは不十分なのか。五〇〇キロでなければならないのか。潜在的利用者である多くの国民の真意を十分把握して、走り出す前に改めて冷静な事前評価を行なう必要があるのではなかろうか。

市場経済の主体は消費者であって、需要なき処に供給は持続できない。

想起するのは東京湾横断道路のケースである。ここで詳述する余裕はないが、中曽根政権下の民活ブームの中で、数々の目的を掲げて産業界上げて推進した東京湾横断道路は、全く根拠なき大量な交通需要を想定して一九八七年に完成された。しかし開業後の実際の交通量は計画の三五％（現在でも三八％）にすぎず、当初から毎年大幅な赤字を出し続け、一日当たり約一億円の損失が出ている。この間利用料金は当初の片道四〇〇〇円から八〇〇〇円へ八割も値下げし、当初の建設運営会社は完成した資産全てを日本道路公団（当時）に売却して経営責任を放棄した。戦後最悪の失敗プロジェクトであるが、その事実をほとんどの国民は知らない（詳細については拙書『必要か、リニア新幹線』、岩波書店を参照されたい）。

## なぜ採算性が重要か

二〇一一年五月、政府はリニア中央新幹線計画を整備計画として決定し、建設・営業主体に指名されたＪＲ東海（株）に対し建設指示を出した。

ＪＲ東海（株）は一九八七年四月の国鉄民営化によって誕生した民間鉄道会社で、現在政府出資はない。同社の主たる事業は鉄道事業であり、その事業活動から発現される経済社会的サービスは多くの国民生活や産業経済活動に広範かつ密接に関係している。しかし一般の民間企業とは違って、電力会社と同様、地域独占企業であること、広範囲な需要者に適切なサービスを提供する義務があること、設備や新線の建設・更新や料金決定等について政府の認可、許可、承認、規制、監督、指導等を受けなければならない点で、特異な性格を有している公益企業である。即ち民間企業といえども、利益の追求だけでなく、多くの国民と国のために公共性を発揮することが社会的使命として求められている企業である。

公共性の確保とは、鉄道利用者の安全確保、輸送力の安定的確保、公平なサービスの提供、適正な料金体系などである。これは、民間企業が目的とする「利益追求」「採算性（収益性）の確保」とは一見矛盾するように見えるが、冷静に考えると、採算性なくして公共性は発揮できない。このことは、国鉄解体直前の状態を振り返って見れば、明白である。年々赤字が増大する段階になって行なわれたことは、定期割引率の縮小、毎年の如く実施された料金の大幅値上げ、車両や駅舎の老朽化、旅客サービスの低下、ストライキの頻発等であった。採算悪化が公共性の低下を加速したという事実が確認される。

ここから言えることは、公共性を持続的に発揮するためには安定した収益性の確保が必要であり、収益性なきところに公共性を期待するのは不可能だということである。そうした観点から鉄道事業は地域独占を認められ、料金も適正水準に設定される仕組みが制度化されているのである。逆に言えば、鉄道事業会社が赤字を累増させ経営破綻に至る事態は許されないということである。

筆者のリニアに対する関心は一九八〇年代から約三〇年に及ぶが、未だに十分理解できないのは、①計画の真の目的は何か、②リニア技術の導入は最適か、③採算は本当に確保できるのか、という点である。いずれも前述したプロジェクト成功への基本的条件の「目的」「技術的信頼性」「採算性」に該当するだけに、次節以下で少し詳細に検討してみたい。

## リニア新幹線の採算性を考える

前節で述べたように、採算性の確保は事業を維持運営する上で必要不可欠な条件である。とりわけ鉄道プロジェクトの場合は、下記のような特性を有しているからである。

(1)　初期投資額がきわめて大きい。

(2)　それに伴って巨額な資金調達が必要となり、借入金に対する金利負担がコストを長期にわたって圧迫する。

(3)　供用開始後の償却負担がきわめて大きく、長期にわたってコストを圧迫する。

(4) 需要が将来長期にわたって確実に見込まれなければならない。

採算性を決定するのは、言うまでもなく収入と費用の大きさである。但し以下の記述において「採算」(収支と同義とする)という表現を使う場合は、JR東海(株)全体の採算と計画中のリニア新幹線単独の採算とを区別して論ずる必要がある。後者すなわちリニア新幹線単独の採算は、専門用語では「プロジェクト収支(採算)」という。以下の展開では特記なき場合は「プロジェクト収支(採算)」ベースで論述することとする。

「プロジェクト収支」が重視されるのは、企業の実力は当該プロジェクトの投資効率、すなわちプロジェクト自体の収益性に大きく依存するものであり、長期借入金の返済財源も当該プロジェクト自体から生み出される利益によるべきであるという考え方が原則だからである。従って「プロジェクト収支」が赤字であるということは、それだけで失敗プロジェクトと評価される。

新規プロジェクトを立ち上げる際に、プロジェクト収支が当初から赤字必至だと予想されれば投資家からの出資や金融機関からの融資が拒否されることを恐れて、意図的にきわめて楽観的な収支予想に基づいた計画書を作成して膨大な建設資金を集めた一例が、英仏海峡トンネル会社(ユーロトンネル社)である。建設資金の八割(一兆四〇〇〇億円)を世界中の二二〇銀行から調達したが、世界最大の債権者(二八〇〇億円、二〇%)は本邦三七行であった。建設中の現場調査に出掛けた筆者の評価でも失敗の確率はきわめて高かった。独自のプロジェクト審査を怠った邦銀は、その後同社の経営破綻で決定的な損失を被った。

さて本論のリニア計画に戻るが、プロジェクトベースで見たリニアの採算性とＪＲ東海が社内で考えているリニアの採算性との間には、かなりの差異が出てくるのは当然である。長期設備資金を融資する金融機関にとって重要なのはプロジェクト自体の採算性、健全性であって、長年にわたる赤字が見込まれる場合は、融資減額や貸付金利の引上げもあり得る。ましてや建設資金を外国の銀行や投資家等から調達しようとすれば、はるかに厳しい条件を要求されるのは必至である。またプロジェクト収支が芳しくないと投資家が判断した場合は、株価は低落し、増資や社債発行も困難になる。

プロジェクトの採算は収入と費用の差額で決まるが、新規プロジェクトの場合、その採算は①事業収入、②建設費、③維持運営費によって決定されると考えてほぼ間違いない。

とりわけ、大規模インフラプロジェクトの場合は、完成させるまでの初期投資額の多寡が開業後の収支構造をほぼ決定してしまう。なぜなら、巨額の減価償却と金利負担が開業当初から数十年の長きにわたって運営費を圧迫し続けるからである。計画段階と比べて建設費とそれに伴う借入金がさらに増加した場合は、開業当初から半永久的に赤字から脱出できない事例もある（例：東京湾横断道路、本四架橋、関西国際空港、英仏海峡トンネル）。減価償却と金利負担の二つは、供用を開始した施設を必要とする利用者が多かろうと僅かであろうとに関係なく掛かる費用で、固定費用といわれる。

さて、最後にリニア新幹線のプロジェクトに限定して収入と費用の双方について検討してみよう。しかしＪＲ東海の公表データや数値は限られており、その算出根拠も不詳のため精緻な推計は部外者には困難である。従って以下では会社側の公表資料等を参考にしつつ、必要に応じて筆者独自の推計と評価を行なうこととする。

## 収入

リニア新幹線単独の収入をどう見込むかは、会社にとっては建設費と並ぶ最重要項目である。しかしリニア鉄道は、世界で上海国際空港―上海市近郊三〇キロ（常電導方式）一つしかなく、わが国初めての超高速交通機関であること、全線の約八割を地下四〇ｍと山岳トンネルで走ること、運転士なしの遠隔操作走行であること、電磁波被曝の不安があること等で、どれだけ需要が顕在化するか予測は難しい。しかも開業は東京―名古屋間が二〇二七年、東京―大阪間が二〇四五年と相当先であり、その間にわが国人口も二〇〇〇万人（二〇％）もの大幅減少が確実視されていること、国内経済活動の低迷、企業の海外展開、所得水準の伸び悩み等を考えると、新幹線需要の増加は期待できそうにないというのが、鉄道関係者の常識的な見方である。

需要予測の場合、一つの根拠となるのが東海道新幹線の輸送実績であろう。前述したように、バブル崩壊以降の約二〇年間の輸送量はほとんど横這いに近く、最近数年間は減少さえしている。また表２から確認できるように、利用者一人当たりの移動距離と支払金額はほとんど

## 表3　JR東海による東京—大阪間の需要予測

（単位：億人キロ）

| | | 現在（2011年） | 東名開通時（2027年） | 東阪開通時（2045年） |
|---|---|---|---|---|
| 東海道新幹線 | | 443 | 401 | 259 |
| リニア新幹線 | 東海道新幹線からの転移 | — | 122（73%） | 257（62%） |
| | 航空機からの転移 | — | 5（3%） | 30（7%） |
| | 自動車バス等からの転移 | — | 15（9%） | 30（7%） |
| | リニア開通の誘発需要 | — | 25（15%） | 99（24%） |
| | リニア合計 | — | 167（100%） | 416（100%） |
| 東京—大阪間の需要総計 | | 443 | 568 | 675 |

（出所）JR東海公表の将来長期見通しによる。
注1　単位は億人キロ、（　）内は構成比を示す。
注2　リニアの輸送力は毎時最大8本（直行7本、各駅停車1本）。
毎日16時間、1日260本を想定。

変動していないことから、輸送収入は利用者数に依存しているといってまず間違いない。従ってリニアの場合も、輸送収入を確保するには運賃料金の大幅値上げを避けながら、新たな顧客を鋭意開拓するしかない。

然らばJR東海自身は将来のリニア新幹線需要をどう予測しているかを見てみよう（表3）。会社は予測需要量を輸送人キロベースで発表しているので、輸送収入総額は把握できないが、将来需要は今後着実に増加することを前提にしていることだけは確かである。即ち二〇二七年名古屋開業時点でのリニア輸送量は一六七億人キロ、二〇四五年の大阪開業時点では四一六億人キロと想定している。これはいかなることを意味しているか。最近二〇一一年度の東海道新幹線による東京—大阪間の輸送実績は四四三億人キロである。従ってリニアが東京―大阪間に開通した暁には、現在の輸送量にほぼ近い輸送力を発揮するという計画である。その影響で在来の東海道新幹線は現在の五八％程度（二五九億人キロ）に輸送量が減少するとみているが、両方の新幹線を合わせた総輸送量は六七五億人キロとなる。即ち三三年後に東京―大阪間の新幹線総輸送量は、両路線を合わせれば現在より五二％も増加するという計算になる。

もう一度表3を見て頂きたい。会社はその増加の理由として東海道新幹線からの転移、航空機からの転移、その他交通機関からの転移（高速路線バスや自家用車）、リニア開通による誘発需要を挙げているが、果たしてそれだけの需要が本当に顕在化するだろうか。さらなる人口減少は避けられないと誰もが考えている。その中で利用者の中で四人に一人（二四％）はリニア開通に誘発されて興味で乗ってくれるお客様だと期待できる根拠がどこにあるのだろうか。音速二倍の航空機コンコルドの辿った運命を見よ。開業以降一度も黒字を出せず一六年で経営破綻した。また成田―関空間を五〇〇〇～七〇〇〇円で行けるＬＣＣ時代にこれまでの航空利用者が全員リニアに乗り換えるだろうか。

会社側にとってのもう一つの悩みは料金設定であろう。現段階では東京―名古屋間で＋七〇〇円程度、東京―大阪間で＋一〇〇〇円程度と考えているようであるが、利用者がいかなる満足感（＝受益・負担感）を持つかは特殊な交通機関だけに予想が難しく、それこそ市場判断に俟つしかない。五年前に政府に対して高速道路料金の割引と無償化に反対を申し入れたＪＲ東海の考えも、政府と国民の理解を到底得られなかった。

建設に関わる固定費と維持運営に関わる変動費の大きさを考えると、この程度の料金水準ではプロジェクト収支は厳しいと予想されるが、そうかといって現在よりかなり割高な料金を設定すれば潜在需要は表われず、これまた赤字計上を余儀なくされる可能性もある。リニア移動が必需的需要か、選択的需要かによって料金と需要の相関関係（需要の所得弾性値という）が異なるのが一般の消費者行動である。新幹線需要は通勤電車とは違って選択的需要の性格が強いため、値上げ改定によって逆に減収になる可能性もある。そのためほとんどの場合、企業側は値上げを決断できず、値下げや事前予約割引などで需要増加を図ろうとするケースが多い（東京湾横断道路、本四架橋、リゾート施設等）。

収入想定で最大の柱と考えている東海道新幹線からリニアへの転移旅客をどの程度期待できるかがまず問われる。会社側は最近の東京―大阪間の年間利用者（一億四三〇〇万人）のうち名古屋開通時に最低二三三〇万人（一六％）、大阪開通時には七一六〇万人（五〇％）が転移してくれること、さらにリニア開通によって大量の新規誘発需要が期待できるとしている。その結果、大阪開業後はリニアが単独で現在の東海道新幹線にほぼ匹敵する輸送力を発揮する姿を想定しているが、全線開通後の需要想定はあまりにも楽観的すぎるように思われる。

需要は机上でつくるものではなく、人々の欲求、満足感がつくり出すものである。これだけの巨大プロジェクトで需要想定を大幅に見誤ったならば、わが国鉄道会社の中で最も収益性が高いＪＲ東海（株）といえども急速に収益が悪化し、利用者、株主、債権者等の信頼を失うことさえあり得ないことではない。

会社の転移需要予測だけを前提にした座席利用率を計算すると次のようになる。

リニア輸送能力＝一〇〇〇席×八本／h（最大）×一六h／日×二往復×三六五日＝九三四四万席

リニアへ転移利用者：東京―名古屋間二二二九万人　東京―大阪間七一六一万人

リニア座席利用率：名古屋開業時二二二九／五八四〇＝三八％（毎時五本運行で計算）

大阪開業時七一六一／九三四四＝七七％（毎時八本運行で計算）

上記名古屋開業時の座席利用率は、名古屋圏以外のリニア転移者を考慮しない推計であり、更なる需要確保が期待されるが、この程度の需要では大幅な赤字操業は必至であろう。大阪開業時は会社想定通りの転移需要、誘発需要があれば、赤字基調は避けられそうであるが、果してそれだけの実需を三〇年先に獲得できるだろうか。

もし所期の需要が実証されれば、リニアにとっては喜ばしいことだが、しかしこの需要の半分はこれまでの東海道新幹線利用者の転移によって生み出されたものにすぎない。自ら新規需要を開拓したものではなく、いわば擬制的な需要である。自らの足を食べる「たこ」プロジェクトだという鉄道関係者もいる。リニア新幹線の座席利用率が高く一見好調に見えても、経済的に見た収益率は東海道新幹線の収益率（営業係数五三％、東洋経済調べ）を確実に下回るので会社全体の収益率も低下する。普通の経営判断ではあり得ないが、経営陣がそれでもいいと考えているかどうかである。

筆者の収支シミュレーションでは、需要と料金については、次の四ケースを想定する（表4、図2）。

東京―名古屋開業時　輸送需要　名古屋での乗客転移率を次の三ケース想定
転移率二五％　三五七五万人
転移率三〇％　四二九〇万人
転移率四二％　六〇一六万人（会社想定）
運賃料金　一万一五〇〇円（＋六・七％）

東京―大阪開業時　輸送需要　四一六億人キロ（会社想定）
運賃料金　一万五〇〇〇円（＋六・七％）及び一万七〇〇〇円（＋二一％）
を想定

**建設コスト**

収入と並んでインフラプロジェクトの採算を決定する最大要因は固定投資額の大きさである。

ＪＲ東海は東京―名古屋間五兆四三〇〇億円、東京―大阪間九兆三〇〇〇億円と試算している。しかも全額を自社負担で実施するという。これほど大規模な鉄道プロジェクトは世界中にない。しかし建設費がこれで収まる保証はない。政府認可書類に明記されている建設中の借入れ建設資金（会社想定三兆円）に対する金利負担分九〇〇〇億円（平均残高ベース推計：三兆円×三％×二〇年×五〇％）が算入されていないのは理解に苦しむ。また長期金利が今後も低位安定で推移するかは分からない。一％の上昇で年間二五〇億円程度のコスト増になる。

建設費の推移をみると、八〇年代後半で三兆円、九〇年代末には五兆円、現段階では九兆円と大幅に増加している。その間に地価も金利も大幅低下しているにも拘らず、大幅なコスト増を容認してリニア技術開発を急いだ結果である。今後も増加要因は多い。即ち、全路線の八割が大深度地下走行であり、最も危険とされる南アルプス直下の破砕帯の中に二〇キロの長大トンネルを貫通させることによる工期延長と工事費増加のリスク、大量の残土処理、沿線や大都市近郊住民の環境保全対策などを考えると、一兆円前後の建設費増加もあり得ることである。英仏海峡トンネルは着工直後から工事費が倍増し、経営破綻への道を走った。

また鉄道事業で最も重視すべきは安全対策である。山梨実験線でも非常時の乗客安全救出措置が実証されておらず、電磁波防御と並んで万全な対応策が求められる。また一キロ当たりの建設工事費は二〇六億円と驚くほど高い。整備新幹線の約二・五倍、総建設費の対年間収入比は約一〇倍。超高コスト投資であることが本件プロジェクト最大のアキレス腱である。

**図２　東京―大阪間の輸送需要の変化（JR 東海見通し）**

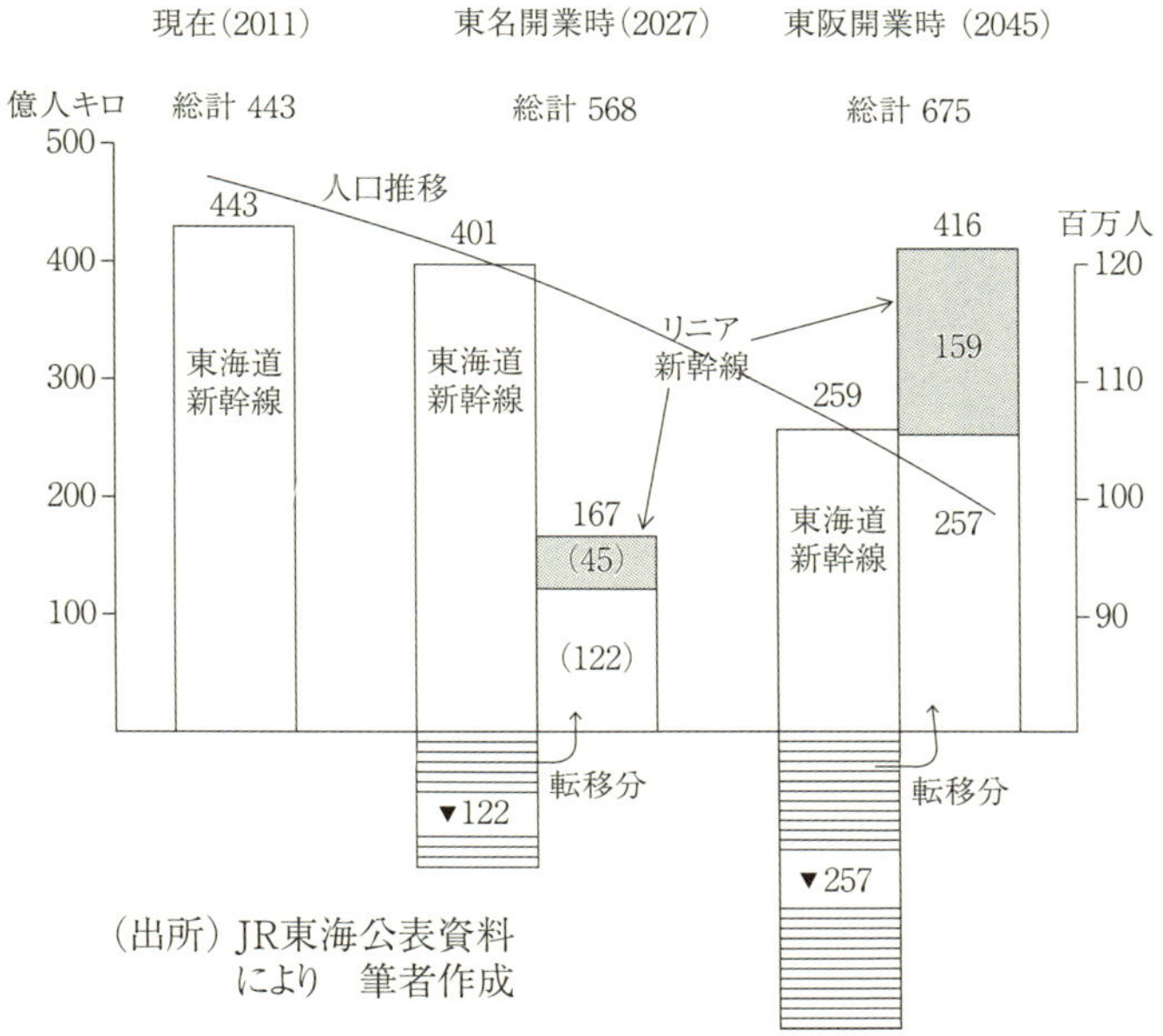


（出所）JR東海公表資料
により　筆者作成

建設資金調達についても適切な対応が必要であろう。一期工事（東京―名古屋間）には潤沢な自己資金を投入して、外部資金は三兆円程度で完成できると会社側は考えているようだが、工事の着工以降は支出増だけが一〇年以上にわたって続くだけに、工事の進捗が頓挫したり中断する事態に陥った場合には、外部資金調達（銀行借り入れ、社債発行等）の環境は厳しくなる。完成までに三〇年超の年月を要するだけに工事費は確定し難いが、上記の諸条件を勘案して九～一一兆円程度の幅を持ってプロジェクト収支を推計することとする。

## 維持運営費

開業後の収支を決定するのは、減価償却と金利負担であると言っても過言ではない。今後三十数年間に極端なインフレが起こらないと仮定しても、この費用負担からは逃れることができない。インフラプロジェクトではこれら二つのコストだけで収入の五〜八割を占める場合さえある。そうした収支構造では到底黒字は望めない。この二つに固定資産税を加えた資本費の対年間収入比率は、現在のJR東海は三〇%台前半で健全だが、リニア単独では相当高い比率が予想される。

一定の前提をおいて、この三費目の年間負担額を推計してみよう。

| | | | |
|---|---|---|---|
| 減価償却費 | 建設費 | 九兆円×四・五%（最近の対固定資産比率） | ＝四〇五〇億円 |
| | | 一〇兆円×四・五% | ＝四五〇〇億円 |
| | | 一一兆円×四・五% | ＝四九五〇億円 |
| 支払い金利 | 借入金 | 三兆円×三・〇%×五〇%＋社債利息 | ＝五五〇億円 |
| 固定資産税 | 建設費 | 九兆円×一・四%×一／三（特例適用） | ＝四二〇億円 |
| | | 一〇兆円 | ＝四六七億円 |
| | | 一一兆円 | ＝五一三億円 |

その他費用（人件費、電力料、修繕費等（会社想定）＝三〇八〇億円

**プロジェクト収支試算**

最後に大胆であるが、リニア単独のプロジェクト収支を推計してみよう。但し、これは会社の長期見通し、今後考えられる変動要因、従来の実績等を勘案して筆者が独自に推計したものであり、会社の収支計画や長期試算見通し等を批判するものではない。建設計画や開業後の経営計画において留意すべき点があるか、問題があれば事前にどのように対応するのが望ましいかを検証するために行なった一研究者の試算にすぎないものである。

表４がその試算結果である。

**採算性から見たリニア計画の問題点**

上記の試算結果から言えることは次の点である。

・ＪＲ東海の長期試算見通し（建設費九兆円、金利年三％、輸送需要四一六億人キロ）では、東京—大阪開業当初から相応の黒字が見込まれる。運賃料金一万五〇〇〇円（六・七％増）で年間二〇三四億円、一万七〇〇〇円（二一％増）で二九九七億円。

・しかし実際の需要が想定値を二〇％下回れば、——奇しくも二〇％減は二〇五〇年時点で予想される人口減少率と一致する——資本費比率（四九・五％）が大きい収支構造のため、

赤字操業を余儀なくされると推計される。損益分岐点の座席利用率は六二％。
・東京—名古屋開通時の収支試算では、会社が想定している名古屋でのリニア乗換え利用者（六〇一六万人、最近利用者数の四二％）を前提にすれば、運賃料金一万一五〇〇円（六・七％増）で一六二七億円の黒字が見込まれる。
・しかし名古屋開業時点では乗換所要時間（15分）と東京駅乗降希望等からこれ程の需要は到底期待できないと思われる。従ってリニア転移率をかなり低めに仮定すると、転移率二五％（三五七五万人）で一一七〇億円の赤字、三〇％（四二九〇万人）でも三四八億円の赤字が見込まれる。損益分岐点は三三％（四五〇〇万人）、すなわち名古屋以西から東京方面行きの東海道新幹線利用者の三人に一人が名古屋でリニアに乗り換えるか、または東京方面から名古屋以西に行く利用者がリニアから東海道新幹線に乗り換えてくれるかが採算を取れる分岐点となる。

## 採算性から見た総合評価

この結果から断定的な評価はできないが、総括として以下の点を指摘しておきたい。

第一に、東京—大阪開業時の需要予測があまりにも楽観的すぎることである。この需要の六二％は東海道新幹線からの転移需要と見ているが、時間差便益を最重視してリニアを選好する利用者がそれ程多く見込めるか。また残りの三八％の需要（その大部分が誘発需要）を実際に確

## 表４　リニア中央新幹線の収支予想

### 東京ー大阪開業時（2045年）

| 前提条件　需要 | 416億人キロ（会社試算ベース） | | | | |
|---|---|---|---|---|---|
| 建設費 | 9兆円 | | | 11兆円 | |
| 料金 | 15千円 | 15千円 | 17千円 | 15千円 | 17千円 |
| 収入　（億円） | 10134 | ＊8107 | 11097 | 10134 | 11097 |
| 費用　（億円） | 8100 | 8100 | 8100 | 9093 | 9093 |
| うち減価償却 | 4050 | 4050 | 4050 | 4950 | 4950 |
| 差引き利益（億円） | 2034 | 7 | 2997 | 1041 | 2004 |

注１　収入は会社想定を前提に筆者が推計したものである。
２　＊は会社想定の80％を想定した場合の収支推計値である。
３　差引き利益は税引前、内部留保を示すものではない。
４　長期設備資金借入金利は年3.0％を見込む（会社想定）。運転資金金利を含まず。
５　費用は減価償却費、人件費、電力料、修繕費、支払金利、社債利息、固定資産税等。

### 東京ー名古屋開業時（2027年）

| 前提条件　需要 | 3575万人 | 4290万人 | 6016万人 |
|---|---|---|---|
| | （転移率25％） | （転移率30％） | （転移率42％） |
| 収入　（億円） | 4111 | 4933 | *6918 |
| 費用　（億円） | 5281 | 5281 | 5281 |
| うち減価償却 | 2640 | 2640 | 2640 |
| 差引き利益（億円） | △1170 | △348 | 1637 |

注１　名古屋での転移需要のみを前提とした収支予想である。＊は会社想定値
２　名古屋での転移率は最近の全線利用者数143億人をベースに計算した。
３　建設費、費用は全線の費用（全線建設費９兆円を想定）を距離で案分して計算した。
４　料金は11,500円を想定した。

保できるか。リニア開業効果が問われる東京―名古屋開業時から赤字操業が避けられないとなれば、大きな問題になろう。リニアも赤字、利用者が半減した東海道新幹線も大幅な減収減益では、リニア計画と一元経営の意義自体が問われることになる。またその後の資金計画にも齟齬が生じ、JR東海単独の大阪延伸工事の遂行力が問題視されることも十分予想される。第二は、堅実な需要想定を前提として黒字操業を実現するために、あまりにも高い建設コストの削減にどう対処し、如何にリスク分散できるかである。この二点から言えることは、より現実的な需要とより低廉な建設費に計画を修正できるかどうかがプロジェクトの運命を決する鍵であろう。

人口減少、経済と国民所得の低迷、地震や津波の発生リスク、脱原発への電力制約、北陸新幹線の延伸、LCC時代の幕開け等の中長期的変化の中でリニアをめぐる投資環境は確実に厳しさを増している。今日多くの国民が鉄道に求めているのは、安全で安く便利なことであって、決して世界一のスピードではない。リニアの超高速性は実証されても、国民の真の欲求と開発推進者側の技術的・社会的革新志向との間にはかなりのギャップがある。

現在の計画では、目的と手段（計画の内容、進め方、技術等）の双方においてあまりにも困難な問題が多く、もし断行しても成功する可能性は低いと判断せざるを得ない。あまりにも楽観的な需要想定と確実に高い建設費を前提とする限り、その克服は絶望的であろう。リニアが経済性、市場性に欠ける技術である限り、プロジェクトの成功が見込めないことは、ドイツのリニア建設計画ですでに証明されている。世界中で今なおリニア鉄道建設を考えている国は日本以外にない。

しかし残された道がないと断定する前に、筆者はＪＲ東海が現時点で採り得る投資戦略として次の二つを提案したい。

まず一つは、リニア中央新幹線に社運を賭けて取り組む前に、東海道新幹線の持つ脆弱性、すなわち東海・東南海大地震と津波による致命的な被害を最小限に回避するため、現在の東海道新幹線の一部区間に安全性の高いバイパス路線（駿河湾及び浜名湖沿岸部から相当内陸部に入ったルート）を早急に併設し、非常時の輸送力確保に万全を期す対策を何より優先することである。それに要する費用は一～一・五兆円程度であろう。

第二に、大きいリスクを無視してリニアの着工を急ぎ、失敗に終わること程愚かなことはない。東京湾横断道路が大失敗した主たる原因は、需要見通しの甘さに自ら気づくのが遅すぎたことにある。後退は前進よりはるかに困難ではあるが、ここでは一旦現行計画を凍結し、諸条件を慎重に再検討すべきではないだろうか。

その上で、それでも中央新幹線のバイパス機能強化を重視するならば、思い切ってリニア新技術実用化への執着を棄て、国民の信頼も厚く技術的にもリスクがきわめて低い自社の最新型新幹線方式（Ｎ七〇〇Ａ型）を採択する方が、経済的（建設コスト、採算性）にも、技術的にも、早期開通の点でも、また既存の新幹線とのネットワーク性の観点からも、はるかに望ましいのではないだろうか。

幸いなことに、わが国のリニア新幹線はまだ着工されていない。今なお多くの困難や制約が横たわっており、その克服は容易ではない。企業経営的判断、国家的政策判断から見て残された時間は数年しかないが、成功させるためには何をすべきか、失敗を回避するためには何をすべきか、何をすべきでないかを今こそ真剣に再考する時である。

# 第5章　スピードの原罪——文明論としてのリニア——

川村晃生

# はじめに

日本はこの一五〇年ばかりの間、ひたすらスピードアップを目指してその歩みを進めてきた。東海道本線を例にしてみよう。

一九一三（大正二）年、全線の複線化を遂げた東海道本線は、昭和に入った一九三〇（昭和五）年に、東京・神戸間に特急「燕」を走らせた。所要時間は九時間。それまでは特急「富士」や「櫻」の九時間五一分が最速であったから、五一分の短縮である。続いて一九六四（昭和三九）年の東海道新幹線、一九七五（昭和五〇）年の山陽新幹線の開業となり、現在「のぞみ」で東京―大阪間の所要時間は二時間四〇分程に短縮されている。そしてリニアはそれを一時間七分（東京大阪間）に縮めようというのである。

こうした鉄道のスピードアップによって、確かに便利になった。また経済成長も底上げされて豊かになった。そのことは認めよう。だがそれによって日本人は幸せになったのだろうか。日本人の幸福度は、右肩上がりに増え続けているのだろうか。そのことに思いを馳せる時、誰もが疑問符を付けざるを得なくなる。なぜスピードの遅いブータンは幸福度が高く、スピードではどこにも負けない日本がブータンよりも低いのだろうか。未来社会を設計する時、もはやその問題を問わずして、黙過することは道を踏み誤るように思われる。リニア中央新幹線計画の問題も、まさにその部分が問い直されねばならないはずだ。

福沢諭吉は三度にわたり幕府遣外使節などに随行し、直接に欧米の近代文明に接した。その結果、文明の利便性に眼を開かされ、急速に欧米の文明礼賛者に転じていったのである。彼は一八七五（明治八）年に『文明論之概略』を書いたのち、一八七九（明治一二）年に『民情一新』を著わして、文明のもたらす利便性について具体的に論じている。

それによれば、鉄道の発達によって、新聞、雑誌、郵便等が全国に敏速に配達されることや、地方の産物なども日本国中に行き渡り経済的な利益をもたらすであろうこと、また駅ができるあたりの地価が高騰し、これまで一方的に利を生んでいた港のあるあたりとの貧富も平均化するであろうこと、そして青森の女性が鹿児島に嫁ぎ、長崎の男児が函館の養子になることもあるであろうことなど、文明による多くの便益を数え上げている。こうした西欧の文明、その中には精神性に属するものも含まれるが、それへの強い偏りがのちのち彼の脱亜入欧の思想の基盤を形造っていくのだが、つまるところ福沢は、鉄道の発達をはじめとする文明の進歩が全国津々浦々の人々の生活を平準化し、国民の生活レベルが全体として上がっていくことを説いたのである。

そして以後、日本はこの路線を踏襲することになる。欧米と同等の、あるいはそれ以上の工業国化をめざした日本は、鉄道のスピードアップ化を必須の条件とした。鉄道の高速化と大量輸送能力は、労働力としての人間と資源や製品の移動性を最大限に拡張することを可能とし、その結果日本のＧＤＰも上昇の一途をたどったのである。

思えば田中角栄の、全国新幹線構想と高速道路計画は、この路線の最も顕著なものであった。高速鉄道や道路によって日本列島を改造し、日本全国を平準化し均一にするという思想は、驚くほど福沢の思想に近似している。それは文明による利便性こそが、日本人を豊かにするという信仰ともいうべきものを日本人の中に植え付けたと言うことができよう。そしてその文明化路線の中に大きな落し穴があったことを、多くの日本人は気付かなかったのである。その落し穴とは何だったのかを、遅ればせながら今、私たちは問い始めなければならない。

## 夏目漱石の苦悩

夏目漱石はその落し穴に早くに気付いた日本人の一人だった。そしてその落し穴の深刻さに向かい合い、生涯その問題に悩み抜いたのである。

漱石は福沢に三、四〇年遅れて、一九〇〇（明治三三）年渡欧した。行先はイギリスのロンドン、文部省の給費留学生で、英文学の研究がその目的であった。当時のイギリスは、産業革命のまっ只中で、化石燃料をエネルギー源としての重工業が目覚ましい発達を遂げていた。そしてそこで彼は三つの事実に気付かされるのである。それは一九〇一年の一月から三月にかけての日記その他に、赤裸々に記されている。ではその三つの事実とは何だったのか。

まず最初に彼を驚かせたのは、石炭の煤塵であった。彼は言う。ロンドンの街を歩いて、試しに痰を吐いてみよ、真っ黒な塊りが出て来るのに驚くだろう。実に気味が悪い。石炭の灰が雪の上に積もっているのを見ると、阿蘇山のふもとの降灰のようだ、と。彼は石炭公害のすさまじさに驚き、それが人間にもたらす災厄を見抜いたのである。それは一言で言えば、近代文明が宿命的に生み出す環境破壊の問題であった。

二つ目は、イギリスの人々の多忙ぶりであった。イギリス人だから英文学の知識など自分よりずっと豊富だろうと思っていたら、とんでもない。彼らの大部分は仕事に忙しくて文学に親しむ余裕がないどころか、新聞に目を通すことさえ難しい、というのである。それは近代文明が人間から時間を奪っていくという、厳然たる事実を抉り出すものであったと言っていい。エンデの『モモ』の世界がすでに現実の問題として起こっていたのである。

そして三つ目は、金の権力性という近代社会の最も象徴的な事実である。彼はロンドンでのメモ書きの中に、金がきわめて力を持つものであること、同時に金持ちが権勢を振う存在になっていることを知り、併せて金持ちの多くは無学、無知、野卑であることが分かったと書き付けている。ここには文明が金を生み出すという、文明と経済との密接な関係が語られており、同時に金によって人間の倫理性や知性が壊されていくという事実が示されていると言っていい。それはほぼ等身大に、現代の日本の社会を映し出していると言えるが、おおよそ右の三つの点を、漱石は近代化し文明化していくイギリス社会に見出したのである。そしてこれ以後、漱石はこの文明が孕み持つ諸問題を彼の小説や言論活動の中でテーマ化していくのである。少しだけそれに触れておこう。

漱石は、金銭や金持ちを卑下して描く。『吾輩は猫である』の実業家、金田家の描写には際限なく皮肉を籠め、『野分』の白井道也の描写には、金ではなく徳義に生きる男の苦悩する姿が鮮明である。

一方、漱石は発達し続ける科学文明への不安を作中人物に語らせる。『行人』の長野一郎の「人間の不安は科学の発展から来る」という発言は、その最も象徴的なフレーズである。「徒歩から俥、俥から馬車、馬車から汽車、汽車から自動車、それから航空船、それから飛行機」と、どこまでも発達する文明は、人間を休ませてくれないのである。現にリニアがその先に控えている。長野一郎の不安は、ここに因っている。

そして漱石は近代文明の象徴として汽車を、『草枕』の中で次のように断じている。

> 人は汽車へ乗るという。余は積み込まれるという。人は汽車で行くという。余は運搬されるという。汽車ほど個性を軽蔑したものはない。

と。漱石は文明の利器やスピードが、個性という人間性に襲いかかっていく可能性を危惧していたのである。今から一〇〇年以上も前に。

こうした漱石の不安や危惧が最もはっきりと具体的に述べられたのは一九一一（明治四四）年に行なわれた和歌山での講演「現代日本の開化」である。その中で漱石は、こう語っている。

文明は、人間がなんとか労力を節約したいという思いと、一方で人間が気儘に勢力を費やしたいという思いの二つの願望を可能にする。前者は労働に関わり、後者は娯楽に関わるものだが、それを活力節約と活力消耗と名付ければ、この二つの活力が長い歴史の中で工夫し得た結果として、昔より生活が楽になっていなければならないはずだ。しかし実際はどうか。打明けて言えば、お互いの生活は甚だ苦しくなっているのではないか。文明が進めば進むほど競争が劇しくなって生活はますます困難になっていくのだ。それは生活の程度は上がったが、生存の苦痛が減ったという訳ではないからである。

漱石の文明に対する危惧や不安の原点はここにあった。つまり生活の程度と生存の苦痛という問題である。この漱石の着眼を今の私たちの暮しや社会にあてはめて考えてみるといい。新幹線ができ、リニアも走る、そういう社会を迎えて、私たちの生活はほんとうに楽になっているのだろうか。むしろ漱石が言うとおり、競争が激しくなって生活はますます苦しくなっているのではないだろうか。私たちはずっと、生活の程度と生存の苦痛を弁別できぬまま生きてきたように思われる。

サラリーマンの出張を考えてみよう。一九六四(昭和三九)年の某月某日、或るサラリーマンが仙台に出張を命じられた。彼は上野発九時三八分の急行「まつしま」に乗車し、一五時〇〇分に仙台に着く。到着後二時間ほど用を済ませば、もう仕事をやめる時間になる。残りの仕事は翌日にまわす。彼はその晩、地元のカキでもつまみながら地酒を飲み、仕事から解放され、翌日に備える。次の日朝のうちに仕事を済ませ、仙台発一〇時五五分の急行「まつしま」に乗り、上野に一六時二二分に到着、会社に二日間の出張報告を行ない帰宅の途につく。

一方二〇一二(平成二四)年某月某日、或るサラリーマンが同じく仙台に出張を命じられた。東京発九時三六分の「やまびこ」に乗車し、一一時五三分に仙台に着く。いや今なら、もっと早い新幹線に乗らなければならないかもしれない。いずれにしても四時間ほどで仕事が終わり、仙台発一六時〇六分の「やまびこ」で東京に帰る。東京着一八時一六分。今はそのまま帰宅など許されないこともあろう。ひょっとしたら、仙台での業務結果をもとに、部内の会議が設定されているかもしれない。彼は疲れた体を奮い立たせて、会社に向かわねばならない。

さて皆さんは、どちらの出張を望むだろうか。私だったらせっかく仙台まで行ったのだから、カキを肴に地酒が飲める出張を絶対に選ぶ。しかし今は、それは許されない。なぜなら早く行って早く帰って来れる新幹線があるからだ。新幹線によるスピード化は、サラリーマンの出張の楽しみの部分を削いでしまったのである。一方で、新幹線が走り時間の余裕ができたのだから、仙台での楽しむ時間ももっと増やし、出張の楽しみを増やすことだってできるではないか、という意見があるかもしれない。だがそんなことは許されない。なぜなら、そんなことをしたらその会社は他の会社との競争に負けるからである。

漱石が言う「競争が激しくなって生活はますます苦しくなる」というのは、このことだ。スピードの向上は、サラリーマン社会に限らず、社会全体のあちこちに右のような事象を惹き起こしているのである。

では競争が激しくなり忙しくなると、人間はどうなるのだろうか。競争や多忙は、いったい人間から何を奪い何をもたらすのだろうか。それを考えるためには、人間にとって時間とは何かという、人間と時間の関係を視野の中に入れなければならない。

生物学者・本川達雄は、その著書『時間』（一三五～一四二頁、日本放送協会、一九九六年）の中で、時間とエネルギー消費量との関係について、次のような理解を示している。

動物はエネルギーを使えば使うほど、時間の進む速度が速くなる。つまり時間の速度は、エネルギー消費量に比例すると言える。そしてこのことは、人間の社会活動にもあてはまるようだ。たとえば車を考えてみるといい。車を使えば目的地に速く着けるが、車をつくるにしても動かすにしても、たくさんのエネルギーが必要になる。そう考えると、車は時間を速めるものだと言うことができよう。

私たちは文明の利器を動かすために、体が使うエネルギーの四〇倍という膨大な量を消費している。つまり文明の利器などを用いなかった縄文時代の人々の四〇倍のエネルギーを使っているということになる。従って時間も四〇倍速くなっていると言える。しかし現代人も縄文時代人も、体自体に大きな違いはなく、体の時間は昔も今も変わらないのである。とすれば現代人の体はそんなにも速くなった時間に、うまくついていけるのだろうか。現代人のストレスの最大の原因は、体の時間と社会の時間の極端なギャップにあると考えることができる。

私たちは速いことはよいことだ、便利はよいことだと考えてきたが、はたしてそれは幸せにつながっているのだろうか。便利なものをつくればつくるほど、社会の時間は速くなり体の時間とのギャップは開いていくのである。それではたして人間は幸せになるのだろうか。

この本川の考え方は、人間にとってまた私たちにとって、リニアとは何か、リニアは必要かという問題を考える上で示唆的である。前節に述べたサラリーマンの出張にあてはめてこれを考えれば、リニアができるとますます忙しくなり、体は悲鳴を上げるということになる。リニアが通れば日本や地方の経済が活性化するという話がある。俄かには信じ難い話だが、もしかりにそうなるとしても、その犠牲になるのは人間であり私たちであることだけは忘れてはなるまい。

いま私たちにとって必要なことは、速くなることでも便利になることでも、経済が活性化することでもない。私たちにとって必要な事は、浮動する二本の足をしっかりと大地に着けて、私たちにとって幸福とは何かということをじっくりと考えてみることである。

銀河鉄道の旅から戻ったジョバンニは、こう言う。「さあもうきっと僕は、僕のために僕のおっかさんのために、カンパネルラのために、みんなのために、ほんとうのほんとうの幸福をさがすぞ」と。そして宮沢賢治は、「農民芸術概論綱要」の中で、「世界がぜんたい幸福にならないうちは、個人の幸福はあり得ない」とも言っている。宮沢賢治流に言えば、自殺者が毎年三万人を越える国に、個人の幸福はあり得ないということになる。

私たちは近代化の中で、とりわけ高度経済成長を目指した戦後史の中で、私たちにとって最も重要な「幸福とは何か」という議論を置き去りにしてきたのである。速くなればいい、便利になればいい、儲かればいいが至上命題であったと言えよう。しかしそれで幸福になったのかと言えば、とてもそれをそうだと断言できるとは思えない。私たちは幸福を脇に置いたまま、スピードや便利や金を求めてきたことを、冷静に評価する時を迎えているのではなかろうか。

## 幸福って何？

それでは幸福とは何か。それを考えるためには、いま私たちを支配している価値観とはまったく別の価値観を掘り起こし対峙させせてみる必要があろう。それは遅い人間、遅い社会に象徴される。

昔、ものくさ太郎という人がいた。実在したかどうかは分からない。だがものくさという思想や社会を体現した人という意味では、実在したと言うことができよう。

いまの長野県の片田舎の道端に、雨よけの屋根を乗せただけの小屋を作り、いつもそこで寝そべっていた。人からもらったお握りを大事に残しながら食べていたが、最後の一つが道中に転がっていったのを、面倒臭いのでそのままにしておいたところ、通りがかった地頭に拾ってもらったのが縁で、のちに太郎は京に出て幸福を摑んだ、というのが話のエッセンスである。

さて多田道太郎は『物くさ太郎の空想力』(一八四頁、角川文庫、一九八〇年)において、次のような落語の小咄を引いている。

いい若い者が昼間からゴロゴロ寝ている。

としよりがそれを叱って、

としより「いい若い者がなんだ、起きて働いたらどうだ」

若者「働くとどうなるんですか」

としより「働けばお金がもらえるじゃないか」

若者「お金がもらえるとどうなるんですか」

としより「金持ちになれるじゃないか」

若者「金持ちになるとどうなるんですか」

としより「金持ちになれば、寝て暮らせるじゃないか」

若者「はあ、もう寝て暮らしてます」

そしてこれとまったく同じ話が、発展途上国の人の実話として引かれている。人間は安楽に暮らしたいのだと多田は言う。右の会話は、いわば前近代型の思想だと言っていいだろう。ところが近代に入ると、安楽に暮らすという目的のための手段が無限に煩雑化していって、かえってその目的から遠ざかっていく、或いは手段が目的化してしまっていることを、多田は指摘している。

金持ちになれば寝て暮らせるという話は、ビル・ゲイツや孫正義を見ているとどうも眉唾のようにも思われるが、それはともかくとして、ものくさ太郎の話は、ぐうたらに生活していると幸福になれるという筋である。私たちは「そんなバカな」と誰もが思うにちがいないが、かつての日本人はそう考えていた。いやそう考えていたというよりも、そういう考え方に彼らの生き方が映し出されていた。

というのも、実は話はものくさ太郎にとどまらないのである。たとえば全国各地に伝わる「三年寝太郎」という昔話がある。寝てばかりいるぐうたら息子が、神のお告げによって幸福な人生を手に入れるという話である。或いは「果報は寝て待て」という諺がある。よい知らせは気長に待てということだが、気長に待つということを「寝て待て」というのである。こういう例からすると、かつて日本人は「寝る」ということと幸福との間に、何か深い関係を考えていたと見てよいだろう。

外国に目を転じてみてもほぼ同じである。インド最北部のスピティという地域の取材を続けた謝孝浩は、そこに住む少年が放牧の生活を好きだという理由として、放牧してしまえばボーッとしていられるからだと述べていることや、スピティの男たちがわけもなくそこらへんに寝転ぶ習慣があることを書きとめている（『スピティの谷へ』九四頁、一三四頁、新潮社、二〇〇一年）。これは物くさ太郎や三年寝太郎の世界に重なるものだ。つまり前近代社会においては、寝転んで暮らすことは、幸福につながる望ましいライフスタイルだという考え方があったと言っていいだろう。少なくとも仕事、仕事と日常を仕事に追いまくられるようなスピード社会は拒否するに値するものだったと思われる。一二世紀に成立した歌謡集である『梁塵秘抄』の中にだって、「遊びをせんとや生まれけむ、戯れせんとや生まれけむ、遊ぶ子どもの声聞けば、我が身さへこそ揺るがるれ」と、遊んで暮らす日常への憧れが歌われている。

しかし近代以降、資本主義の発達とともに賃労働が一般化していく。時間単位で金を稼がねばならない社会では、勤勉が正義となり、美徳となっていく。エンデの『モモ』の世界である。逆に物くさ太郎をはじめとする人々のぐうたらで怠惰で遊興の生活は、悪徳と見做されていくようになる。そういう人間は、社会にとって不要で無駄であるばかりか、有害であるとさえ見做されるようになる。

現代社会で言えば、その好例がニートであろう。ニートに対する社会の眼は厳しい。だがニートの支援を続ける二神能基氏は、ニートは人間と環境を壊してきたファーストワークに対して、マイペースのスローワークを求めているのだと指摘する（『毎日新聞』二〇〇四年一二月六日付）。ファーストワークに堪えてぎりぎりまで追いつめられ、うつ病になって自殺に至る人が少なくない社会において、ニートの主張は人間の本来の生き方を代弁しているのかもしれない。しかしファーストな社会は、ニートをただの無能者と見做す。ニートを許容しない。一方でスローな社会は、物くさ太郎を許容する。いやその生き方を理想とすら考える。だから人々はおにぎりを与えて物くさ太郎を支えたのである。

大事なことは、遅い方がよいか、それとも早い方がよいかということではない。どちらが幸福かということである。もう少し正確に言えば、どちらにどの程度傾いた方が幸福度が増すかということである。幕末から明治にかけての社会や人間を、日本を訪れた外国人たちの日記や紀行文だけを材料として描き出そうとした、渡辺京二『逝きし世の面影』（葦書房、一九九八年）は、それまでの江戸時代や前近代に対する私たちの考えを根底から覆す名著と言っていいだろうが、その第二章「陽気な人びと」の冒頭は次のような文章で起筆されている（五九頁）。

一九世紀中葉、日本の地を初めて踏んだ欧米人が最初に抱いたのは、他の点はどうであろうと、この国民はたしかに満足しており幸福であるという印象だった。ときには辛辣に日本を批判したオールコックさえ「日本人はいろいろな欠点をもっているとはいえ、幸福で気さくな、不満のない国民であるように思われる」と書いている。ペリーは第二回遠征のさい下田に立ち寄り「人びとは幸福で満足そう」だと感じた。ペリーの四年後に下田を訪れたオズボーンには、町を壊滅させた大津波のあとにもかかわらず、再建された下田の住民の「誰もがいかなる人びとがそうありうるよりも、幸せで煩《わずら》いから解放されているように見えた」。

この短い文章の中に、何度「幸福」や「幸せ」が登場していることだろう。私たちは前近代社会の中で、たとえ大津波のような大災害に遭遇しても、人々が実に幸福に暮らしていた状況をここに具《つぶ》さに見て取ることができる。そしてそれは、逆に言えば、幸福とは文明とかお金とかスピードや利便性とかと、まったく無関係に存在し、またそれらなしでも手に入れることができるものであることを示している。新幹線を経てリニアに到達しようとしている今、私たちは幸福論を起点に議論を始めねばならないと考えるのだが、皆さんはどうお考えだろうか。

## 文明の落し穴（一）

「リニアができれば、親の死に目に会える」と言った人がいる。リニアのメリットを数え上げるうちに思い付いた発言なのだろうが、何と愚かしく軽い発言であることだろうか。そもそもその人は、リニアがなければ親の死に目に会えないような社会がおかしい、とは考えないのだろうか。

しかし、この「親の死に目問題」は、一方で近代化の歴史を象徴しているようにも思われる。冒頭に述べた福沢諭吉の青森の女性や長崎の男児のように、交通の発達と利便化は人間の移動を容易ならしめたが、その結果招来されたことは、福沢が指摘したような日本全国に人が散らばるという現象ではなく、都市に人口が集中する都市の肥大化という現象であった。それは言うまでもなく、資本の問題と密接に関わっているのだが、東京や大阪といった大都市のみならず、中都市、小都市も同様で、小さな地方都市などもそれぞれの地域の人間を吸い寄せつつ肥大化していった。そのあおりで、農漁山村は衰退の一途を辿ったが、そのために生まれた所を出ていった人々は離れて遠くに住めば住むほど、親の死に目には会いにくくなっていったのである。そうした社会で生き続けてきた人間が、究極の所で思い付いた言葉が「リニアができれば親の死に目に会える」という一言だったと考えられよう。

そして一方でこのことは、私たちにもっと別の重要なことを示唆しているように思われる。それは何か一つの悪い状況（ここでは親の死に目に会えないということ）が生じた場合、それを解決する何か新しい技術的手段を創り出そうとする、という考え方が当り前のようになってしまったということである。私たちはその事態に直面した時、親の死に目に会えないという不幸な状況を生み出している根本的な社会的原因は何か、という本質的議論をする能力を欠き始めているのではあるまいか。そしてそうした能力の欠如は、新しい文明や技術によって、何らかの悪い状況を克服できるという考え方が優先されることによって起こってしまったと言うことができよう。整理して言えば、文明や技術の発達によって知のあり方や、頭脳構造そのものが改変されてしまったということである。

渋谷駅で女性がホームと電車の間に挟まって引きずられたという事件が起こった。その時女性はかなり酒に酔っていたという。このニュースを取り上げた翌朝のテレビ番組で、作家という肩書きを持つ或る人が、そういうホームと電車の間に人が挟まれたような場合、それをすぐに発見できるようなセンサーの装置の必要性を説いていたが、これも親の死に目問題と同じだと言っていい。この事件で問われるべきものは、酒を飲んだ人間の方である。それを問わずに、センサーという技術の方に頭が動いてしまうところに、文明や技術に魂を奪われてしまった現代人の弱点がさらけ出されている。私たちは本質論を徐々に議論できないように改変されつつあるのではなかろうか。

## 文明の落し穴（二）

リニアという乗り物の、本書で論じられているような様々な負の要因を考え合わせ、さらにその結果としてそれが私たちに幸福をもたらすのかどうかという判断をもとに、私たちはリニアを必要としているのかという根源的な議論をしなければならないはずなのだが、それができないように、すでに私たちが構造的に改変させられていることへの危惧を私は述べてきた。ではいったいなぜ私たちはそうなってしまったのだろうか。

実はここにも文明の落し穴があると思われる。その象徴的な事物はテレビであろう。テレビは次々と画面が変る。私たちはその変化に付いていかなければならない。私たちはテレビから画面への追随を強要される。その間私たちは思考することを許されない。思考していれば画面に付いていけなくなるからだ。テレビは私たちに思考力の停止状態を要求する。かつて評論家の大宅壮一は、テレビを指して一億総白痴化時代の到来を指摘したが、事態はそれが現実になりつつあると言ってよいかもしれない。テレビによって私たちは、事物の背景にあるものや本質を考え見抜く力を失いつつあるのではないか。

テレビの弊害について鋭い指摘を下したのは、林秀彦『おテレビ様と日本人』（成甲書房、二〇〇九年）である。かつてのNHKの朝の連ドラの名作『鳩子の海』のシナリオを書いた林は、原発に対する擁護・賛同の姿勢をドラマに取り入れることを要求されたと言うが（三五頁）、そこにはNHKの国営放送的側面があったと言ってよいであろう。何と言っても原発は国策だったのだから、この憶測におそらく誤りはない。

そしてこの問題を民放レベルに移して言えば、それは資本の問題に繋がっていく。テレビはまた資本の宣伝機関でもあるのである。林はテレビのCMについて、次のように言う。少し長いが引用しよう（一四七頁）。

少しでも頭を使って考えてみればいい。金儲けをする最善の道は、その取引相手がバカであることだ。こんなことは誰にだってわかる。あらゆる「勧誘」は「だまし」のテクニックだ。ただこれまでは、相手を完全にバカにする方法がこれほどうまく見つからなかっただけだ。

子供のときからテレビに汚染させて育てるという方法である。

その目的とは何か？

考える力と、感じる力を殺すのだ。

考えることと感じることとを過度に強制・強要することによって、それを麻痺させる。つまりCM（洗脳術の基本）の効果である。「あなたがどうしてもこの商品を手に入れなければならない理由。」しかし最後にその商品に金を払っている瞬間、誰も何も考えもせず、感じてもいない。購買欲のロボット化であり、欲望の非人間化である。

私たちはこの林の発言から、いくつもの事例を思い起こすことができる。たとえば原発の問題を引き合いに出してみよう。私たちは東京電力が何人ものタレントを使って、原子力発電は消費電力の三分の一を供給しているのだと、一日に何回となくCMで流したことを知っている。言うまでもなく多くの日本人はこれに洗脳された。ほんとうは原発などなくても、火電その他で十分な供給能力があったのに、その事実はCMの画面の外に放り出され、原発がなければ暮らしが成り立たないように思い込まされた。テレビという文明の利器による洗脳であり、思考力の欠如そのものである。

また或る知り合いの女性がイタリアに旅行した。陽射しが強いであろうことを慮って、日焼け止めクリームを持ち込んだ。だが行ってみると、誰一人クリームなど塗る人はいない。彼女は馬鹿らしくなってクリームの塗布をやめ、小麦色に日焼けして帰って来た。これも美白を強要し、洗脳する化粧品会社のCM戦略の一環にすぎない。私が若い頃、若い女性の小麦色の肌はチャームポイントであった。ワイルドワンズだって「小麦色した　かわいい頬」(「思い出の渚」)と歌っていたのである。

東海道新幹線が延伸して山陽新幹線が開通した時、「ひかりは西へ」が宣伝され、或る時「そうだ、京都へ行こう」のキャッチフレーズに乗せられて、京都がブームになった。CMにおいては鉄道だって例外ではない。リニアが通れば、またリニアに誘い込む戦略がCMを通じて流される。そしてそれに洗脳される人が出てくる。

ものごとの本質や深みに迫ろうとする思考方法が希薄になり、表面や現象だけで是非を判断する短慮が主力になってきたことは、きわめて憂慮すべき状態であり、一種の危険水域に入っているると言っていい。テレビのあとは、ケータイの流行である。ケータイもまた、無思考の即時的な反応や虚像の世界での思考を要求される。総白痴化の次は、何と名付けるべき時代が来るのだろう。正高信男流に言えば、『考えない人』(中央公論社、二〇〇五年)化であり、『ケータイを持ったサル』(中央公論社、二〇〇三年)化である。白痴化からサル化へ、と言ったらサルに失礼この上ないようにも思われるが——。

私たちはこのサル化現象の中で、リニアの戦略が進められていることを、心に銘記せねばならない。現に「リニアができれば親の死に目に会える」と言った人がいるのである。酒に酔って電車に挟まれたら、それを感知するセンサーが必要だと言った「知識人」がいるのである。

高速道路ができる。ダムができる。港湾が大型化する。そして鉄道は高速化する。すべて文明化の一つのステップだが、かりに個別の事業に反対運動が起こりその事業がストップしたとしても、全体の趨勢は変らない。全体は文明化や開発に進んでいく。なぜかと言えば、それが人間を幸福に導くのかという根源の議論がなされないからである。またそういう思考力を停止させる文明の落し穴に気付かないからでもある。そして近代化し高速化することはよいことだという、旧来の価値観に縛られたままだからである。私たちはこの単純な事実を起点にしなければならない。リニアはその落し穴のまっ只中を進んでいるのだから。

# 第6章　リニアのジレンマ

懸樋哲夫

## 事故のリスク

リニア実験線は過去に暴走炎上事故を起こしている。原発と同様、「安全である」と主張されても現実にはそれは不可能なことであったことがわかった。それを現在どこまで克服し、一〇〇%安全と言える状態にたどりついたのかどうか？　事故が発生すれば大惨事に至ることは超高速技術でも同様である。リニアは絶対安全になり事故は皆無であると言えるものになったのかどうか、実験線の事故の事例から確認してみたい。

### リニア宮崎実験線炎上

一九九一年一〇月三日、宮崎実験線で車両が全焼する事故が起こった。当時の車両は強化プラスチックで作られていた。できるだけ車両を軽くして浮上する際のエネルギーを少なくするためだった。プラスチックでは火がつけば一気に燃えてしまうはずである。

火災の経過を当時の『宮崎実験線火災報告書』などからまとめてみる。

タイヤがパンクしたことがわかり、三人の職員が車両に乗り込み、速度を時速三〇キロに設定して走行させた。停止した地点から約一〇〇mの間を、止まったり、走ったりしながらきたところ、急にスピードがあがり、設定した時速三〇キロの四倍を超える時速一二二kmの速さで、九四九mの距離を暴走してしまったのである。あわてて指令所から緊急ブレーキをかけ、またタイヤについているディスクブレーキをかけた。そして、現場にいた研究員が中央指令所に連絡して、緊急停止させた。

この緊急停止の後、二度、自力走行を試みたが、ふたたび暴走しそうになり再度緊急停止させた。それから四分後（最初の停止から三八分後）突如発火し、消火器で消そうとしたが火の回りはやく、全焼に至った。


パンクからこの炎上に至った原因について、鉄道総合技術研究所の元研究員菅波任《つとむ》氏は次のように推測している。「車両はパンクしたまま、緊急停止装置（モリブデン合金製ソリ）をコンクリートの床にこすりつけて疾走した。当然火花がでたであろう。それが油圧系の油に引火し、台車が燃え、車体が溶ける結果になった、のではないか」。

JR総研の発表した発火原因も「補助支持車輪がロックし、ガイドウエーと摩擦をおこすことでゴム製車輪の中のピアノ線が加熱した。この熱により油圧オイルが発火したのではないか」と推定している。いずれにせよ、車輪のパンクから火災が発生して、三人も職員がいながら消火できなかったという大事故だった。

リニアの場合、超電導磁石に影響を与えないために、鉄の車輪に鉄のレールというわけにいかず、ゴムのタイヤを使わざるを得ない。

## 暴走の原因は

リニア中央新幹線も、運転手はなしで、運転は中央指令所からの遠隔操作で行なわれる。位置も速度も指令所で完全に把握されていないとリニアの制御はできない。だが、宮崎実験線の事故の場合、この制御ができず、暴走したことが記録から明らかで、結果として、この制御のできない状態、暴走が火災を招いたわけである。

この一年前の九〇年一一月二日には三・六キロ暴走するという事故を起こしている。このときは、車輪走行中に変電所の設備が故障して電気が送られなくなったために、軌道からの磁力を利用するブレーキシステムによって止まることができずに暴走してしまった。ディスクブレーキはこの事故の後に取り付けられたものだった。

山梨実験線では車体を金属に変えたが、「制御が困難」、「事故のリスク」の根本的な解決がされた、と言えるのだろうか。消火もしにくいガイドウエーの中に車両を納めるという構造も、何より暴走を一〇〇％なくすシステム、つまりフェイルセイフになっておらず、安全性は確立されていない。

## フェイルセイフ

リニア宮崎実験線の炎上事故で分かったことは、ブレーキを多重に備えても暴走を止められなかったという事実だ。

菅波任氏は、原発が「フェイルアウト」である、と二〇年以上前に指摘していた。「線路上の鉄道の技術はフェイルセイフになっている。故障などがあるとブレーキが作動し止まる方向にはたらくようになっている」(注)。しかし多重に防護を施したり、ブレーキを複数取り付けることでは事故を一〇〇％防止することにはならない。

一九八五年八月の御巣鷹山の日航機墜落事故のとき「フェイルセイフの機がなぜ？」と言われた。二重、三重の安全設計がされており、一部分が破壊しても、亀裂が拡大して致命的な損傷にならない構造になっている。操縦系統が故障すると墜落するので、これも「多重防護」になっており、操縦席から主翼、尾翼の可動翼まで複数の油圧系統が、胴体の上下、左右を通っていて、万が一どれかの油圧系統が壊れても緊急着陸はできるようになっている、と。しかし、日航一二三便の時には、垂直尾翼の取り付けの部位が破壊したので、一挙に操縦不能となった。絶対事故を起こさないはずの機が大惨事を招いてしまったのである。

この日航機は「フェイルセイフ」と言えるだろうか？　これは「多重防護」ではあるがフェ

注：フェイルセイフ：フェイル（故障）が起きてもセイフ（安全）側に作動するシステムのこと。鉄道では、車両のブレーキシステムがコンプレッサーで圧搾空気を作り圧力をかけない状態にしておき、空気を抜くとブレーキがかかる仕組みになっている。圧搾空気が通るエアホースが破れたり穴が空いたり、コンプレッサーが故障すると、空気が抜ける（大気圧になる）のでブレーキがかかる。こうした故障時に安全側（車両が止まる）に作動するシステムをフェイルセイフという。

イルセイフではなかった、ということになる。

二〇一一年三月一一日、福島第一原子力発電所は外部電源を失い、結局四基とも爆発に至った。「五重の防護がされているので安全」と言われていたものがこの結果であった。原発の安全PRでは「原子力発電所では、制御棒駆動用電源が失われても水圧または重力で自動的に制御棒が炉心に挿入され、原子炉の運転が停止されるシステムとなっている」と案内している。

しかし、電源が失われると破滅的爆発事故に至ることはここで指摘を繰り返さなくても誰にもわかることになった。補助電源も含めた電源が失われれば制御不能に陥るシステムとはフェイルセイフと言いえないことは悲惨なかたちで実証されてしまったのである。

菅波任氏は「巨大な技術、超高速技術、いずれも一〇〇%の安全が必須条件であるのにリニアはフェイルアウト、原発もフェイルアウトなのである」と繰り返し語っていたのだった（『リニア・破滅への超特急』柘植書房、一九九四年参照）。

リニアが一〇〇%安全とすることを目標とすると、クエンチ現象などの防止のために余裕をとった過大な電力をつぎ込む必要が生じる。効率がいいはずの超伝導リニアは安全確保のために余計な電力を要するという解決不能なジレンマを持った技術だったのである。

## ドイツトランスラピッド事故

ドイツ北西部ラーテンで二〇〇六年九月二二日午前九時半ごろ、実験線で高速走行中のリニアモーターカー「トランスラピッド」が軌道に止まっていた作業車両に衝突した。

事故は、遠隔操作で運転される三両編成のリニアモーターカーの一両目に作業車両が乗り上げる形となり、一両目が大破した。事故当時、三一人が乗っており、うち二三人が死亡した。時速一七〇キロで走行中だった（『朝日新聞』二〇〇六年九月二四日）。

ドイツ政府は建設費が当初の一・五倍に膨れ上がることなどを理由に、二〇〇四年にリニア建設を断念することを決定していた。この事故の一年半後二〇〇八年三月、企業体としても撤退することになった。

## 原発とリニアの深い関係

### 高圧線が結ぶ原発とリニア

リニア中央新幹線の使用電力が柏崎刈羽原子力発電所から送られてくることは、実験線建設が決まるころから公然と言われてきた。柏崎で作られた電気は西群馬開閉所から山梨県大月市の東山梨変電所に一〇〇万ボルト超々高圧送電線でつながっている。平成四年五月に完成した。西群馬開閉所から東山梨変電所までの一三八kmの間に鉄塔は二一七基もある。この開閉所には福島第一、第二原発からの南いわき幹線により電気が送られるようにも結ばれている（図1）。

東京電力は柏崎原発の増設に際し、「この電力はリニアにも使われます」と建設の理由を述べていた。原子力とリニアはどちらも「夢の技術」として人々に希望を持たせる効果を演出していたのだ。

## リニア用高圧線建設の問題

柏崎原発から山梨まで運ばれてきた電力はその後どのようにリニアにつながるのだろうか。JR東海の説明によれば「東京電力の仕事なので計画はわからない」とのことだ。東京電力は国から一兆円もの資金を供与されてその破綻をまぬがれようとしている立場である。新たな高圧送電線を建設する余力など一切ないはずだ。それを国税で充てるということなのか。

リニア計画での電磁波はリニアの車両自体から発生するもののほかに、敷かれる送電線と変電所についても大きな発生源として見過ごせない問題だ。どこの発電所から運ばれてくるにせよ新たな高圧送電線と変電所が必要になり設置されることになるだろう。

JR東海によるとリニアの変電所について、「中間駅に一つずつ作る」と計画されているようだが、公表されておらず、「未定」としている（二〇一二年一〇月現在）。今予定されている中間駅、相模原の橋本、甲府の南、飯田、中津川と各駅に変電所ができることになりそうだ。地下駅でも地上駅でもその駅舎ビルの中に変電所が置かれ、その駅までの高圧線が敷かれることになると思われるが、このルートも未定だという。

ただ、駅と駅の間は沿線を使って、地下四〇mを通る軌道の下に高圧線が敷かれる、とのこ

## 図１　東京電力のUHV（注）設計送電線

◎南北ルート（約190km）

南新潟幹線（柏崎刈羽原子力発電所～西群馬開閉所）の１部

西群馬幹線（西群馬開閉所～東山梨変電所）

◎東西ルート（約240km）

南いわき幹線（南いわき開閉所～東群馬変電所）

東群馬幹線（東群馬変電所～西群馬開閉所）

（注）Ultra High Voltage：100万Ｖ級

上記、ＵＨＶ設計送電線については、現在50万Ｖで運転中。

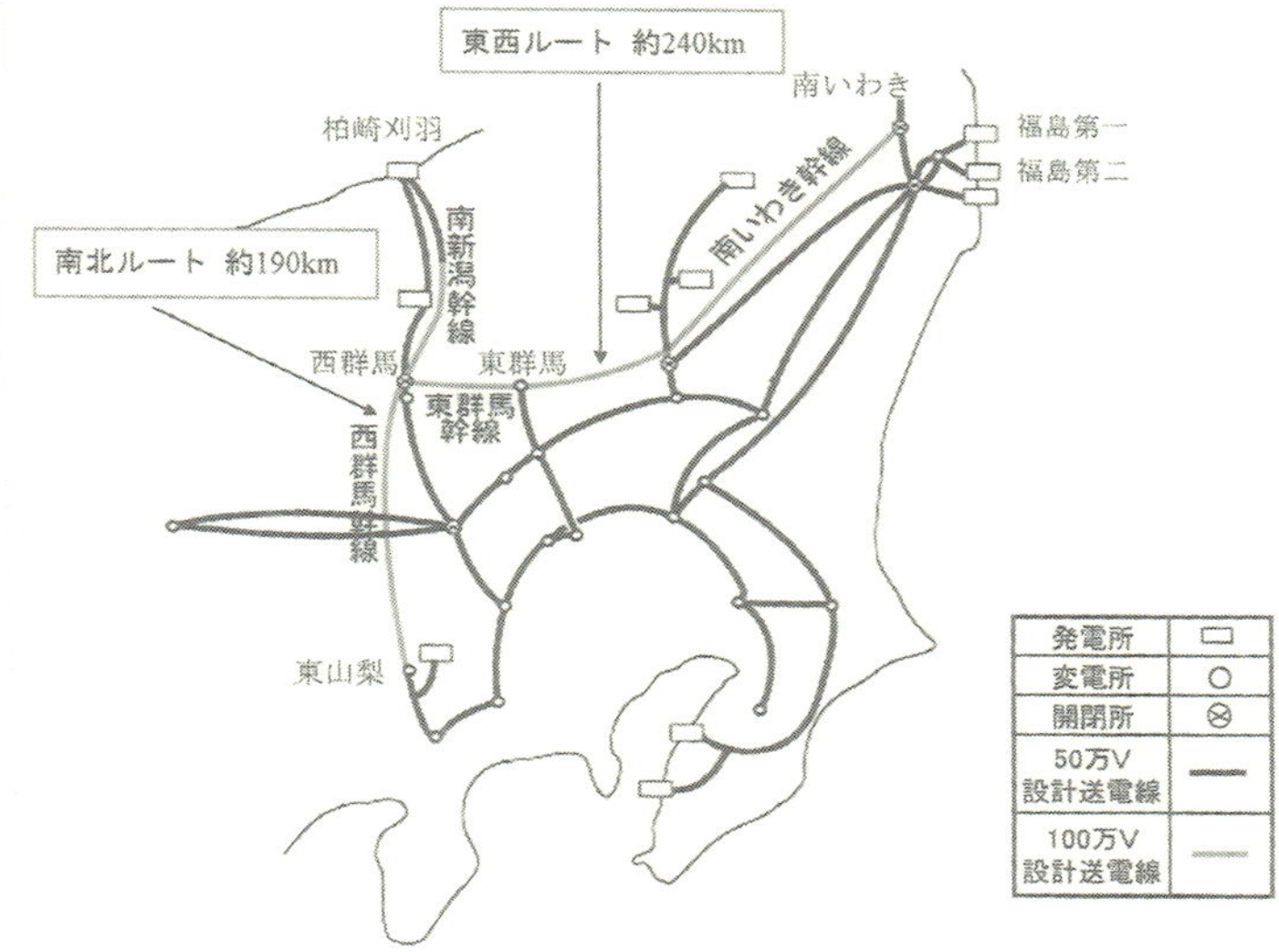

とだ。この電圧は三万三〇〇〇ボルトで交流であるという。

そうであれば、車両の内外に五〇ヘルツの交流電磁場が発生することが考えられる。ＪＲ東海が説明しているグラフは一一ヘルツで横軸が切れていて、「それ以上の周波数はない」としてきたが、五〇ヘルツの電磁場は軌道周辺に生じるはずである。

一般の高圧線の場合、山間部などでは地下送電ということは通常なく、地下に埋められるのは都市部の地域に限られている。電力事業者によると、地下送電線の建設費は地上の場合の一〇～二〇倍かかるという。

いずれにせよ、駅周辺の居住者や駅の利用者には健康に有害なレベルの電磁波を浴びる環境になる可能性が高い。建設についてはその場所と具体的な電磁波の数値について住民に事前に告知し、了承を得なければならないだろう。

かつて高圧線や変電所の建設に際しては全国各地で住民の大きな反対運動が起こった。山を通る高圧線はルートによっては山を削りそれなりに環境破壊をしているが、知らぬ間に建設されてしまうことも多い。しかし、駅に近い変電所となると住環境としての問題が大きく、近隣居住者を無視して建設することは許されない。

福島の原発震災を引き起こした東京電力は、いまその独占形態の変革を迫られている。いまはまだ送電線を独占所有していることで、託送料を発電会社から都合のよい料金設定で取ることができる。場合によっては別の発電会社の送電を拒否することも可能で、このことが電力自由化のための障害になっていることは周知の事実だ。だから経済産業省も、「発送電分離」をすすめている。

しかし東電は所有する送電線網を手放す気配がない。むしろ、スマートグリッド、スマートメーターを導入してその独占体制を維持しようとしている。実質国有化された東京電力は、送電線の所有権分離がされない方向で「発送電分離」は骨抜きになることが懸念されている。その東電にリニア中央新幹線の送電線を建設させることができるのだろうか。少なくとも新たな設備の建設資金はないはずであり、あればすべて福島原発の後処理に充てられなければならない。

## 国交省がリニアの電力浪費を検証せず

リニア計画を「検証」していた国交省の「中央新幹線小委員会」は、二〇一一年五月にリニアについてGOサインを出す報告を行なった。そのとき初めてリニアの電力消費量が公表された。

《約二七万kW（東京―名古屋開業時、ピーク時：五本／時間、所要時間：四〇分）》一列車（一六両編成）の消費電力について「時速五〇〇km走行時、約三・五万kW」と説明している。「ピーク時」と書いているが本数を五本にしたときの平均値である。JR東海の説明では「停車している車両もあり」、「東京―名古屋間は四〇分なので一時間当たりにするため六〇分の四〇にしている」「三・五万kWとは平坦地走行中」ということだ。つまり五本を足してそれを六分の四にした合計が二七万キロワットだということなのである。

福島原発の大事故から二カ月の間に委員会は開催されていない。国のエネルギー政策の大転換を迫る大事件が起こったにもかかわらず、リニアのエネルギーについては何の検証もせずに結論を出したのだった。むしろ事故により計画に支障の出ることをことさら避けるように、あえて大急ぎで出した「GOサイン」に見える。電力消費量について明らかになったことは、国交省小委員会ではこれ以前からエネルギー問題について一切議論がなく、検討議題にもなかったことである。

## 「新幹線の三倍」はほんとうか?

リニアが電力を大量消費することは、山梨実験線の建設の前から指摘されていた。元国鉄技師の川端俊夫氏が朝日新聞論壇に「電力浪費の『リニア』再考を」「一人あたりでは新幹線の四〇倍」だと書いた（一九八九年八月二四日）。

これに対して推進側の鉄道総合技術研究所理事長（当時）尾関雅則氏は「リニアの電力浪費論は誤解―全消費量は新幹線の三倍で設計」と同じ朝日の論壇（同年九月四日）に反論を載せた。

尾関氏は「川端氏のご批判は、すべて瞬間最大電力（kW）の数字から計算されており、全電力消費量について新幹線と比較しているものではありません」「乗客一人当たり約九〇W／h

を計画しており、これは東海道新幹線の約三倍、航空機の約半分となります」「現在、東京、中部、関西の三電力会社合わせて総発電能力九一〇〇万kWの発電所があります。その発電量は一日平均十億kW／hで、リニアモーターカーの全電力消費量はその約〇・六％に過ぎず、これがために発電所を新設することにはなりません」と記している。

この尾関氏の電力消費の説明は、瞬間最大電力ではなく平均電力で比べるべきであるという主張になっている。発電所の新設ということで電力需要をまかなうのはピーク電力に合わせなければならないことは言うまでもない。これをわざわざ平均で比較するのでは説得力がない。また「一人当たりの電力消費に換算すると、リニアは新幹線の約五倍以上になる」という計算をしている技術者もおられる。

「リニアは新幹線の三倍の電力」とは山梨実験線建設当時の話ではあるが、当時から川端氏のほかの技術者からも「それでは済まない」と指摘する技術者はたくさんいた。

一九九二年ごろのことだが、かつての国鉄時代の技師長であった、瀧山養《まもる》さんからお手紙をいただいた。内容は、「何でも反対の大衆運動には賛成出来ません」としながら、リニアの技術的な問題点を多々指摘（この書で各先生が書いていることと同趣旨）し、エネルギーの消費は大きく、新幹線の三倍ではすまない、と書いている。「リニアではなく新幹線にすべきだ」と結論していた。瀧山さんが国鉄の歴史に名前が残っている程の方だったことは後でわかったことだった。

## 新幹線の二八倍・乗客一人当たりの場合

表1は一九九一年当事の菅波氏の資料だが、一人あたりにするとリニアは新幹線の二八倍の電力が必要との計算をしている。

変電所の供給電力については資料（一九九一年）がある。当事、鉄道総合技術研究所の研究員だった菅波任氏は、リニア山梨実験線の建設時の変電所供給電力について三両編成の場合四・五万kW、五両編成の場合六万kWと説明している。これをそのまま一六両にすると一四・二五万kWとなる。しかしこれはあくまで当時の計画数値なので現在の実験線の実際の数値が公開されていない以上やはり推定するしかない。

しかし軽量化あるいは送電の効率などの技術については在来新幹線も同様に使用可能なことから、この比率はそれほど変わっていないのではないだろうか。

では、一人当たりの電力の比較から、実際にリニア中央新幹線で沿線のすべての車両が走行する際の最大電力はどうなるだろうか。

## 超伝導と常伝導・その電力の違いは

実験線建設から二〇年が経過し、技術も進歩したことだろう。ドイツで試験されていた常伝導リニアの場合の電力使用データに基づいて計算された電力量では、原発三基分の電力が必要だとの話もあった。これには反論もあり、実際のところはいまもわからない。

**表1　リニアと新幹線の電力比較**

| | 最大速度（km/h） | 輸送力 1列車（人） | 変電所供給電力（kW） | 1変電所内列車数 | 乗客1人当り使用電力 |
|---|---|---|---|---|---|
| 新幹線 NTL | 250 | 1600（16両×100人） | 2～3万 | 2～3 | 6.25 |
| リニア（山梨実験線） | 500 | 340（5両×68人） | 1 | 1 | 176.5 |
| リニア/新幹線　比 | 2倍 | 0.2倍 | 2～3倍 | 1/2～1/3倍 | 28倍 |

1991年8月　鉄道総合技術研究所元研究員　菅波任氏の資料より

ピーク電力は発進の際にはなく、最大の勾配を登る際に要する、という話も聞いた。また空気抵抗がエネルギーのロスで最も大きい、とも言われる。

ドイツのトランスラピッドや中国の上海で走行しているリニアの常伝導とリニア中央新幹線の超伝導はエネルギー消費からみてどう違うのかを専門の先生に聞いた。

ガイドウエー側のコイルは常伝導と同じ構造なので同じ量の電力を要する。これに車両側の超伝導コイルを冷凍するための電力がプラスされる、ということになる。その冷凍のための電力は五〇〇キロワット程度とのことだが、常伝導より超伝導のほうが電力を要しないということはない。ひとことで結論を言うなら、超伝導とは常伝導よりも電力を要する、ということだ。

JR東海の説明によると、同時にピークが生じるようなことはない、という。むしろ走行中の勾配を上る場合にピークが生じ、五万六〇〇〇キロワットを超えることになるということだ。

こうしてJR東海も国交省の中央新幹線小委員会も、リニアの実際の電力使用状況を公表せず、「走行中」の電力のみの数値しか公表しないまま推進している。わたしたちが「推測」に基づく批判をしなければならないのは、そもそも、ＪＲ東海がきちんとデータを公表しないからであり、それは、実際的な電力消費問題の議論を避けるためだと考えざるをえない。

以上書いた「推測」が誤りであり、ＪＲ東海の言うとおりリニアの電力は「新幹線の三倍」だとしても、この電力消費を浪費だというには十分すぎる数量ではある。

## シールドの重さと電力のジレンマ

荻野先生が第3章で書いている通り、ＪＲ東海はこれまで磁界の数値も明らかにしてこなかった。出てきた言葉は「磁気シールドにより磁界の影響を低減する」「基準値以内に抑えることは可能」という中身のないものだ。

そして、磁界シールドについては、その材料の厚みや重量、どれだけ遮蔽効果があるのかの肝心な数値は一切書かれていない

### シールドの磁場遮蔽の効果は

山梨実験線の建設がまだ始まる前のこと、九〇年初めごろに山梨で記者発表された「車内磁

## 表2　リニア実験線車内磁場測定結果

単位 mT

| 図 | 測定場所 | 床から | 座席上 | 床から 10cm |
|---|---|---|---|---|
| ① | 車両中央部座席 | 1m<br>0.088<br>0.88G<br>(0.116)<br>(1.166) | 0.064<br>0.54G<br>(0.096)<br>(0.966) | 0.058<br>0.58G<br>(0.112)<br>(1.12G) |
| ② | 車両中央部通路上 | 1.5m<br>0.089<br>0.896<br>(0.090)<br>(0.90G) | | 0.083<br>0.83G<br>(0.105)<br>(1.056) |
| ③ | 台車近くの座席 | 1m<br>0.429<br>4.29G<br>(0.656)<br>(16.56G) | 0.382<br>3.82G<br>(2.697)<br>(26.97G) | 1.061<br>10.61G<br>(1.764)<br>(17.64G) |
| ④ | 貫通路上<br>連結面から 1.4m | 1.5m<br>0.206<br>2.06G<br>(0.134)<br>(1.34G) | | 0.366<br>3.66G<br>(1.841)<br>(18.41G) |
| ⑤ | 貫通路上<br>連結面から 2.4m | 1.5m<br>0.063<br>0.63G<br>(0.153)<br>(1.53G) | | 1.331<br>13.31G<br>(12.720)<br>(127.20G) |

注
(1)（　）内の数値は、車両機体及び、磁気遮断板を考慮しない計算値である。
(2) 客室内床面及び貫通路床面の超電導コイルの中心からの高さは、それぞれ0.45m、0.75m である。
(3) 測定値、計算値とも磁束密度のX方向、Y方向およびZ方向の各成分の二乗和の平方根である、磁束密度の絶対値である。
(4) 1mT（ミリテスラ）は、10G（ガウス）と等しい。

場測定結果」がある（表2）。

おそらく、宮崎実験線でのデータだと思われるが、遮蔽板を使用した場合としない場合とが記されている。これにより遮蔽の効果をみてみる。

車内で最大なのは、台車近くの座席では二六・九七ガウスで、これを遮蔽すると三・八二ガウスに減少するということだから、八六％も減少し七分の一になったことになる。減らしたといっても単位をミリガウスにすれば三八二〇mG（ミリガウス）にもなる。一方、車両中央部の座席上で、遮蔽しない場合、〇・九六ガウス（九六〇ミリガウス）あり、これを遮蔽した場合〇・六四ガウス（六四〇ミリガウス）に減っているが、桁は同じで三三％ほどしか減少していない。

以上をまとめると、

**〇遮蔽効果は最大で七分の一程度、座席上でも三三％しか減っていない場所もある。**

**〇遮蔽しても車内で最大三八二〇ミリガウスある。**

**〇遮蔽しても通路上など増加してしまう場所がある。**

**隠された測定値**

これらの数値が山梨実験線でどのように変化し、低減されたのか、あるいは同様なのか、変動磁界の値はどうなのか？　その後の測定値は隠されたままなのだ。

神奈川県の黒岩知事もリニアの「環境影響評価方法書に対する意見書」をＪＲ東海に提出

図２ 「方法書」に記載されている「車内への磁気シールド設置の概念図

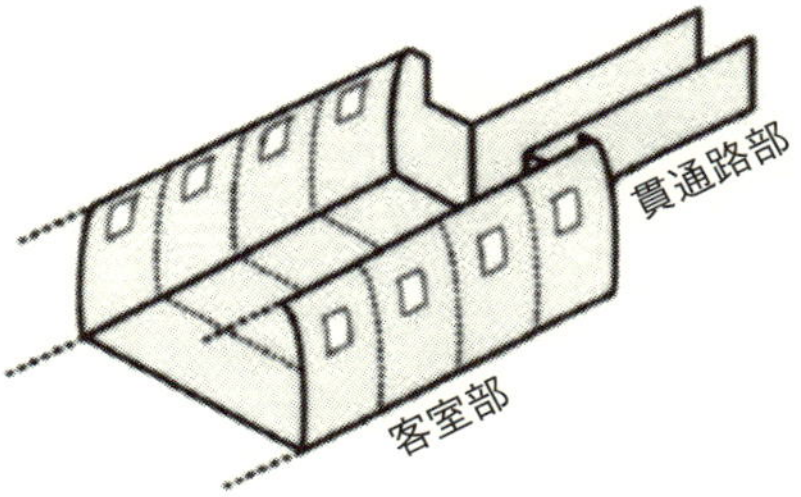


資料：交通政策審議会陸上交通分科会鉄道部会　中央新幹線小委員会（第２回）資料

（二〇一二年三月七日）し、その中に「山梨実験線での磁界の計測結果等を含め、一般の方が理解できるように分かりやすく準備書に記載すること」と書いている。

ＪＲ東海に質問したが、シールド材の厚さが何ミリなのか、重さも、その効果も一切答えない。わかったのは材料が「鉄である」ということだけだった。方法書には「基準値の達成が可能な技術が確立している」と書かれている。このように具体的な計測数値を示さないままで基準値のことを語り、安全性を主張するのにはそうしなければならない事情があると思われる。

遮蔽して電磁波を低減する技術は、シールド材を確かなものにすれば車体が重くなり発進時の電力の消費量を引き上げてしまいエネルギーを要する。逆に消費電力少なくしようとシールド材を軽くしようとすれば電磁波が基準値を上回るようなことになる。この解決不能なジレンマを逃れたため、数値を明らかにしないのであろう。エネルギーの計算の際には薄いシールドにして車体は軽く設定しておき、計算上電力を低くすることも可能だからだ。電力、電磁波防護どちらもデータが明示されてこそ、やっと議論の前提が整うというものである。

リスクの議論を避けるため、そして電磁波問題は存在しないことにしておくため、そして電力浪費問題と相容れない状況に触れたくないためにあくまで情報を出さない姿勢を貫いているのだ。

ジレンマをまとめてみる

▼**事故のリスクと電力消費**：フェイルセイフが成り立たず、磁力の突然の喪失を避けるために余裕のある過剰な電力供給をしなければならない。プラスチックにしたら全焼事故をおこしてしまった。軽量化をすればまたリスクが増す。

▼**超伝導は電力浪費**：いったん電気を流すと電気が流れ続ける夢の技術とうたわれてきた超伝導だが、液体ヘリウム冷却のために膨大な電力を要する。

▼**電磁波防護と重い遮蔽材**：電磁波の影響を防止するには重い遮蔽材が必要になり電力を余計に使うことになる。

そして原発と共通していることは、危険性を新たな技術でカバーすることができないこと、その事実を知られたくないために情報を出さず、一方的な安全宣伝をしながら力ずくで推進し、夢を語りながら電力を浪費していくことだ。

ＪＲ東海の会長は原発の再稼働を新聞紙上で再三にわたり主張している。電磁波の基準値を作ったのは原子力安全保安院だった。安全を確保することが不可能な技術でありながら、日本国内がだめなら政府の後押しを受けて輸出しようとする。

権益を維持する超巨大な、または超高速のムダな公共事業、これらすべて原発とリニアは共通しつながっている。

解決不能の相容れないジレンマを抱えたままリニア中央新幹線建設は進められようとしている。

# 第7章　計画沿線の市民の声

## 実験線現地の山梨

山梨県甲府市　川村晃生

リニア沿線地域の中で、山梨県はリニアと最も長く深い関係を持っている。宮崎県での実験線走行が行なわれているさ中、リニアの本格的な走行実験を行なう場として、北海道と山梨県が候補地に絞られた。一般的に言って走行実験を行なうだけなら、平坦で広大な北海道の方が適地で、建設費も少なくて済むと考えるのが順当だろう。それに比べて、山あり谷ありの山梨の方が付帯工事も多く、建設費も嵩むはずだ。それにもかかわらず、実験線現場には山梨県が選ばれた。そしてそこには、山梨県選出の衆議院議員金丸信氏の政治力が働いたと言われている。またその時から、リニア実験線をいずれリニア中央新幹線に格上げする構想があったとされている。

### リニア計画が進む山梨

しかし構想はできていても、リニア中央新幹線計画はなかなか着手されるに至らなかった。一つにはリニア技術の未熟性ということもあったであろうが、最大の問題は財政であったと思われる。逼迫していく国家財政の中で、数兆円に及ぶリニアによる新幹線の建設は、北

写真　田辺欽也

陸、九州などすでに着工している新幹線建設と並行して進めねばならず、政府にとってもかなりの難題であったにちがいない。

そうした中で、二〇〇七年一二月、ＪＲ東海が二〇二五年の東京～名古屋間の開業を目指して、建設費五兆円余を自己負担する形で建設計画を発表した。これまで実験線をおもちゃのように行ったり来たりしていただけのリニアが、このＪＲ東海の発表で俄然目を覚まし、山梨県も県民もこれでリニアが通ると現実感を持って動き始めた。もっとも県民すべてがリニアを待望していたわけではなく、無関心、反対などいくつかの層に分かれてはいたが、それまで県費二〇〇億円程を投じてリニアの誘致に熱心だった県は、諸手を上げて歓迎の意志を表明した。

リニア計画が具体化されていく中で、県及び県民の最も高い関心事は、山梨県のどこに中間駅を作るかということだったと言ってよい。県都甲府市をはじめとして、実験線を抱える都留市、石和温泉を擁して観光の活性化を計ろうとする笛吹市、さらに峡南地方の発展と身延線との接続の便を強調する旧鰍沢町など、県内のあちらこちらから「リニア駅をおらが町に」運動が始まった。各地でイベントが開催され一時は熱を帯びたが、もともとリニア誘致の目的が経済効果にあっただけに、冷静に考えれば県都の甲府市以外に作られるはずがなかったにもかかわらず、各地の誘致運動は異様な熱気を帯びた。

案の定、中間駅は甲府市に設置されることが決まり、場所は甲府市南部の大津町の一角が選定された。現地を見るとこの辺りではだいぶ少なくなった田園地帯で、おそらく用地の取得が易しいとの判断に基くものではないかと思われる。一方中間駅の候補地になった当該地域の住民は、いきなり選定結果が公表されたことに戸惑いを見せており、地域に何の相談もなく決定されたことに怒りを表わす住民もいる。しかしいまはこの決定を前提として、どう対応するかについて住民の中で話し合いが行なわれているところである。

さていま山梨でのリニア論議の一つの中心は、甲府市南部に駅ができた場合、甲府中心部とのアクセスをどうするかという問題だ。当初県は路線バスを考えていたが、道路の混雑や渋滞などに左右されると、リニアによる高速化のメリットが生かせないとして、モノレールに代表される高架式のもの、或いは富山県で導入されている低床式路面電車（LRT）、また他の車の影響を受けない専用道路を走るバス（BRT）など、いくつかの選択肢が候補に上げられている。しかし高架式のものや路面電車は建設費が高く、実現性は少ないであろうから、バスの有効的活用に落ち着くものと思われる。

## リニア完成後の山梨

いったいリニアが通れば、山梨はどのようになるのだろうか。二〇一一年一一月、『山梨日日新聞』が県内外の各界の人に、「リニア後の山梨」というインタビュー企画のもと意見を訊ねた。その見出しのみを拾うと、「首都、本社機能の受け皿に」「首都圏のベッドタウンに」「生活圏、県域越えて拡大」「西日本の観光客大幅増」「移住進み人口減に歯止め」「工業生産一兆円超アップ」など、首都との緊密性が高まることをベースに、経済的にも豊かになることが期待されている。環境面でも「深刻な環境ダメージない」と肯定的で、僅かに「人口、企業流出の恐れ」とマイナス面を指摘した人は一名にとどまる。インタビューの人選にもよろうが、いま山梨ではリニアの多方面にわたる期待感で満ち満ちていて、山梨県庁のリニア推進課の廊下には、「リニアの早期実現」「夢ではなくなったリニア」の幟旗が立っている。

現に山梨県は、リニアによる経済効果をかなり高く見込んでいる。二〇〇九年一〇月時の県の調査（民間コンサルに依頼）では、一日の来県者が二万人増え、経済効果は一四〇億円を越えるとの数字をはじき出した。しかしさすがにこの数字は多くの識者から算出根拠もあいまいで信頼性を欠くとの評価を受けたのだが、それでも県知事横内正明氏は、一四六億円にプラスして大きな波及効果があるはずといっそう増えるはずの経済波及効果に胸を張ったのである。また二〇一二年七月には、リニア開業八年後の数字として、甲府駅の乗降客が一日一万二三〇〇人、企業立地が二六〇〇社、さらに県内の居住人口が一万四六〇〇人増えるとの見込みを示している。いずれも急激な右肩上りの予測だが、ほんとうにそんな数字が現実になるのであろうか。

一方山梨県民は、リニアの開通によってどうなると考えているのだろうか。県の膨らむ夢としてのリニアに対して、県民の眼はもっと冷静なものだと言える。二〇〇八年一〇月に『山梨日日新聞』が行なったネット調査（複数回答）によると、プラス面では「県民の活動範囲が広がる」が約八割の圧倒的多数を占め、それよりかなり比率が落ちて、「山梨への観光客が増える」

「科学技術の発達につながる」「山梨の認知度が上がる」などがほぼ同数で続いている。興味深いのは、トップの活動範囲の拡大だが、これは県民が首都圏や中京圏、近畿圏へと出向き易くなることを示しており、商売や買物など県内では消費の空洞化が起こることを表わしていると言え、別の面から言うとマイナス面にもなるのである。しかしこうした点は、先の県の調査ではいっさい考慮されていない。

またマイナス面としては、「建設費がかかりすぎる」「山梨が通過県になってしまわないか心配」が六割を越えてトップに並び、以下「自然や環境への影響」「開発による沿線住民の変化」などが続いている。いずれも常識的な不安材料と言えるが、とくにこの中で「山梨が通過県になってしまう」という懸念は「来る」ことばかり期待している県ときわめて対照的である。この懸念は、たとえば東海道新幹線を例にとっても、東京、名古屋、京都、大阪といった大都市駅を除く中間駅の地方都市が、軒並み地盤沈下していることを考え合わせれば当然のことだが、この点も県の調査ではほとんど考慮されていない。さらに県からは自然や環境への懸念が示されることはなく、先のインタビュー企画でも「深刻な環境ダメージはない」といった「識者」が登場するなど、推進側は自然環境上の問題をほとんど顧慮していないように見受けられるが、このネット調査では自然環境への影響がマイナス面の三位を占めている。それは後に起こることだが、リニア実験線建設現場において、二〇〇九年九月には笛吹市御坂町で、二〇一一年一二月には上野原市秋山で、トンネル工事によると思われる水源の涸渇という事件が起きており、リニアの工事が現実問題として自然環境に重大な影響を発生せしめたのである。山梨県民は、こうした大規模な自然破壊を伴って続けられるリニアの建設工事を眼のあたりにして強い懸念を持っているのであろう。

同紙はまた二〇一二年七月に、リニアの開通による影響について、県民一〇〇人アンケート（複数回答）を行なった。それによれば、観光客や定住人口の増加がトップの二つに並ぶが、一方で生態系の破壊を挙げた人も多く、ここでも自然環境への影響を懸念してもいる。この観光客や定住人口の増加、及び四位に企業立地の増加が入っているのは、経済効果などをうたった県の調査が報道機関を通じて県民の中に浸透した結果かもしれないが、一方でストロー現象の発生を指摘する人も少なくなく、全体的な結果では、好影響が大きい（三九人）、どちらともいえない（四九人）悪影響が大きい（一二人）と、判断を下しかねる人が多い、というのが実状のようである。

## リニア計画を懸念する県民

こうした状況の中で、住民説明会などがＪＲ東海や県の主催、共催で何度か開かれているが、この住民説明会には比較的関心の高い市民が集るためか、リニアに対する批判的な意見や不安を訴える人が多い。

二〇一二年一月の環境影響評価に関する県主催の公聴会では、アセスの形骸化や景観破壊、トンネル残土の処理、地下水への影響、アクセスの手段などについての懸念が示された。そしてこのアセスについては、県もこうした県民の意見を無視できず、JR東海に対し、環境影響評価の手法が具体性を欠き不十分であるとの知事意見書を提出した。とくに、トンネル残土の量や電磁波の測定値などの公表を求めた点は評価してよいだろう。

続いて二〇一二年五月の住民説明会では、駅建設のための農地提供者の雇用、自然破壊への懸念、電磁波などの問題を追及する人がいた一方、一般県民の募集定員二〇〇名に対し、リニア中央新幹線建設県期成同盟会に三〇〇席が割り当てられるという、運営上の問題や、マイナス面も説明せよとの注文をつける人もいた。

このようにリニア問題に高い関心を示す県民は、比較的リニアに対しての悪影響の方を強く考えているように見受けられる。そしてこうしたリニアのマイナス面や不安な点について、いち早く考え始めたのが「リニア・市民ネット」であった。同ネットは、二〇〇七年一二月のJR東海の事業着手の公表を受けて、山梨県民の有志と東京・神奈川・長野の人々が、二〇〇九年二月に山梨県甲州市で、山梨大学名誉教授伊藤洋氏を招いて学習会をひらいたのがきっかけとなったが、この学習会で、コストや技術上の問題点がかなり鮮明になり、そのままリニア計画が進んでいくことに対して強い警戒心を抱くようになったのである。そしてこうした背景をもとに、同年三月八日山梨県甲府市で「リニア・市民ネット」が立ち上げられた。

以後同ネットは明星大学教授（当時）橋山禮治郎氏や電磁波環境研究所長の荻野晃也氏など

をはじめとする各分野の専門家を交えながら、講演会やシンポジウムを相次いで開催し、リニアに関する学習と世論の喚起をはかっていった。このような催しはそれ以後沿線各地で開かれるようになり、その結果徐々に住民の中にリニアが抱える問題点が浸透しつつあるように見受けられる。とりわけ愛知県名古屋市で開かれたのは、福島原発の事故直後の二〇一一年三月二七日で、リニアと原発との密な関係からいっそう危機意識が高まったと言えよう。

今後リニア計画が着々と進められていく中で、そこから問題点を洗い出し、計画に歯止めをかけることが、「リニア・市民ネット」の目標であるが、一方でその力量が問われているとも言えよう。「リニア・市民ネット」を中心に、リニア実験線現場を抱える山梨県民が主体的に行動していくことこそ、未来世代への責任の問題をふくめて重要かつ必要なのである。いまリニア実験線は、上野原市~笛吹市間の四二・八㎞へと延伸工事を行なっており、二〇一三年末までに走行実験を再開する予定になっている。山梨県民は、リニアと歴史的に深く関わってしまったぶんだけよけいに、リニアと真摯に向き合う役割を担わされていると言えよう。

## 大鹿村リニア騒動記

長野県大鹿村　河本明代

豪雨などで山の斜面が深い地下の岩盤から崩れる「深層崩壊」、二〇一二年九月、国交省はその危険性の高い地域を示した地図を公表し、地元紙にも大きく掲載された。それを見ると、南アルプス一帯は過去に深層崩壊が起きた痕跡が「特に多い」とされる紫色に塗られている。大鹿村で一九六一（昭和三六）年六月に発生して多くの犠牲者を出した大西山の大崩壊も「深層崩壊」とされていた。

南アルプスは、フィリピン海プレートの潜り込みによって年間四ミリものペースで隆起を続けている、地球の中でも特に大きな動きのある場所の一つだ。

しかも、そこに中央構造線や糸魚川―静岡構造線などが走り、脆弱な破砕帯が分布し、上昇し続ける山々と深いV字谷がつくる急峻な地形のあちこちに大規模崩壊地がある。リニアの南アルプス長大トンネルの長野県側の坑口になる大鹿村も、大西山の大崩壊をはじめ、鳶ヶ巣、前茶臼など、あちこちに大小の崩壊地があり、大雨が降れば、ちょっとした崩落による通行止めはしょっちゅうだ。

二〇〇七年一二月、JR東海がリニア新幹線を南アルプス貫通ルートで自己負担で造ると発表したとき、まず感じたのは、こんな地質条件の悪いところに無事トンネルを造って維持できるものだろうか、大きな事故が起きるのではないかという危惧だった。今、JR東海はリニア建設の理由の一つとして、災害時に備えた二重系化ということを盛んに言うが、このような大規模崩壊の恐れのある場所がバイパスになり得ると本気で思っているのか、疑問に感じてしまう。

## 釜沢・水平ボーリング調査

山梨にリニアの実験線があることは知っていたし、あちこちにリニア誘致の看板があるのも目に入ってはいたけれども、それまでは自分にとって身近な問題とは全く認識していなかった。しかし、翌二〇〇八年春から村内の釜沢地区で水平ボーリング調査が始まる。

当時は、ＪＲの発表した南アルプス貫通ルートに対し、長野県では中央新幹線計画について諏訪回りのいわゆるＢルートに一本化した経過もあり、県内ではリニア自体の問題は置き去りにされたまま、ルート問題にばかり関心が集中した。水平ボーリングは当初三キロ掘削する予定で、山梨県側の早川町では三キロのボーリングが行なわれたが、長野県側では当時の村井知事がストップをかけて一キロで中断している。しかし、長野県内がＢルートでまとまっていたわけではない。駅は各県に一つとされたことから、Ｃルートになれば確実に駅ができる飯田・下伊那では、南アルプス貫通のＣルート実現で盛り上がり、南アルプスにトンネルを掘ることへの懸念、ましてやリニアそのものへの疑問など、とても言えない雰囲気がつくられていた。

さて、この水平ボーリングは、地域住民には何の説明もなく、ある日突然始まったそうだ。びっくりした住民が役場に問い合わせたりする中で、リニアのボーリング調査と分かり、ＪＲ東海に説明を求めたところ、すぐ東京の本社から人がやってきて説明会が開かれたが、それはマスコミも村内の他地域の人もシャットアウトだった。そして、説明の最後に明日から二四時間でやらせてくれと言って、翌日から二四時間体制になったそうだ。

釜沢は村の中でも最も南アルプスの懐深いところで、今は十数戸しかないが、南北朝時代には後醍醐天皇の第八皇子とされる宗良親王がさらに奥の御所平という場所に住まわれ、南朝方の拠点とされたという歴史もある場所だ。Iターン者も多く、せっかく静かな山の暮らしを求めてきたのに、半年間にわたる昼夜問わず続くボーリングの音で、子どもが夜泣きをするようになったといって村内の別の場所に引っ越した家族もあった。

二〇〇九年七月には、『日本経済新聞』の土木・建設関係のサイト「ケンプラッツ」に大鹿村中央構造線博物館の学芸員による「リニア新幹線の南アルプスルートは安全か」という記事が掲載された。地質学的な面から見た南アルプスルートの危険性を指摘する論稿で、当時、結構アクセスランキングの上位にランクされていた。

八月にはリニア・市民ネットの人たちが大鹿村を現地見学ツアーで訪れ、博物館で学習会を行なったり、釜沢のボーリングが行なわれた場所や他の崩壊地などを見学された。学習会では斜面崩壊の危険性や掘削ずりの処理などの問題、さらに本書にも執筆されている松島信幸先生から、山は水がめであり、トンネル掘削により周辺で水が枯渇する恐れがあるというお話をいただいた（実際、この年の秋ぐらいから、山梨実験線のトンネル工事の影響で、笛吹市で井戸水や河川水の枯渇・減水が多数生じている）。

## 中央新幹線小委員会

二〇一〇年になって国の交通政策審議会の中に中央新幹線小委員会が設置され、三月から毎月一回のペースでリニア計画について審議されることになった。夏には第一回のパブリックコメントの募集があったが、このころはルート問題があった長野県以外では関心も低かったようで、整備に反対の意見はわずか一二件、南アルプスルートの安全性や環境影響について慎重に検討・配慮すべきとの意見も一七件。一方、飯田・下伊那地区からの組織票と思われる長野県内からのCルート支持が四五三件も寄せられている。

一〇月にはこの委員会において費用対効果分析等でCルートが有利という調査結果が出され、Cルートで決定のような新聞報道がなされた。

実はこのときに費用対効果だけでなく、環境調査の結果も出されている。これは複数案の検討ということで、戦略的環境アセスメントの意味合いも持たせようとしたと思われるが、このときはまだ二五キロ幅の議論であり、あまりにも粗過ぎる内容で、委員も「いわゆる戦略アセスというレベルでもない」「自然環境的に見て、どちらがいいといったような議論は少々無理」と発言している。しかし、これを受けて家田委員長は「つまり環境という面から見てどっちが決定的にだめだとか、そういうことにはならないねと、そういうご判断ということでいいですか」とまとめている。

このときには、さらに地下水への影響や世界自然遺産登録への影響を問う質問も別の委員から出されているが、国交省の潮崎技術開発室長が、水については今のアセスでは一〇〇%予想できない、(影響が)生じてしまった場合には補償基準に基づいて補償させていただく、世界遺産については、自然環境への影響は極力トンネルで通過することにより極小化できる、最大限、慎重な配慮を行なうといった回答をしている。ちなみに、この委員会の中で環境問題について触れられたのは、この回だけだと思う。南アルプスへの環境影響については、たったこれだけの議論で決定されてしまったことになる。

さて、この一〇月の「Cルートで決定」という新聞報道、また、同じころかと思うが、飯田・下伊那地区の保育園、小中学校の子どもたちに、学校を通じてリニア推進の下敷きが配られた。リニアについての具体的な情報はほとんど何も知らされないまま、夢のような話ばかりが子どもたちにも刷り込まれていく。そうした官民挙げての推進体制のもと、疑問の声もなかなか上げづらい雰囲気になっている中で、村の三〇歳前後の若い女性たちが中心になって、「大鹿の一〇〇年先を育む会」が結成された。この会は、文字どおり大鹿の一〇〇年先を見据えた持続可能な地域社会の構築を目的に、さまざまな活動を行なうものだが、結成のきっかけはリニア問題だと聞いている。そして、村の将来を考える上で重要な転機となるであろうリニアについて、まずはリニアとは何なのか、どういうメリット、デメリットがあるのか情報を収集・共有しようということで、学習会の開催、飯田市議会の会派『みらい』の方たちとの意見交換会を行なったり、賛成、反対を問わず村民のいろいろな意見を聞くアンケートを取ったりしていた。何せ人口一二〇〇人を切る小さな村だ。平成の大合併の際に合併賛成・反対で地域が分断された記憶も新しいことから、あえて反対は掲げず、中立の立場で活動している。さらに、村からなかなかリニアの情報が出てこないことから、自分たちでリニア情報を発信する新聞の発行を準備していた。

そうした中、二〇一一年三月一一日の東日本大震災と福島第一原発の事故が起きた。そろそろ最終答申が出されると目されていた三月下旬に予定されていた中央新幹線小委員会は、計画停電の影響などで延期され、四月八日にフリーディスカッションが行なわれた。このときの資料一覧を見ると、現地視察報告と東日本大震災による東北新幹線の被害と復旧状況、答申の原案の三つが挙げられているが、他の回では資料はすべて公開されているのに、この日の資料は非公開のままになっている。いつ、どこを、どう視察したのか知りたいものだが、資料が公開されていないので分からない。議事録も長い間公開されていなかったが、後にごく簡単な議事要旨のみ公開された。これを読むと、委員の方たちにとって大鹿村の急峻な地形は机上の想像を超えたものであったようだ。

「現地は地形的にも起伏の激しいところという印象を強く受けた」「大鹿村付近は急峻な地形であるので、工事中の道路関係等について慎重に検討した方がよいと思われる」といった意見が出たようだ。一方で「トンネルが想定されるところについては、トンネルがどこに顔を出すかが問題である。大鹿村付近では大滑りの跡があり、心配もあるという話を聞いているが、全体が滑りやすいということではなく、部分的に滑るところがあるということなので、詳細なルートを決めるときに注意すれば、決して危ないトンネルができるということではないと思われる」という意見もあり、そういう方向でまとめられたのだろう。

そして、この後、委員会は週一回のペースでとんとん拍子に進み、ほとんど震災のどさくさに紛れてといってもいいような形で、四月二一日に最終答申が出されてしまう。

答申に対するパブリックコメントでは、連休をはさんでわずか二週間の募集期間だったにもかかわらず、「東日本大震災の影響が収まっておらず、新たな大規模事業を進めるような社会的状況ではない」「中央新幹線の整備にかかる費用、エネルギー、人的資源などは、まずは東北地方をはじめとする被災地の復興にあてるべき」「福島第一原発事故が収束しておらず、今後の電力供給が不透明」等々の、計画に反対、計画を中止または再検討すべきという声が数多く（六四八件）寄せられたが、それらを一切無視する形で、五月一二日に最終答申が出され、それを受けて国交省は二六日には整備計画決定、二七日にはＪＲ東海に対して建設指示を出してしまった。

さらにその後、ほとんど間を置かず、六月上旬にＪＲ東海から（長野県以外の）計画段階環境配慮書が発表され、計画は急ピッチで動きだした。

そのような動きに危機感を抱いた若い人たちが中心になって、大鹿村だけでなく飯田市や近辺の若者たちとともに「NO！リニア連絡会」が結成され、署名活動が始まった。一方、「大鹿の一〇〇年先を育む会」としては、引き続きリニアを考えるというスタンスで、山梨実験線の見学に行ったり、JR東海の説明会に参加して情報収集したりしながら、リニア新聞を発行して村内の全戸に配布するなどの活動を続けてきている。

### 村の対応

村の動きについても触れておきたい。大鹿村は早い段階に水平ボーリングが行なわれ、南アルプス長大トンネルの坑口になることが確実だったため、村民の関心は高い。大鹿は平成合併の際に住民投票で自立を選択し、「日本で最も美しい村」連合に加盟して、失ったら二度と取り戻せない美しい山村風景と、江戸時代から続く農村歌舞伎を守ってきた村だ（二〇一一年、個性派俳優・原田芳雄さんの遺作となって話題となった「大鹿村騒動記」の舞台であり、映画の中にはリニアの問題も「騒動」の一つとして出てくる）。リニアの大規模工事現場となって美しい景観を破壊されてしまうようなことになれば、観光的にもマイナスになる。何より、膨大な残土の運搬などで村内の狭い道路を工事の大型車両が大量に通行するようになれば、静けさは奪われ、生活の安全性も脅かされる。水源への影響も懸念される。もちろん、飯田・下伊那全体の推進ムードの中で、工事による村の活性化を期待する村民は多いが、マイナス影響を懸念する村民も多い。二〇一一年一〇月に開催された方法書の説明会は、人口比にすれば他地域に比べて圧倒的に多い参加者だったし、質疑応答の時間には一斉に手が挙がり、次々に批判・疑問の立場からの質問・意見が出され、説明会の時間もだいぶ延長された。

村当局は南信州広域連合の一員としてリニア推進体制の中に組み込まれているものの、こうした村民の危惧を受けて、環境配慮書の段階から、村内に顔を出さずトンネルで通過することや、水源への影響や残土処理の問題などについて、村の意見としてＪＲ東海に提出している。特に残土運搬に伴う問題については、工事実施前に道路改良などの対策の実施を強く要望している。

ＪＲ東海は、リニアの具体的なルート、トンネルや駅の位置など具体的な情報を一切出さず、来年秋の準備書で示すとしている。しかし、準備書の公告・縦覧、意見募集等々の手続きを経て、翌年には評価書、許認可、そして工事計画書、着工といわれている。これまでも、一四年着工から逆算してのスケジュールありきで進んできていることを考えれば、準備書で示された具体案に異議申し立てをしても、変更はほとんどなく、そのまま着工されてしまう可能性が高いだろう。

二〇一二年七月の長野県の説明会の際、山梨実験線における実用仕様での走行試験の結果が準備書に反映されない点について質問したら、準備書で終わりではないという回答があったが、準備書から先はもう一般住民が意見を言う機会はない。

どこでもそうだと思うが、具体的な場所が分かってこそ、具体的な問題点が浮き上がってくる。リニアのルートはほぼ直線であることから、そこに何らかの重大な問題があったとしても（例えば岐阜のウラン鉱脈とか、文化財、希少種、水源その他何でも）、いったん決めた線形をそこだけ曲げたりすることはできない。そのため、準備書作成前に具体的な工事内容について地域と十分な協議を行なうことを、村としても強く求めている。

## 南アルプスにトンネルは要らない

この夏には、村の二十代半ばの若者たちが「NO！リニア」「SAVE THE NATURE」などと書いた紙を掲げて南アルプスに登り、一人は二軒小屋に下りて、静岡側の様子を見てきた。南アルプスのリニアルートが計画されている部分は、国立公園の保護区が本当に稜線付近の細い部分にしかかかっていない（保護区の地下は通るが、地下に対しては何の規制も及ばないのだそうだ）。静岡側の大部分は東海パルプ（現・特種東海製紙）の社有林になっていて、登山者も少ない二軒小屋のさらに奥で、リニアのボーリング調査とともに、社有林の管理道路整備の名のもとで大型重機が何台も入って道路工事が進められているようだ。

もし富士山にトンネルを掘るといったら、多くの人は反対するのではなかろうか。北アルプスの槍ケ岳や穂高岳に穴を開けるといったら、やはり多くの登山者の反対に遭うのではなかろうか。大鹿村に住む私たちにとって、小渋橋から望む赤石岳や南アルプスは、台風の風から村を守り、いつも村人を見守ってくれている聖なる山だ。もちろん生物多様性保全という面でも、氷河時代の遺存種があったり、高山種の南限になっていたりする重要なホットスポットだ。

トンネル自体はどこにもある。大鹿村だって、高速のインターや飯田線の駅がある隣町と村を結ぶ県道に、ここ三〇年くらいの間にも四つのトンネルができている。この道は砕石運搬のダンプの通行が多いが、カーブや狭隘箇所が多く、すれ違いに本当に苦労するような道だったが、こうした道路改良で徐々に解消されてきていて、私たちもその恩恵を受けている。

しかし、リニアのトンネルは規模があまりに違いすぎる。一つひとつのトンネルは最長二〇キロ程度だとしても、東京―名古屋間の八割（全長約二八六キロのうち約二三二キロ）がトンネルという、前代未聞の大規模開発であり、その影響は計り知れない。本家ヨーロッパアルプスでも、ゴッダルドベーストンネルという全長五七キロの長大トンネルを掘削しているが、ゴッダルド峠には既に高速道路や鉄道が通っていて、その通行量が増大し限界に達したため、交通政策に関する国民投票で貨物輸送のための鉄道建設となったものだ。地質的にも日本の南アルプスとは全然違い、ヨーロッパアルプスでも掘っているからといって単純に比較はできない。東海地震にも確実に遭遇することになる。

ＪＲ東海はリニアは地震に強いと言うが、自然は時に人間の想定をはるかに超える力を示すことを、日本人は学んだばかりではないか。環境アセスも本来なら相当時間をかけて慎重に行なわれなくてはならないはずだと思うが、沿線以外にはほとんど報道されることもなく粛々と進んでいく。
そもそも、これからの少子高齢化が進む人口減少時代、原発をなくして省エネルギーを進めていこうという時代、何より物質的な豊かさよりも精神的な豊かさが求められている時代に、リニアが本当に必要なのかということは、本書で他の方々が指摘されているとおりだ。もし国の予算で作るとしたら、到底認められないものだろう。だからこそJR東海が自己負担という形で動き出したわけだが、では、民間企業が作るのなら何をしてもよいのだろうか。十分な検証なく拙速な進め方をすれば、将来に禍根を残すことにもなりかねない。従来の成長に依存した経済のあり方そのものが問われている時代に、持続可能な適正技術といった点から考えても、もう一度リニアの必要性自体から問い直されるべきではないかと思う。

（大鹿村村議会議員）

## 浮上

飯田市　片桐晴夫

### リニア計画が浮上

私が数年前から最も関心を持っていることのひとつに、「リニア中央新幹線計画」なるものがあり、日毎にこの問題に深入りして行き、数名の仲間と「飯田リニアを考える会」を発足させた。この会は、甲府市在住の川村氏が代表者となっている「リニア・市民ネット」傘下の組織で、この超高速新幹線計画に慎重または反対の考えの者たちの会である。

文明の発達が人間にどのような影響を与えてきたのかを考えると、二〇世紀、二一世紀の世界や日本を眺めてみて、生物体としての人間が、このまま行けば文明の利器の餌食になるのではないかとの危惧を感じるのである。今や、人類は、便利とスピードを追い求め、それらが幸福になる手段であるという錯覚に陥っているように思われてならない。その象徴的存在が「リニア中央新幹線計画」である。もし、これが実現すればこの日本、信州、そして伊那谷はどうなるのだろうか。経済界を中心にして、日本の活性化に役立ち、僻地と言われる飯田下伊那地域は繁栄するだろうという夢のような話が飛び交っている。

ここ信州、そして、ここ飯田下伊那地方の最大の宝は何だろうか。それは、「自然」である。これは人知を越えた偉大な存在で、一度破壊されると、回復することは不可能になると思われる。これまでに、私たちはどの位この「自然」を壊してきたのか。イギリスの諺に、「都市は人間が作り、田舎は神が造った」というものがある。リニアはこの田舎を都会にすることであり、田舎とは自然のことである。

リニアとは、直線のことであり、東京を出て神奈川、山梨を通り、南アルプス（赤石山脈）、茶臼山塊、伊那山脈を貫き、天竜川を渡り、恵那山下に入り、岐阜方面に抜けて、名古屋に向かうのである。考えてみただけで、その姿は美しいものではなくて、醜怪なものになる。この美しき大自然は傷つき、見るも惨めなものとなるだろう。建設の段階で、パイロットトンネルが出来て、工事の取り付け道路が作られ、木々が伐採されて、水脈は絶たれて、住民の生活に悪影響が出ることは大いに予想される。

### 伊那谷の美し柔肌切り刻むリニア恐ろし文明の華

この地方では、「リニアは素晴らしいもので、これは夢の新幹線で、これが完成すれば、東京へも名古屋へも三〇分以内で行くことができて、大変便利になり、経済的にも大いに効果があり、この地方は発展するだろう」という思いが広がっている。

私たちは、市当局にリニアについて是非学習会を開いてもらいたいとお願いしたが一向にその様子がなかった。そこで、一〇人の者たちが実行委員となり、数回会議を重ねて、二〇一〇年の十一月初旬の日曜日に、飯田市内の会場で、「飯田リニア学習会」なるものを開催したのだった。パネリストには東京から橋山氏、京都から荻野氏、山梨から川村氏を迎えることができた。この三氏はそれぞれ専門家であり、川村氏は文明論の上からリニアを論じておられ、私の考えと一致する点があり、嬉しく思ったのだった。

学習会は予想を大いに上回る一三〇人以上の参加者があった。二部では地質学者の松島氏が、地図を広げて、安政の東海地震の時、甲府盆地が受けた被害について話し、将来起こるだろう地震の影響について語られた。リニアの安全性は保証できないことが予想されるのだ（四先生は奇しくもこの著書の共同執筆者となった）。質問用紙に綴られたものを川村氏は全部読み上げた。それらのほとんどが、この新幹線計画に対する慎重な、或いは反対のものだった。

別のとある忘年会場では、「飯田から東京まで二、三〇分で行ければ結構じゃないですか」「速ければいいんですよ」「電磁波もアメリカの研究では人体にあまり影響はないそうですよ」などという話をしている人もいる。そして「リニアは素晴らしい。これが完成して、この地を通ればここは発展するし、バラ色の未来が来る」という将に幻想を抱いている人々が多いのではないだろうか。これは恐ろしいことだ。現代文明の利器に目が眩んでいると言っても過言ではないだろう。なんと不勉強だ。これだから学習会を開く必要があるのだ。

飯田商工会議所は、飯田市の小学生にリニアの図入りの下敷きまで配っている。飯田市教育委員会のメンバーはそれを知っているだろう。それは教育ではない。大人の考えを将来のある子どもたちに押しつけることなのだ。教育長はどのように考えておるのだろうか。

この年の一二月には、飯田商工会議所では、住民参加の集会を開き、南アルプス内定を祝う会を開いた。最初は提灯行列を企画したが、それは見送られた。たとえ、リニアが南アルプスルートで現実のものとなっても、大きな問題がいくつかあり、それらを一つひとつ解決していかなければならない。浮かれるには早過ぎる。頭を冷やしてもらいたいものだ。

今、この地方の或る人々は、幻想を恰も現実のように錯覚しており、楽しい夢を見ているのだ。これは恐ろしいことだ。早く夢から醒めて両足を大地に着けて、この地方の将来をしっかりと考えて欲しいと、願う。

新駅を現ＪＲ飯田駅に直結して欲しいという飯田市関係者の思いは、叶えられず、座光寺から下市田の間に造られる可能性が高くなった。しかし、この地には色々な文化財があり、簡単にゆくとは考えられない。どこへ線路を敷設しても簡単にはゆかないだろう。

ここ伊那谷の地形は、南北に山脈が走り天竜川もそれに沿って流れている。これまでの大きな道も南北に走っている。今度の新鉄道は、これに直角に設けられようとしており、大自然に対する無謀な挑戦と思われる。ここに、人間の横暴さが表われていると思われるのだが、この土地の住民はどのように考えているのだろうか。

「伊那谷」の素晴らしい自然は、気の遠くなる年月を経て形成されたものであり、これを人間が自分たちの力で不遜にも変えるとは、全く話にもならない暴挙である。私たち人間はどこまで大自然を馬鹿にした行動をとるのだろうか。これは、決して許される行為ではない。

「自然との共生」ということが言われるが、これは人間が自然の下で生かして頂いているということに思いを致して、謙虚になって自然を大切にして生活するということであり決して自然を変えるということではない。

「リニア中央新幹線計画」なるものは、大自然に対する挑戦であり、私たち人間の全くの思い上がった不遜極まる態度の表われであり、ただちに引っ込めねばならないのである。

（飯田リニアを考える会会長）

# 東京・神奈川の市民運動

東京・神奈川　天野捷一

二〇一一年五月、ＪＲ東海がリニア計画の事業及び営業主体となることが決まった。ＪＲ東海という一民間鉄道会社が建設費を全て自己負担するという異例の「公共事業」が進められることになった。そのリニア計画が自分の生活と関係あることを知ったのは、その年の夏になってからである。

私の住む川崎市は、人口一四〇万の大都市である。七つの区があり、リニア新幹線はその内、中原、高津、宮前、多摩そして麻生の五区の二〇kmに渡って、四〇mの大深度地下トンネルを走るという。ＪＲ東海が各区で開いた説明会で、五kmから一〇kmおきに巨大な立坑ができることもわかった。九月になって、ＪＲ東海は「中央新幹線環境影響評価方法書」の縦覧を行ない、神奈川県民と川崎市民から、リニア計画に対する意見（パブリックコメント）を募集した。県民からは、事業計画、安全性、環境保全、手続きについて六〇〇件近い意見が寄せられた。私が住む川崎だけでも意見の数は一五〇件にも及んだ。こうした意見のほとんどは、事業計画がはらむ問題、つまり膨大な消費電力や環境（都市部では市民生活）破壊などに不安を覚える声ばかりだった。

## 都市圏間のアクセスの利便性を向上させれば、地域は過疎化し寂れて行く

リニアの必要性にかかわる幾つかの意見を紹介する。

「三大都市圏間のアクセスの利便性を向上させれば、地域がますます過疎化し寂れて行く事実がいままでの日本の歴史である。中央新幹線で地域振興ができるという幻想は持ってはならない」

「現状で求められているのは。リニア計画のような原発利権ムラ構造に類する経済や技術のあり方でなく、災害に強く地域に密着して小回りの効く公共交通網の整備である」

「説明会でリニア計画の意義の一つとして、大災害に備えて東海道新幹線のバイパスをつくる必要性を強調していた。百歩譲ってそれを認めるとしても、なぜそれがリニアであり南アルプスルートなのか」

こうしたまっとうな意見に対し、JR東海は今もって真摯に答えていない。

地図を見れば一目瞭然だが、川崎は東京と横浜に挟まれ、東海道新幹線の駅もなく、東海道新幹線など主要な鉄道や、東名などの幹線道路が市内を横断している。今度はそれにリニアが加わることになる。

リニアが地下を通過する市内中部、北部五区の市民は、これまで「川崎都民」と呼ばれてきた人たちが多く住む。勤めは都内にあり、買い物も東京でという傾向があり、大きな公共事業

に関心を寄せることが少なかった。だが、リニア計画については、そうした見方を根底から覆すような動きがあるように感じる。一つは、福島原発事故以来、市民が利便性や経済効果などを謳ったものに胡散臭さを覚えていること、また、そうしたことを追求してきたライフスタイルを見直し、「真の豊かさとは何か」を考えるようになったからではないか。

川崎市に関係する巨大公共事業の「偉大な失敗例」を市民はよく知っている。川崎市臨海部と千葉県木更津市を結ぶ東京湾横断道路（東京湾アクアライン）がそれである。わずか十数キロの橋の建設に一兆二〇〇〇億円が投入されたが、過大な需要予測が見事に外れ、今や赤字を垂れ流し、そのツケは国民に回されている。リニア計画にも過大な需要予測、経済効果が盛り込まれている。

神奈川県や川崎市など、県内全自治体は約十年前、「中央新幹線促進神奈川県期成同盟会」を結成し、計画公表前から今日まで、リニア実現に向けて旗振り役を務めてきた。「県央の相模原にリニア新駅ができれば、企業が進出し雇用も増える。リニアの乗降客が増加し、三千億の経済効果がある」。これが推進活動の理由である。私たちの仲間であるリニア新幹線を考える相模原連絡会によると、期成同盟会のいう地域振興の根拠になっているのが「相模原新駅に一時間に五本リニアが止まる」という仮定、というか期待だという。同連絡会の中野渡旬事務局長の試算では、一時間に五本各駅に停車すると、名古屋直行の「のぞみ」タイプのリニアは一本も走れないことになる。

八月に、新駅ができるとされる相模原市橋本で、県と期成同盟会主催の「中央新幹線神奈川説明会」が行なわれた。参加した女性が発言した。「期成同盟会に言いたい。リニア新幹線ができて大きな事故が起きた場合、皆さんは責任をとる覚悟があるのか」と。これに対する答えは、「事故が起きた場合の責任というお話がありましたが、事故が起きないよう安全対策をＪＲ東海に要請し続ける」だった。行政には覚悟がないのである。

いま神奈川県内のリニア新幹線沿線各地で、ＪＲ東海による環境影響調査が行なわれている。自治体はこの調査に何ら関与できないし、さらに情けないことに、どこでどのような調査が行なわれているか、市などの公用地以外は全く知らされていない。手元に、ＪＲ東海が川崎市の公園や緑地で環境影響調査を行なうための市有地使用許可申請の写しがある。それによると、調査会社はＪＲ東海のグループ企業なのである。公平で透明性が確保された調査ができるのか、はなはだ疑問である。

## 環境アセスメントは「環境合わすメント」

住民説明会、パブリックコメント募集の後、ＪＲ東海のリニア計画についての環境影響評価審議会が関係自治体で開かれた。新駅ができる相模原市には環境影響評価条例がないため県の審議会でアセスメントが行なわれ、私たち川崎市民は市の審議会を傍聴した。審議が行なわれたのはわずか三回。時間にして五時間にも満たないものだった。

第一回で審議会の戸田会長は、「方法書は市民の意見を反映していない。こんな方法書では審議ができない。出し直せ」と、JR東海を一喝した。はた目にはたいへん威勢のいいものだった。一方のJR東海は、何を言われても、「詳しいことは次の準備書で明らかにする」の一点張り。そして、二回目、三回目になるにつれ、委員の強腰はトーンダウンし、「川崎だけ手続きを遅らせるわけにはいかない」となって、最終的には「準備書で市民の意見を反映させるよう環境や安全対策をとることを求める」という趣旨の答申をまとめ、二〇一三年一月下旬、阿部孝夫市長はその答申通りの市長意見を黒岩祐治知事に提出した。

自然保護協会の辻村千尋氏に日本の環境アセスメント制度について話を聴く機会があった。氏によると、アメリカでは事業の計画段階でアセスメントが行なわれ、住民の反対が強ければ事業は中止できる仕組みになっているが、日本のアセスメント制度は、計画が決まり事業認可されたあとに行なわれる仕組みとなっていて、これまで、開発事業計画が取り消された事例はほとんどないという。計画ありきの制度で、本来のアセスメントではなく、手続きに「合わすメント」が制度の実態なのだ。

市の環境影響審議会を傍聴する中で、私たちはそのことをしかと思い知らされた。私たちは、方法書の杜撰《ずさん》さと、そのことを指摘しながら、実質的な審議をしなかった市に対し、「市民の立場に立って、リニアのアセス審議をやり直せ」と何度も申し入れた。市の回答は案の定、「法律で決められた手続きに従って行なったので、審議をやり直すことはできない」というものだった。

国の法律が優先、市の条例はそれ以下。「お上には逆らえない」。いったい、地方自治の時代はどこに行ってしまったのか。

川崎市だけでなく、リニアに関係する各県の自治体は期成同盟会をつくり、国やJR東海の陣に加わり、JR東海の言い分をそのまま伝える役回りをさせられている。なぜ、少なくとも中立的な立場で事業が正当なものか判断しようとしないのか。国やJR東海と相撲を取ろうとしている時に、私たちの味方になってくれると思っていた行司が、一方の味方になるとは。それればかりでなく、最近、私たちが納める地方税の一部が、期成同盟会の活動に使われていることがわかり、怒りはさらに高まっている。

## 風は変わり、あらたな市民運動の広がりを実感

リニア新幹線を考える東京・神奈川連絡会は、二〇一一年十二月、電磁波の影響を心配する母親の声をきっかけに発足した。以来、川崎市内でも数多くの学習会やシンポジウムを開き、リニア計画についての問題点を明らかにしてきた。リニアが通ることによって、さまざまな弊害が起きることがわかってきた。

相模原市では駅と車両基地ができることによって、地元の財政負担が重くなり、津久井の自然も壊されるし、地元の地主が土地を提供してきた九〇年の歴史がある相原高校が移転させら

れようとしている。

川崎でも直径三〇ｍの巨大な立坑が三カ所もつくられる。山梨実験線の延伸工事では東京ドーム一・五杯分の工事残土が出ると言われているが、川崎や相模原ではその何倍かの量になるだろう。トンネル工事から出た工事残土は立坑から排出され、夥しい数のダンプカーが市街地を走り回ることになる。私たちは、市民の立場で活動する女性市議の協力のもと、立坑の位置を推測した。東京から多摩川を渡ったところにある中原区の等々力緑地や閑静な住宅地が広がる麻生区王禅寺付近などである。

二〇一二年秋から、その付近でＪＲ東海による環境影響調査が行なわれていることを見ると、私たちの予測はあながち間違っていないと思う。九月と十月にかけて立坑ができると見られる麻生区、宮前区住民との交流集会やシンポジウムを立て続けに開いたが、予想以上に多くの人が参加した。その地域の連絡会のメンバーは毎週のように近隣地区の町内会にリニアの問題を訴え、駅頭や住民に配ったビラは数万枚に達した。

パブリックコメントの市民意見を紹介したが、市民は知れば知るほど、リニア計画の重大性を理解するようになる。私たちも、気づかなかったことを教わることもある。

高津区の溝ノ口駅でリニアのビラを配っていた時、不動産のプラカードを持った一人の男性が寄ってきて、「ビラを一枚もらえますか」という。「どうぞ」と渡すと、ビラを読んだその男性が、「あの、リニアが地下を通るとその上の地価が下がるのではないですか」という。その一言で、私たちは「大深度の公共的使用に関する特別措置法」（大深度法）と本格的に取り組むようになったのである。地下四〇ｍ以深なら、住民への告知も了解も必要ないという「大深度法」を使って、リニアのトンネルが掘られる。リニアは市民の財産権も侵害する。

私たちは、今できることは何でもやろう。同じ目標があるなら、できるだけ多くの人たちと手を携えようという心構えで活動してきた。何かをやりたいと思っていても、なかなか一歩を踏み出せない。原発事故を契機に、私を含めそんな人たちが、いまリニア新幹線問題に関わり、積極的に活動し始めている。

（リニア新幹線を考える東京・神奈川連絡会共同代表）

## 相模原、橋本にリニアの駅が？

相模原　浅賀きみ江

### リニア計画を問う

十数年前から歴代相模原市長はリニア駅誘致キャンペーンをはり、人間らしいまち・環境を望む地域市民を脅かしてきた。一九八四年、私（浅賀）が橋本に転居してきたときには駅前はひっそりとしていたが京王線開通と駅北口再開発で急変貌した。私は子育ての場所を失ったが南口の相原高校の木々や畑、動物たちとのふれあいの環境で助けられた。

写真１　市長代理の石川都市建設局局長に要望書を提出する浅賀代表

３・11福島原発事故の後、五月には国交省がゴーサインをだし、二〇一二年二月には黒岩県知事、加山市長が共同会見で「リニア中間駅を橋本駅南口、相原高校敷地へ」と言及し、県教委もやむなしとした。

しかしいまだに橋本から相模原市役所への直通バスすらないまちに〝リニア〟とはお笑いだが南口が再開発されたら〝橋本砂漠〟になってしまう。

３・11以後、命より金儲け優先の「原子力ムラ」にぶら下がった〝安全神話〟は崩壊し、行き場のない放射性廃棄物、放射能汚染は半永久的に出口のない未来をつきつけている。かつての全国総合開発計画は土建国家日本の象徴として日本中をスクラップアンドビルドして地域商店街をつぶし一様な商業主義的なまちに改変した。

今、〝超少子高齢化社会〟にあって、顔が見える人が会話しつながって生きる地域社会の必要性、人間らしいくらしの必要性を3・11は計り知れぬ代償とともに私たちに思い知らしめた。

リニア新幹線計画は、国策を背景とした営業主体JR東海とその利権構造に連なる推進期成同盟という隠れ蓑をかぶり、県・市の行政が一体化し進める中にある。

指摘されている電磁波や電力消費、残土処理、環境破壊など種々の問題点は何一つ責任ある保証が得られぬまま、国土をまちを暮らしを壊そうとするこんな現実を次世代に渡してよいのか問われている。全国の市民と連帯してストップさせたいと心底願う。

## 「リニア新幹線を考える相模原連絡会」の結成と今後の活動

相模原では、二〇一一年三月一一日の東日本大震災と福島原発事故をうけて七月に「どうする原発！　どうするリニア！」と題する緊急シンポジウムを橋本駅前ソレイユさがみにて開催した。

その後も市内の諸団体でリニア新幹線の学習会が行なわれ、二〇一二年三月、「リニア新幹線を考える相模原連絡会」が発足した。

四月には「リニア新幹線中間駅誘致計画の凍結を求める要望書」を加山市長あてに提

図１　地下駅露天掘り地域予想図

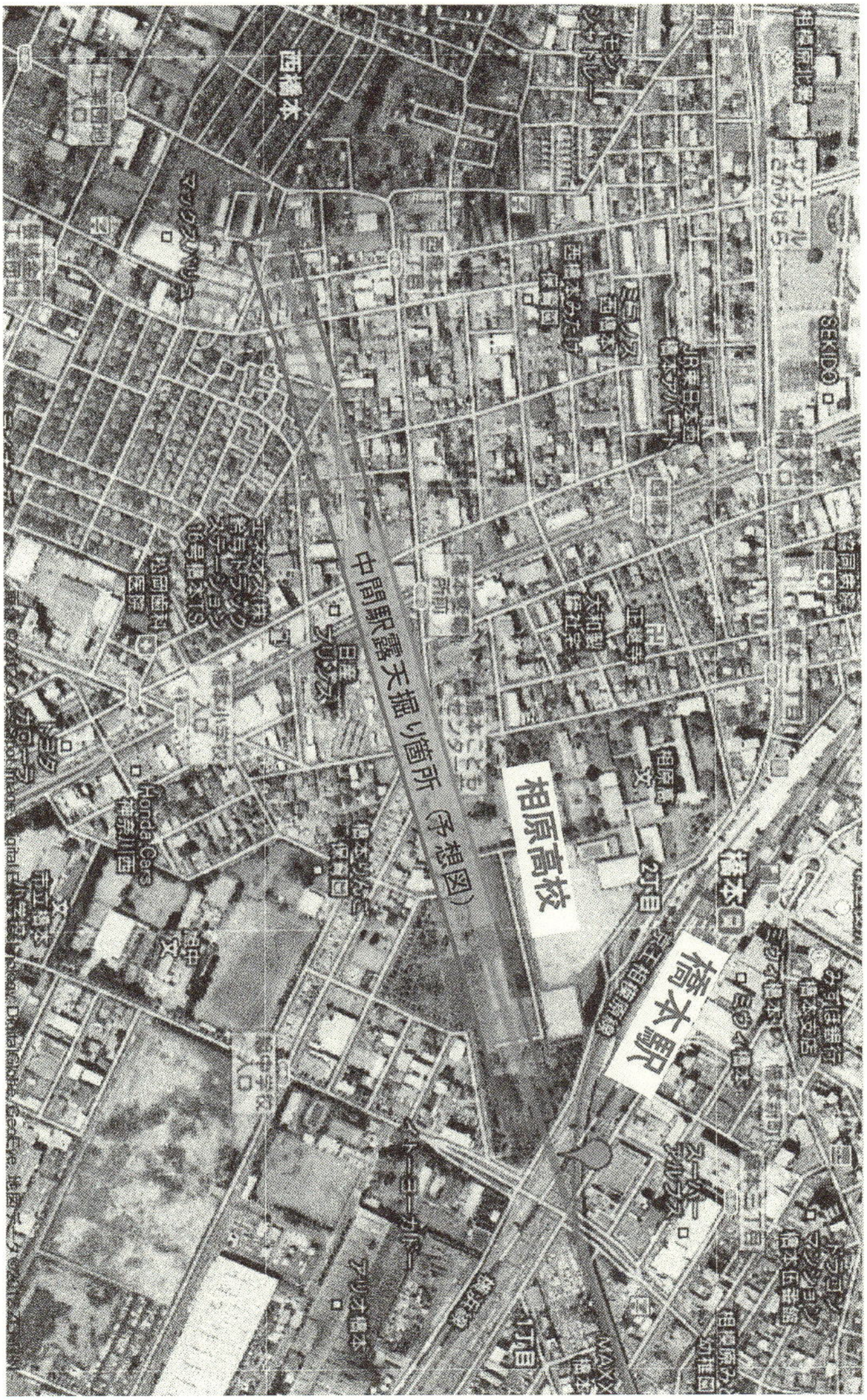

出、さらに四月二四日には黒岩神奈川県知事あてに同じ要望書を提出、また同日神奈川県教育委員会あてにも提出した。

## リニア新幹線建設と相模原市

二月三日、加山相模原市長と黒岩神奈川県知事は共同記者会見を行ない、リニア中央新幹線の中間駅を橋本駅周辺に誘致することで合意したと発表した。具体的な位置にも言及し、駅南口正面に立地する県立相原高校の敷地を「有力候補」としていることを明らかにした。

相原高校は大正一一年、地元の篤志家達が地域の農業後継者育成のため、自分の土地と資金を提供して設立された。翌一二年の関東大震災の時には生徒さんが作った野菜を自分たちで自転車で横浜方面まで届けたこともある。最近でも二〇一一年の3・11東日本大震災のときには橋本駅での帰宅困難者約八〇〇人、さらに停電でエレベーターが使えなくなった近隣の高層マンション住民なども多数避難してきており、橋本地域の防災拠点としても重要な役割を果たしている。

このように地域の宝ともいえる役割をになっている相原高校を簡単に移転させていいものだろうか。

なお橋本駅以外にも、相模原駅にも小田急電鉄多摩線の延伸とともにリニア中央新幹線の誘致も求める声があったが、この案の場合、リニア新幹線が米軍補給廠の真下を横断することとなり、安全保障上の観点から米軍の同意を取り付けることは非現実的であるということから、立ち消えとなったと言われている。

相模原市民に対しては「リニア新幹線が直下を通っても安全上全く問題ない」と言いながら米軍に対しては、「安全上同意が取り付けられない」といって計画を撤回する推進期成同盟とJR東海は市民、国民の立場に立っているとはいえない。

デフレで不景気の今日、リニア新幹線の中間駅が建設されるとその経済効果に期待する市民が多いのも現実だ。しかし地下駅建設はJR東海負担とはいえ、駅までのアクセスのための道路整備や周辺の再開発など地元負担は少なくなく市財政への影響は必至である。

また、かりに橋本駅周辺に中間駅が建設されることになると、地下駅として長さ一km、最大幅五〇mの細長い溝が露天掘りで掘削されることになり周辺住民には大きな影響がでる。

八月二一日に「杜のホール　はしもと」で行なわれたJR東海と推進期成同盟の共催による説明会で推進期成同盟は年間三二〇〇億円にのぼる経済波及効果があるとの試算を出したが、この前提では橋本駅に一時間に五本が停車することになっている。

しかしJR東海は「はじめは一時間に停車は一本、それ以後は状況を見て」としか言っていない。推進期成同盟の一時間に五本停車は、通過するほぼすべての車両が橋本に停車することを意味しており、これでは品川―名古屋の直行便を運行する余地がなくなってしまい、現実性がない。

現在の東海道新幹線でのぞみを利用すれば新横浜から八二分程度で名古屋に着く。また本数も一〇分に一本程度とリニア新幹線よりはるかに多く、これらの乗客が不便な橋本駅に新横浜駅から移動してリニアに乗るとは考えられない。

また神奈川県が三月七日にJR東海に提出した「中央新幹線にかかる環境影響方法書に対する意見」の中では環境影響が及ぶ対象や地域が不確定であり、調査項目、調査手法、調査地点の考え方が不明瞭で十分な検討ができていないことが指摘されている。

旧津久井郡に建設予定の車両基地も五〇haという広大な面積の施設で周辺の地域への影響が懸念される。相模原市の中には丹沢大山国定公園や県立陣馬相模湖自然公園があり、ギフチョウなど多くの絶滅危惧種が生息していることも指摘されている。また相模原台地の地下三〇〜四〇m位には地下水脈があるといわれ、周辺地域の地下水や湧水、温泉などへの影響が懸念される。

## これからの取り組み

JR東海は国民から多くの疑問、質問が寄せられているにもかかわらず情報開示にはきわめて消極的だ。山梨実験線での試験走行のデータもほとんど公開されていない。

しかし今の状況をよく眺めてみると何十年か前に日本で原子力発電所建設を推進してきた動

きとよく似ていることに気づかされる。

当時「原子力の平和利用」ということで国会に原子力関連の推進の予算を上程し、以来お金の力で日本の原子力政策を推進してきた中曽根康弘氏や正力松太郎氏は国会審議も十分に行なわず強引に進めた。その後、原発事故が起きても隠蔽工作や虚偽報告などが繰り返され、その結果が二〇一一年の福島原発事故に結びついてしまった。こうした政府の原子力政策を多くの

図2　リニア各駅停車時間　神奈川県推進期成同盟会資料

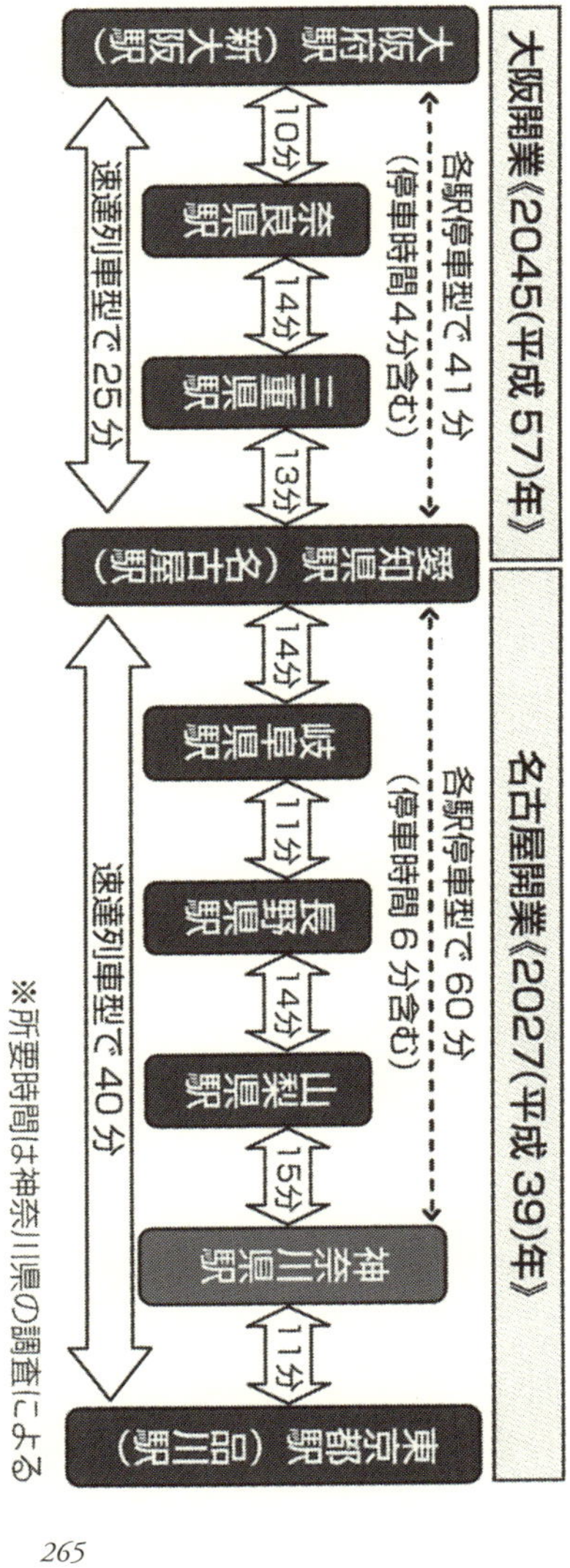

方々が批判してきたことは皆様ご存知の通りだ。

今日のＪＲ東海とその建設許可をだした国土交通省の進め方を見るとまさに〝間違いだらけの原子力行政〟のあとをなぞっているようにしか見えない。

私たちはこのような失敗を二度と繰り返さないためにもリニア中央新幹線の建設計画を立ち止まって見直していきたいと考える。そのためにこの計画の問題点を学習会や講演会などで専門家の方々の意見も聞きながら、多くの市民とともにこの計画にストップをかけていきたいと思う。


（リニア新幹線を考える相模原連絡会代表）

## 夢のリニアは本当か！　中津川市の現実

中津川市　原重雄

リニア中央新幹線建設計画では、リニアは山梨県から中央アルプスを抜け、飯田市を通って、大平峠の下をトンネルで抜けて恵那山の北側から顔を出し木曽川を二回渡り、中津川市の坂本地区の中間駅を通り、恵那市、瑞浪市、土岐市、多治見市を通り愛知県へと入っていく計画である。坂本地区には総合車両所が作られると発表されている。

中津川市から多治見市までを岐阜県東濃地区という。この五市のうち最も人口の多いのが人口約十一万人の多治見市で次が中津川市の約八万人である。二〇一一年六月に中間駅が選定されたときは多治見市などでは「交通の要所でもない、断層も多い中津川が選ばれたことに疑問」と商工会議所会頭が正直に述べている。多治見市が選ばれなかった理由は名古屋駅に近すぎるということもあるのかもしれない。多治見駅から名古屋駅まで快速電車で四〇分、特急列車ならば二〇分で行くことができる。

一方、中津川市では三十五年前に「リニア中央新幹線停車駅誘致対策特別委員会」の前身になった委員会が設置され、二十年前の一九九一年には停車駅設置の促進を目的の一つにして「東濃東部停車駅誘致既成同盟会」が作られている。中津川市の広報も二〇一〇年二月から毎月リニア中央新幹線の記事を掲載し、今年末で三五回を数えることになる。鉄道に強い代議士がいるということで、駅誘致と市民への啓蒙を戦略的に続けてきている。このような教育や宣伝を受けてきている市民は、概ねリニア中央新幹線建設に異を唱える人は少ない。市議会の中にも反対の声はあがらない。

しかし、中津川という地域は簡単に言えば熱しやすいという特徴を持っている。リベラルと言われていた田中康夫氏が長野県知事に当選した頃――二〇〇〇年に行なわれた中津川市市長選挙では、土建中心の行政を行なっていた小林市長を中川鮮氏が破り当選した。中津川市政の上で快挙となる出来事であった。また、二〇一二年は、二〇〇四年の市長選で中川鮮市長に代わり、国土交通省中部地方整備局副局長から市長になった大山耕二市長に対して「図書館建設や汚泥等処理施設の建設計画」を巡りリコール運動が起き、大山市長はリコール請求がされ辞任へと追い込まれたのである。大山耕二氏は旧建設省出身で中央にパイプを持っていたことからＪＲ東海も「組みやすし」と考えていたに違いない。それがリニア建設の土壇場にきて市長が変わったことで、さぞ慌てふためいたことだろう。中津川市は典型的な地方の農村都市であり、保守的な土地柄であるが、ひとたび風が起きると全体が動くという気質もある。

### リニア中央新幹線を考える学習会開催とＪＲ東海の動向

この中津川で、二〇一二年二月六日に「リニア中央新幹線を考える学習会」が川村晃生教授、橋山禮次郎教授、荻野晃也先生に来てもらいパネルディスカッションなどで学習会を開催してきた。一五〇名の参加者が集まり初めて中津川でリニア中央新幹線の問題性が暴露された。集会には中川鮮前市長もパネリストとして参加した。中川氏は当時も今もリニア中央線構想に対しては明確に反対とは表明していない。「リニア中央新幹線が何であるのかを市民が考えることから始めなければならない」と話している。さらには「リニアなどの大きな問題に対して大多数である無関心市民層にいかに考えてもらうかが大切」と話している。しかし、学習会前にはJR東海は中川鮮氏がパネリストになることに恐れ様々な圧力をかけたのである。特に、中津川市出身の前代議士の山下八洲夫氏とＪＲ東海の第一組合である当時のＪＲ東海ユニオン水島委員長が中川氏を訪問し参加をしないように説得を試みたのである。

## 地域独自の問題

一方、この地方独自のリニア中央線建設に対しての問題は何点かあがっている。地上駅ができることで、いわゆる明かり部分の建設となり、騒音、電磁波問題は後世に続く問題となるだろう。地上四階建てと言われる建造物が庭先に建設される問題も日照権も含め問題となる。ＪＲ東海会社は自ら所有する土地には地元の要望や融通は一切行なわない。高架の下には金網が巡らされ地域は分断される。また中川氏が中津川学習会のパネリストとして述べている中では地域の行政が陸橋の道路幅拡張を行なおうとしても、駅のトイレを作るときでも、もの凄い規制が入り地元負担を求められると市長時代を振り返り述べている。行政でもなかなか話を聞いてくれない企業が個人の意見を聞いてくれる訳などないのである。建設されてしまえばＪＲ東海は我が道を行くことは目に見えている。

## ウラン残土について

『週間ＳＰＡ』（二〇一二年七月二四日・三一号）にも掲載されたが、東濃地区ではウラン残土の問題がある。一九六二年に日本が国産ウランによる原子力発電を目指し調査を行なったときに土岐市付近が有望とされ、東濃を中心にウラン探索を行ない土岐市に東濃ウラン鉱山を開削し、その後核原料物質鉱山に指定されたのである。その後、動燃は二〇〇二年に超深地層研究所を瑞浪市明世町に建設し、直径六・五mの縦坑を現在五〇〇m深度まで掘り進んでいる。これとは別に原子力機構は高レベル放射性廃棄物処分研究の目的で東濃ウラン鉱山の瑞浪市、土岐市、御嵩町などを中心にしてボーリング調査を行なっている。ところが二〇一一年にこのボーリング調査で採取したコアが野ざらしにされていたという事実が判明したのである。コアからは規定値の十倍の線量が測定されたのである。つまり、東濃地区は人形峠と並ぶウラン埋蔵が多い地域であり、この地域（瑞浪・土岐市付近）をトンネルで通過するリニアの残土から放射線がでる可能性は高いのである。トンネル掘削中にウラン鉱床に当たってもリニアの直進性から回避できないのである。この問題は岐阜県知事も意見書の冒頭に訴えている。

ＪＲ東海の見解は「ウラン鉱床は極力回避する」としている。しかし回避すると言うほど地中の調査は進んでいるのだろうか。一切具体的なことにはふれないで「ウラン残土処分は現在の放射能汚染された震災がれきのような処分を検討している」と述べている。ウラン残土がでる可能性は示唆しつつ、ウラン残土がでてもトンネルは掘ると言っているのである。

では、トンネル工事でウラン鉱床にぶつかると何が起きるのか。工事では放射能物質であるラドンガスが出る。ラドンガスを吸うと内部被曝し肺がんのリスクを高めることになる。また掘り出されたウラン残土からもラドンガスが発生する。ウランの半減期は四十五億年である。ひとたびウランを掘り出すと半永久的にラドンガスを放出し続けるのである。トンネルの大きさから言ってもひとたびウラン残土が出れば、その量は計り知れないものとなるのである。リニアを動かすために原発の増築を叫び、他方ではウラン残土を採掘するのである。私たちの未来を、子どもたちの未来を守るために許される話ではないのである。

## シデコブシ、ハナノキを守れ

三つ目には生物多様性、希少生物の保護の問題である。東濃地方では地域固有で遺存する「東海丘陵要素植物群」と呼ばれる植物である「ハナノキ、シデコブシ、ヒトツバタゴ、マメナシ、ミカワバイケイソウ、ヘビノボラズ」などが生育している。日本が世界に誇る「自然遺産」に特異な湿地が高密度に存在している。その湿地は、数百万年以上の間、飛騨方面から東海地方へ土石が運ばれて形成され、それは日本の歴史上どこにもない規模で長い間、広い範囲に高密度に形成されたと言われている。湿地は絶えず水を染みだし、寒さ暑さを和らげ、度重なる氷河期にも、北南の様々な植物を遺存させてきた。ハナノキはかって北半球に広く分布していたものの遺存種で、現在恵那山を中心として半径五〇km以内に自生し、確認できた固体数は一六〇四しかない。そのうち中津川市千旦林岩屋堂は一〇〇〇もある貴重なところである。

植物にとって住みやすい特異な湿地環境は、私たちにとっても暮らしにプラスに働き、温暖化など気候変動の影響を和らげるサイクルを持っていると考えられる。特異な湿地は、林業も不向き、家も建てられない経済的にどうしようもない土地と思われ「死に地を生地にしたい」とゴルフ場、ゴミ処分場を数々よび、たくさん埋め立てられてきた。今度はリニアが串刺しで通ることが危惧される。湿地だから地下を通っても影響があるし、谷間なのでトンネル残土で埋め立てられることも考えられるのである。

私たち「東濃リニアを考える会」はこの問題を肌で感じようと二〇一二年八月三十一日にリニア新幹線建設予定地である中津川市のルートを見学してきた。見学会では、飯田の「ハナノキ友の会」の方に大変お世話になり貴重な話を聞く中で、何千万年という太古から途方もない年月をかけて形づくられてきた自然を破壊するかもしれないリニアは、人間のエゴでしかないということが実感できた。見学会の後に行なった意見交換会では「トンネルで通っても水質が変わり湿地が枯れれば群生地はなくなる。ハナノキ・シデコブシ群生地を串刺しにしてリニアが通る」「草の匂い、土の匂いに出会った。この匂いを感じたことのない感性のない人たちがリニアを作ろうとしている」といった発言があった。リニアで町おこしができるとはしゃいでいる人たちは、リニアの夢に浮かされてはいないか。果たしてリニアがそれだけの利益をもたらすかどうか冷静に考えることが今必要なのではないだろうか。

他方、豊かな自然が破壊されていく。何千万年という途方もない年月が費やされている自然を、たかが三〇分弱の時間短縮の犠牲でなくしてしまう可能性があるのだ。多くの生物が死滅していった氷河期をも乗り越えてきた生物が人間の欲のため破壊される。

私たちはリニア建設の是非を広く問わなければならないと感じることができた見学会だった。

## 最近の動向と今後について

最近の中津川市の動向としては、広報では「市民とともにリニアのまちづくり」と称してリニアの波及効果を検討していることを掲載している。しかし、なかなか具体性は書かれていない気がする。また、中津川市企画部リニア推進課は学校などでリニアについて講演を行なっている。市の創作展ではリニア賞という賞を設けるなど様々な媒体を使いリニアの宣伝を行なっている。

一方、六月十三日に開催されたJR東海による「リニア中央新幹線計画に関する説明会」では、他市町在住者の発言が多く出た。「有害地層」「騒音」「電力問題」「シデコブシへの影響」「原発依存」「電磁波」「将来的な需要について」「事故時の安全問題」などほとんどが批判的な意見だった。また伝え聞くところによると、JR東海は駅の無人化に向けて施策を進めているらしい。最近では中央線で三駅、飯田線では九駅が対象になった。リニア建設を進めるために地域の拠点である駅の規模を縮小しているのでは本末転倒ではないだろうか。

東濃リニアを考える会としては、なかなか夢から覚めない市民に現実を突きつけ、リニア中央新幹線が何であるのかをともに考えていき、大きなうねりへと早急に変えていかなければならないと考える。そのためには小さな集会を数多く開催する中でともに考えてくれる人を探し、ともに進んでいくことを目指していく。リニアで自然、地域、人体を壊さないために「リニア沿線ネット」とともに建設反対に向け進んでいく。

（東濃リニアを考える会）

る環境人文学を構想中。かつての日本の自然環境が近代化や文明化の中で破壊されていく状況を文学からの視点を取り入れて調査分析している。そしてその結果として、歯止めのない文明化が人間にもたらす影響に警鐘を鳴らしている。また自然保護を中心とするさまざまな市民運動にも関わっている。

編著書『環境学事始め』(慶応義塾大学出版会、1999 年)

著書『日本文学から「自然」を読む』(勉誠社、2004 年)、

『壊れゆく景観』(共著、慶應義塾大学出版会、2006 年)、

橋山　禮治郎(はしやま　れいじろう)

1940 年、静岡県生まれ、慶應義塾大学経済学部卒業(1963 年)、千葉商科大学大学院政策研究科博士課程修了(2002 年)。日本開発銀行調査部長、日本経済研究所専務理事、アメリカ Resources for the Future 研究所客員研究員、OECD 都市環境局、アメリカ・アラバマ大学招聘講師、明星大学教授を経て、現在、千葉商科大学大学院客員教授、アラバマ大学名誉教授。

この間、大平正芳内閣の「田園都市国家構想」立案に参画したほか、各種政府審議会・委員会委員を歴任。

著書に『都市再生のニュー・フロンティア』(東洋経済新報社、1990 年)、『必要か、リニア新幹線』(岩波書店、2011 年)、論文に「ニュー・フロンティアとアジア」(1962 年、日本外政学会賞を受賞)、「公共的プロジェクトの成否と政策評価」(『運輸政策研究』No.3、2000 年)、「中央リニア新幹線は再考せよ」『世界』2008 年 6 月号)など。

松島　信幸(まつしま　のぶゆき)

理学博士。専門は地質学。長年小中学校の理科教師をつとめ、在職中から伊那谷各地の地質調査、断層地図にある伊那谷の断層の記録を集める。南アルプスと中央アルプスの成立と伊那谷活断層帯の発見、中央構造線の地震履歴を解明。環境団体「伊那谷自然友の会」を 1985 年に発足(現会員数 1200 名)。伊那谷自然友の会常任委員。飯田市美術博物館顧問。日本地質学会名誉会員。元長野県治水・利水ダム等検討委員会委員。著書に『伊那谷構造盆地の活断層と南アルプスの中央構造線』『伊那谷の造地形史』『信州南部活断層地質図』など。

## [著者略歴（五十音順）]

梅原　淳（うめはら　じゅん）

1965年生まれ。月刊「鉄道ファン」編集部などを経て、2000年から鉄道ジャーナリストに。『なぜ風が吹くと電車は止まるのか』(PHP研究所)、『鉄道の未来学』（角川書店）、『新幹線の科学』（ソフトバンククリエイティブ）など著書多数。

国土交通省「高速鉄道における知的財産動向実態把握調査」では監修と提言も担当した。

荻野　晃也（おぎの　こうや）

1940年富山県生まれ、京都大学工学部原子核工学教室元講師、理学博士。

現在、電磁波環境研究所所長、電磁波からいのちを守る全国ネット代表。

原子核物理学・原子核工学・放射線計測などを専門とする一方で、原子力問題・環境問題などにも物理学者としてかかわっている。伊方原発訴訟では住民側の特別弁護人となり、1977年には地震活断層原因説による中央構造線の危険性を証言し、断層結果説の国側と争うなど、住民・市民側に立つ科学者として活動している。

著書『狭山事件と科学』（社会思想社）、『原子力と安全性論争』（技術と人間）、『原発の安全上欠陥』（第三書館）、『放射能の流れた町』（阿吽社）、『昭和天皇新聞記事集成』（第三書館）、『がんと電磁波』（技術と人間）、『健康を脅かす電磁波』（緑風出版）、『危ない携帯電話』（緑風出版）など。

懸樋　哲夫（かけひ　てつお）

法政大学法学部卒、1993年、高圧線問題全国ネットワーク（現、ガウスネット）を結成。代表。電磁波情報紙『がうす通信』を20年にわたり発行、2013年6月現在121号。

著書（ネットワーク編を含む）に『高圧線と電磁波公害』（緑風出版）『電力線電磁場被曝』（緑風出版、翻訳）、「ザルツブルク国際会議議事録」（翻訳）、『ＩＨ調理器と電磁波被害』（三五館）『デジタル公害〜ケータイ・ネットの環境破壊』（緑風出版）など。

川村　晃生（かわむら　てるお）

1946年生まれ、慶應義塾大学名誉教授、博士（文学）　日本文学、環境人文学。リニア・市民ネット代表、全国自然保護連合代表、日本景観学会副会長。

日本文学の研究をベースに、文学研究の観点から環境問題を考え

# 危《あぶ》ないリニア新幹線《しんかんせん》

2013年7月30日　初版第1刷発行　　定価2400円＋税
2014年5月30日　初版第2刷発行

編著者　リニア・市民ネット ©
発行者　高須次郎
発行所　緑風出版
〒113-0033　東京都文京区本郷2-17-5　ツイン壱岐坂
［電話］03-3812-9420　［FAX］03-3812-7262［郵便振替］00100-9-30776
［E-mail］info@ryokufu.com［URL］http://www.ryokufu.com/
装　幀　斎藤あかね　　イラスト　Nozu
制　作　R 企 画　　印　刷　中央精版印刷・巣鴨美術印刷
製　本　中央精版印刷　　用　紙　大宝紙業・中央精版印刷　　E700


ISBN978-4-8461-1315-5　C0036

## 電力線電磁場被曝
隠蔽する電力会社と政府
ポール・ブローダー著／荻野晃也監訳
四六判上製 三五六頁 2400円
電力線の電磁場によるガンなどの多発が欧米で大問題になり、これを根拠がないとして抑え込もうとする電力会社・政府と市民の攻防が広がっている。本書は、米国の著名な科学ジャーナリストが、電力線電磁場被曝を告発した名著。

## 電磁波汚染と健康
ザミール・P・シャリタ著／荻野晃也、出村守、山手智夫監修／加藤やすこ訳
四六判上製 三七六頁 2700円
現代人は電磁波汚染の中で暮らしているといって過言ではない。本書は体を蝕む電磁波汚染を取り上げ、そのメカニズムを解説し、環境汚染の中で暮らしていく為のアドバイスを、食事療法～サプリメントの摂取まで、具体的に提案。

## 携帯電話でガンになる⁉
国際がん研究機関評価の分析
電磁波問題市民研究会編著
四六判上製 二四〇頁 2000円
WHOの研究機関であるIARC（国際がん研究機関）が、携帯電話電磁波を含む高周波電磁波（場）をヒトへの発がんリスクの可能性あり、と発表した。本書は、評価の内容と意味を分析し、携帯電話電磁波問題の対処法を提起。

## 電磁波過敏症を治すには
加藤やすこ著
四六判並製 二〇八頁 1700円
携帯電話や無線通信技術の発展と普及により、環境中を電磁波が飛び交い、電磁波過敏症の患者が世界的に急増しているが、その認知度は低い。本書は、どうすれば電磁波過敏症を治すことができるかを体験談も含め、具体的に提案。

## 電磁波の何が問題か
［どうする基地局・携帯電話・変電所・過敏症］
大久保貞利著
四六判並製 二二四頁 2000円
基地局（携帯電話中継基地局、アンテナ）、携帯電話、変電所、電磁波過敏症、IH調理器、リニアモーターカー、無線LAN、等々の問題を、徹底的に明らかにする。また、電磁波問題における市民運動のノウハウ、必勝法も解説する。

プロブレムQ&A
危ないオール電化住宅［増補改訂版］
［健康影響と環境性を考える］
加藤やすこ著

A5変並製
一五二頁
1500円

オール電化住宅は本当に快適で、環境にもやさしく、経済的なのか？　本書は、各機器を具体的に調査し、健康被害の実態を明らかにすると共に、危険性と対処法を伝授する。地デジ問題、原発関連など、最新情報を加えた増補改訂版！

プロブレムQ&A
ユビキタス社会と電磁波
［地デジ・ケータイ・無線LANのリスク］
加藤やすこ著

A5判変並製
一九六頁
1800円

地上デジタル放送開始で、何が変わるのか？　ユビキタス社会とはどんな社会か？　機器・施設ごとの問題点を分析、海外の情報や疫学調査も取り上げ、電磁波が我々の健康に及ぼす影響を検証する。近未来社会を考えるための読本。

電磁波過敏症
大久保貞利著

四六判並製
二一六頁
1700円

世界で最も権威のある電磁波過敏症治療施設、米国のダラス環境医学センターを訪問し、過敏症患者に接した体験をもとに、電磁波過敏症について、やさしく、丁寧に解説。誰もがかかる可能性のある過敏症を知る上で、貴重な本だ。

誰でもわかる電磁波問題
大久保貞利著

四六判並製
二四〇頁
1900円

政府や電力会社などがいくら安全と言っても、発がんや脳腫瘍など電磁波の危険性が社会問題化している。本書は、電磁波問題のABCから携帯タワー・高圧送電線反対の各地の住民運動、脳腫瘍から電磁波過敏症まで、易しく解説。

暮らしの中の電磁波測定
電磁波問題市民研究会編

四六判並製
二二四頁
1600円

デジタル家電、IH調理器、電子レンジ、携帯電話、地デジ、パソコン……そして林立する電波塔。私たちが日々浴びている、日常生活の中の様々な機器の電磁波を最新の測定器で実際に測定し、その影響と対策を検討する。